21世纪高等院校会展管理精品教材

会展场馆经营与管理

（第二版）

胡平　编著

清华大学出版社
北京

内 容 简 介

本书结合国内外会展场馆的最新发展趋势和管理学的基本理论,阐述了会展场馆经营与管理的框架体系。全书共分为八章,主要包括会展场馆及其管理概述、会展场馆规划管理、会展场馆设施设备及其管理、会展场馆计划与财务管理、会展场馆组织与人力资源管理、会展场馆营销管理、会展场馆现场管理和会展场馆危机与安全管理。本书以案例引入理论,又从理论引申到案例,理论与实际结合、宏观与微观结合,既揭示场馆管理的规律性,又富于启发性,适合会展业界人员和会展及相关专业师生使用。

本书封面贴有清华大学出版社防伪标签,无标签者不得销售。
版权所有,侵权必究。举报:010-62782989,beiqinquan@tup.tsinghua.edu.cn。

图书在版编目(CIP)数据

会展场馆经营与管理/胡平编著. —2版. —北京:清华大学出版社,2020.1(2024.1重印)
21世纪高等院校会展管理精品教材
ISBN 978-7-302-53787-8

Ⅰ.①会… Ⅱ.①胡… Ⅲ.①展览会—经营管理—高等学校—教材 Ⅳ.①G245

中国版本图书馆CIP数据核字(2019)第199973号

责任编辑:陆浥晨
封面设计:吕 菲
责任校对:王荣静
责任印制:丛怀宇

出版发行:清华大学出版社
    网　　址:https://www.tup.com.cn,https://www.wqxuetang.com
    地　　址:北京清华大学学研大厦A座　　　　邮　编:100084
    社 总 机:010-83470000　　　　　　　　　　邮　购:010-62786544
    投稿与读者服务:010-62776969,c-service@tup.tsinghua.edu.cn
    质量反馈:010-62772015,zhiliang@tup.tsinghua.edu.cn
印 装 者:北京嘉实印刷有限公司
经　　销:全国新华书店
开　　本:185mm×260mm　　印　张:12.75　　插　页:1　　字　数:299千字
版　　次:2013年6月第1版　2020年1月第2版　　印　次:2024年1月第7次印刷
定　　价:49.00元

产品编号:082618-01

编 委 会

总主编：冯学钢

副主编：张凌云　邹统钎　高　峻　徐红罡

编　委：（以姓氏笔画为序）

　　　　王江英　王春雷　由亚男　冯娴慧
　　　　刘明广　刘德艳　江金波　汤亚东
　　　　许传宏　李　玺　李智玲　吴　泓
　　　　何会文　张跃西　罗秋菊　庞　华
　　　　胡　平　黄　彬　辜应康　焦　黎
　　　　蓝　星　戴光全

第二版前言

《会展场馆经营与管理》出版至今已近六年了,并多次印刷,实乃读者和朋友们的厚爱,深表感谢!由于近年来我国会展产业的迅速发展,大型会展场馆不断涌现,特别是国家会展中心(上海)投入运营标志着我国管理40万平方米的特大型场馆时代的到来,场馆管理中的新情况、新问题也不断出现,理论认识也应该不断扩大、不断提高;同时,由于会展专业目录调整和会展职业教育的大改革大发展,要求教材内容和形式也应该有相应的调整与变化,以更好适应教学需要。因此,我们决定对该书进行修订。本次修订基于以下几个方面。

(1) 在教材体例不做大的改变的前提下进行修订,总体篇幅变化不大,总的修订量不超过全书字数的50%,这一做法的目的是保持教材的稳定性和本书的基本特点,同时也便于使用者,特别是教师备课可以有一个连续性。

(2) 案例调整,紧扣内容。把大部分章节的引入案例和引申案例都做了修改或调整,使得内容更加紧扣本章的教学内容。

(3) 更新数据,补充资料。本次修改尽可能使用近三年的资料。

本次修订听取了部分教材使用者的意见,包括对第一版的勘误。全书仍然由胡平统稿,各章节编写分工如下:第一章由胡平、马燕编写,第二章至六章由胡平编写,第七、八章由丁南、胡平编写。

限于作者能力和水平,疏漏之处敬请读者批评指正!

胡 平
2019年2月于上海金沙嘉年华

目 录

第一章　会展场馆及其管理概述 ········· 1
引言 ········· 1
学习要点 ········· 1
引入案例　德国汉诺威展览中心 ········· 1
第一节　会展场馆的概念和分类 ········· 4
第二节　会展场馆的作用和运营 ········· 8
第三节　会展场馆管理概述 ········· 14
本章小结 ········· 19
复习思考题 ········· 19
引申案例　国家会议中心——会议业的经济拉动系数 ········· 19

第二章　会展场馆规划管理 ········· 25
引言 ········· 25
学习要点 ········· 25
引入案例　上海新国际博览中心 ········· 25
第一节　会展场馆的选址 ········· 27
第二节　会展场馆的功能设置 ········· 32
本章小结 ········· 42
复习思考题 ········· 42
引申案例　功能与美学的结合——郑州国际会展中心 ········· 42

第三章　会展场馆设施设备及其管理 ········· 45
引言 ········· 45
学习要点 ········· 45
引入案例　中国国际展览中心 ········· 45
第一节　会展场馆设施设备的配置 ········· 48
第二节　会展场馆的设施设备系统管理 ········· 58
本章小结 ········· 65
复习思考题 ········· 66
引申案例　北京雁栖湖国际会展中心——三星级绿色建筑 ········· 66

第四章　会展场馆计划与财务管理 ... 69

引言 ... 69
学习要点 ... 69
引入案例　杭州国际博览中心 ... 69
第一节　会展场馆计划管理 ... 72
第二节　会展场馆财务管理 ... 76
第三节　会展场馆预算管理 ... 80
第四节　会展场馆利润管理 ... 84
本章小结 ... 89
复习思考题 ... 89
引申案例　拉斯维加斯场馆何以高效益运营？ ... 90

第五章　会展场馆组织与人力资源管理 ... 92

引言 ... 92
学习要点 ... 92
引入案例　国家会展中心（上海） ... 92
第一节　会展场馆的组织结构 ... 94
第二节　会展场馆人力资源管理流程 ... 101
第三节　会展场馆管理体制创新 ... 115
本章小结 ... 118
复习思考题 ... 118
引申案例　香港会议展览中心投资与管理的启示 ... 118

第六章　会展场馆营销管理 ... 120

引言 ... 120
学习要点 ... 120
引入案例　上海世博展览馆 ... 120
第一节　会展场馆营销过程 ... 121
第二节　会议中心营销策略 ... 124
第三节　展览中心营销过程 ... 133
本章小结 ... 141
复习思考题 ... 141
引申案例　上海展览中心——可持续发展道路 ... 142

第七章　会展场馆现场管理 ... 144

引言 ... 144
学习要点 ... 144

引入案例　上海国际会议中心……144
　　第一节　场馆现场管理概述……145
　　第二节　展览场馆现场管理……148
　　第三节　会议场馆现场管理……156
　　本章小结……165
　　复习思考题……165
　　引申案例　德国新慕尼黑博览中心……165

第八章　会展场馆危机与安全管理……167

　　引言……167
　　学习要点……167
　　引入案例　上海世贸商城——第四届上海国际珠宝展失窃……167
　　第一节　会展场馆危机管理概述……168
　　第二节　会展场馆危机的预防……174
　　第三节　会展场馆危机的处理与恢复……180
　　第四节　会展场馆安全管理……186
　　本章小结……190
　　复习思考题……190
　　引申案例　上海市展（博）览会场馆安全防范管理规定（试行）……191

参考文献……195

第一章

会展场馆及其管理概述

引 言

会展场馆是一个城市举办会展活动的最基础的设施,是城市发展会展产业的先决条件和必备条件。会展场馆也是会展经济发展的载体,被誉为会展经济发展的火车头,没有好的展览馆,就没有好的展览会。近年来,随着我国各地一批新型会展场馆的建设,现代风格的场馆成为体现经济快速发展的"城市名片"。会展场馆的管理也被提上重要的议事日程。

学习要点

- 会展场馆的概念
- 展览中心的概念和类型
- 会议中心的概念和类型
- 会展场馆的作用
- 会展场馆管理的目标、内容、理念、方法

引入案例

德国汉诺威展览中心[①]

1. 概述

汉诺威展览中心是世界上最大的展览中心,拥有49.6万平方米室内场馆、5.8万平方米户外场地、27个馆和一个拥有35个功能厅的会议中心。作为世界最大的展览场地,汉诺威展览中心可容纳大约2.6万个参展商和230万名观众。1947年在这里举办了第一次展览会,从那以后,这个地方就成了展览会场。除了2000年的世博会,每年的汉诺威国际信息及通信技术博览会(CeBIT)和汉诺威工博会都在这里举行。

2. 综合配套设施

汉诺威在城市基础设施建设上,尤其是展览会的各种硬件设施上都堪称世界一流,还配有功能齐全的会议中心,其展览技术和设备一直在不断改进和完善。汉诺威展览中心

[①] 根据 http://en.wikipedia.org/wiki/Hanover_Fairground、http://www.expo-china.com/pages/hall/200406/613/hall_gaikuang.shtml 和 http://wenku.baidu.com/view/5edbb72e0066f5335a812101.html 整理。

的配套硬件设施如图1-1所示。

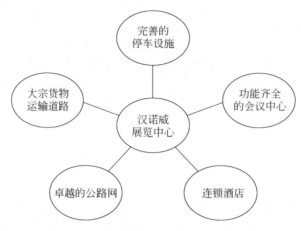

图1-1 汉诺威展览中心的配套硬件设施

除了完善的硬件设施外,汉诺威展览中心在展会的组织和服务等"软件"方面也有口皆碑。它们为展商和观众提供一本册子或一本书,内容不仅包括历年展会的情况回顾,而且介绍整个欧洲甚至整个世界某个行业的发展趋势及动态,同时涉及参展费用、装修费用等信息。一些宣传材料中仅酒店介绍就有五六页篇幅,罗列上百家不同档次的酒店供用户挑选,并详细介绍价格、优惠幅度等情况。

3. 经营模式

与英国及美、法等国的展览公司不同,德国的会展中心全部由各州和地方政府投资兴建,会展公司由政府控股,实行企业化管理,展览公司既是展览中心的管理者,又是许多大型博览会的举办者和实施者。汉诺威展览公司是由下萨克森州政府和汉诺威市政府分别控股49.8%,所以它既是汉诺威展览中心的拥有者,又是CeBIT和汉诺威工业博览会等大型展览会的举办者。

(1) 汉诺威国际信息及通信技术博览会。一年一度的德国汉诺威国际信息及通信技术博览会是世界上规模最大、最具影响力的国际信息和通信技术行业的高科技品牌展会,由德国汉诺威展览公司主办。CeBIT源于1947年在德国汉诺威创立的旨在向国际市场展示德国产品的汉诺威工业博览会。而CeBIT独立于汉诺威工业博览会之外的首次展出是在1986年,当年就吸引了2 142家厂商参展,取得非常不错的效果。之后,CeBIT展会始终保持着持续增长的趋势,并在业内展会中具有举足轻重的地位。2010年为期6天的展会共吸引了来自69个国家和地区的4 300家企业在24.1万平方米的华丽展馆展示最新的信息通信技术、产品和解决方案,超过40万名观众来到展会现场洽谈新的贸易订单。

(2) 汉诺威工业博览会。作为世界最大的工业博览会,汉诺威工业博览会始创于1947年8月,经过半个多世纪的不断发展与完善,由最初的德国出口贸易展览会成长为当今全球工业贸易的旗舰展和影响力最为广泛的国际性工业贸易展览会。它汇集了各个工业领域的技术,引领着世界工业的创新与发展,成为名副其实的"世界工业发展的晴雨表"。在70多年的发展历程中,汉诺威工业博览会显示了它顺应潮流的适应性,它采用单双年不同分展的策略,除工业零部件与分承包技术展、能源展、工业自动化展、工业服务与设备展、数字化工业展、微系统技术展、研究与技术展每年举办外,每逢单年将有动力传动与控制展、表面处理技术暨欧洲粉末涂层技术展以及空压与真空技术展出现在汉诺威工业博览会的展览主题中,而逢双年则增加管道技术展。汉诺威工业博览会凭借其独一无二的品牌形象,已逐渐成为众多公司,尤其是中小型企业开启全球市场的金钥匙。

4. 场馆所在地的区位经济与交通情况

汉诺威承办过两届世界博览会,拥有世界上最大的展览场馆——汉诺威博览中心,世界十大展览会中的5个在汉诺威举办,CeBIT高峰时曾经吸引过75万名来自各国的参观者,大大超出汉诺威市52万的人口数;展出面积达41万平方米,相当于55个足球场;门票价格高达38欧元,主办单位汉诺威展览公司光营业收入一项就达数亿欧元,更不用说其他消费收入了。汉诺威因此也被誉为"世界会展之都"。

一到汉诺威这个城市,市内的交通就为展览大开绿灯,开设专线地铁,观展人士甚至还可以坐直升机到达展馆。展览中心内,免费交通车不停穿梭,运送参观者;不同的线路还用不同的颜色标在站牌和车窗上,方便参观者搭乘。展场的北面和东面各有一条干线地铁,并有连通法兰克福、汉诺威和汉堡的德国南北干线的火车站。两条"空中走廊"(装备有人行电梯),一条从西面连通火车站和13号馆入口,另一条从东面连通停车场和8/9号馆入口。一条新的地铁线路提供了从汉诺威机场途经汉诺威中央火车站到达展场的快速交通。展场的停车场可停放50 000部车辆,其中有遮盖的泊位有8 700个。

5. 对相关产业和城市的影响

汉诺威是德国下萨克森州首府,北德重要的经济文化中心,水陆交通枢纽。独特的地理位置为当地展览业的发展提供了重要的自然条件。第二次世界大战期间,汉诺威大半个城市曾被毁,战后在废墟上建起现代化的新城。从1947年举办第一届汉诺威博览会的70多年来,在汉诺威举办的各种展览会不仅为全世界提供了沟通交流的机会,也给当地带来了滚滚财源。

汉诺威是依靠展览业托起的城市,汉诺威展览业的发达与汉诺威展览公司的拓展有着必然的联系。可以说,两者互为因果、相互依存。这种情况在全球也并不多见。一个展览公司就是一个会展城市。应该说,汉诺威会展业的发展离不开汉诺威展览公司的成功经营和悠久历史。从1947年举办第一届工业博览会至今,汉诺威展览公司已发展成为世界最大展览公司之一。目前它负责协调和筹备在汉诺威举办的所有展事,每年平均承办的国际展事大约20个,几乎月月都有一两个大展览。

同时,汉诺威展览公司还不失时机地在新兴国家和经济增长较快的地区大力开拓海外市场,一方面是吸引大量的德国及欧洲以外的厂商来汉诺威参展;另一方面是在海外建设新场馆,并将自己成熟的展览会延伸到海外。例如,进入20世纪90年代以来,汉诺威两大展事上来自德国和欧洲以外的厂商均在40%以上。而在2000年汉诺威参与投资兴建了上海新国际博览中心,其著名的CeBIT展,如今已经有了亚洲版、美洲版等。

第一节　会展场馆的概念和分类

会展业不仅在欧洲快速繁荣,自20世纪90年代以来,我国会展业也快速稳步发展,行业经济效益节节攀升,行业年平均增长率更是达到了20%。在整个会展业蓬勃发展势头的带动下,各地大建会展场馆的势头也是一浪高过一浪,2017年,我国投入使用的展览场馆达348座,较2016年新增32个,增长10.12%。其室内可供展览总面积为1 187.99万平方米,较2016年增加187.29万平方米,增长18.71%[①],远超过展览大国德国,这反映出我国会展场馆建设全面升温的趋势。

一、会展场馆的概念和特点

(一) 会展场馆的概念

会展场馆是指主要从事会议展览活动的建筑物,以及配套的设施、设备和服务,它由硬件和软件两部分组成。专业人员对会展场馆与设施、设备进行管理,是保证会议展览活动正常进行的基本条件,也是会展业发展的重要物质依托,其国际化、智能化和特色化的程度是会展业发展水平的重要衡量标准之一。在实际工作中,也有会展场所、会展场地的称谓。

单独具备会议或展览功能,以及其他功能为主(如体育场馆、科技馆、博物馆、纪念馆、文化宫、青少年宫、剧场、艺术中心、美术馆、音乐厅等)同时兼备会议、展览功能的场馆也可以参照。

(二) 会展场馆的特点

会展中心一般场地规模都很大,拥有的设备种类多、数量大,投资额巨大,维护费用也很高。会议和展览活动都要求在有限时间内完成布置,在活动前必须有缜密的场地安排。在活动期间有众多的人流、物流进出会场,这需要依赖场馆空间和各种设施、设备提供多种服务,并作出适当的资源配合。

一般来说,现代化的会展中心不仅包括最基本的展厅设施,还包括围绕展览活动的整个服务设施体系。具体来说,现代化会展中心的特征主要有如下几点。

1. 规模宏大

这是现代化会展中心的重要标志。国际上一般用展厅总面积来衡量会展中心的规模。目前,德国共有25个大型会展中心,展厅总面积264万平方米,加上室外展览场地100多万平方米,展览总面积达365万平方米。全球五大展览中心有4家在德国。世界前10家营业额最大的展览公司中,有5家设在德国。例如德国的汉诺威展览中心,室内展场面积就有49.6万平方米,室外展场有5.8万平方米。我国的广交会展馆总建筑面积110万平方米,室内展厅总面积33.8万平方米,室外展场面积4.36万平方米。展览中心

---

① 资料来源:中国会展经济研究会.2017年度中国展览数据统计报告[R].

的建筑规模呈现越来越大的趋势。

2. 设施齐全

如今的会展中心不同于传统的展览馆,它可以称为"城中城",具备为展会服务的许多相应配套设施,如报告厅、会议室、技术座谈间、中西餐厅、停车场、海关监管仓库等,还有运输、施工、广告、旅游、饭店、动植物检疫所、物品租赁和商务中心等各种服务场所。

3. 功能多样

现代化的会展中心不仅有展馆,还有会议、餐饮服务等场所和设施,既可用于展览,又可用于开会,还可以进行文艺表演、体育比赛等。

相比德国汉诺威展览中心,我国的会展场馆存在以下问题。

(1)国家和地方政府垄断建设管理,会展场馆还是"事业单位",它首先要体现的是政府某些部门的行政意志,而不是按市场规律进行经营的。

(2)会展场馆规模偏小,国际影响力低,市场容量有限。在欧洲国家,中等规模的展览场馆面积一般在20万平方米左右,加上室外面积,总面积有30余万平方米。但在我国,实际室内展场面积达到10万平方米的还比较少。这样势必形成大展没办法办、小展没有影响。

(3)展馆建设重复,缺乏合理规划。在德国,一般一个城市一个展馆,但在我国,普遍存在重复建设现象。展馆建设政府性强、市场化水平低,这种粗放式、外延式发展的会展经济模式,直接导致展馆收益水平和市场化水平低下。

二、会展场馆的分类

会展场馆根据不同的标准,可分为多种类型,如按照用途、规模、内容、性质、功能等进行划分。

为了方便大家理解,在此我们按照主要用途进行划分。

(一)展览场馆

顾名思义,展览场馆的主要用途就是用于展览、陈列展销等。

(1)展览馆,也称展览中心,是一组展览专用的建筑物,是从事展览馆业务的、具有法人资格的事业或企业单位。展览馆还可以进一步分类:一类展馆,举办国际性大型展览的,展出净面积为5 000平方米(含)以上,展览、展销金银珠宝饰品、钻石、字画、钟表等特殊物品和三级(含)以上文物(参照国务院、文化部的相关规定);二类展馆,凡不符合一类展馆条件的展馆,均为二类展馆。

(2)博物馆,是指对有关历史、自然、文化、艺术、科学、技术的实物、资料、标本等进行收集、保管、研究,并陈列其中一部分供人们参观、学习的专用建筑。

(3)美术馆,以陈列展出美术工艺品为主,主要收集有关工艺、美术藏品,进行版面陈列和工艺美术陈列等,有的设立美术创作室。

(4)纪念馆,是为纪念具有历史意义的事迹或人物而建造的建筑物。

(5)陈列馆,一般为单纯的陈列展出,或设于建筑的一角,或成为独立的建筑,其中多陈列实物以供人们参观学习。陈列馆中的陈列技术如下。

① 陈列区位。陈列区位包括地面(地台)陈列、柱面陈列、壁面陈列、架上陈列和空间陈列。

② 陈列形态。陈列形态包括吊挂陈列、置放陈列、壁贴陈列和互动陈列。

③ 陈列视区。陈列视区包括高位陈列、中位陈列、低位陈列、浅位陈列和深位陈列。

④ 陈列品组合。陈列品组合包括专题陈列、系列陈列、关联陈列、季节陈列和节庆陈列。

(二) 会议场地

小规模的会议,并不需要一个专业的会议场馆,它需要的是一个会议场地。对于会议场地的等级和分类体系,一直没有定论。一种较为明确的看法是通过计算会议业务成交额所占比例来归纳适合会议举办的地点。例如,要获得ICCA(国际大会及会议协会)会员资格,必须具有至少60%与会议有关的生意。还有其他标准,如每年一度由英国旅游局、英国会议举办协会等机构组织的全国性"英国会议地点市场趋势调查",统计的对象为:必须是对外开放的,至少有3个会议室,最大会议室至少是一个能够容纳50个人的礼堂。会议场地的主要类型有以下几个。

1. 酒店

如今在会议业,酒店仍然占有很大一部分市场,对于公司会议来说尤为重要。传统型、度假型、商业区饭店、郊区饭店、机构饭店等,几乎每家饭店都能举办某些类型的会议,其中最主要的是城市的中心酒店、距离机场或高速公路比较近的酒店。

对于酒店来说,会议是一种能产生较大经济效益的辐射性产品,会议客人除了使用会议室外,还可能使用客房、餐厅、娱乐等酒店的其他服务设施。越来越多的酒店对会议市场的开发倍加重视。许多酒店都在设计和配备会议设施上投入了巨额资金,有些还建立起会议酒店的品牌,并培训专门满足会议组织者要求的服务人员。

会议酒店一般都具有各种规模的会议室、多功能厅、视听设备、舞台设备等,能提供全方位的客房和餐饮服务。

全套房酒店(all-suite hotel)由于拥有单独的起居室、免费的额外服务(如早餐)以及家庭气氛,每间套房都可作为一个小会场,便于个人间的谈话。因为取消了许多昂贵的服务,如豪华的大厅、各种风味餐厅等,房价相对较低,更适于董事会会议和小型培训活动。

2. 会议中心

会议中心(conference center)是主要为各种会议活动提供专门场地、设施、设备和服务的场所。它一般以承办国际、国内会议等大型活动为主要经营项目。一般来说,会议中心具有最新的视听和通信技术装备,能提供专业的会议视听服务,并且还能配套提供餐饮、商务、信息咨询、票务、旅游等服务,以及视听、办公等设施、设备的出租服务。

会议中心是一个相对比较新的概念。在美国,会议中心专指带会议室、住宿,但不带专门展厅的建筑物。构成"专业会议中心"至少需要以下几个条件:一是具有满足中型

(如 300~500 人)以上会议基本需求的类型齐全的会议室,而且这些会议室在空间上相对比较集中;二是会议室的专业性较强,如具备专业视听设备等;三是具备餐饮及住宿功能。另外,从发展趋势分析,未来会议中心需具备一定的展览功能以及丰富的休闲、娱乐、餐饮、购物、健身、文化等配套设施,从而成为真正意义上的会议综合体(all-in-one)。专业会议中心的综合配套水平是决定其竞争力高低的重要因素之一,即缺乏酒店等配套设施的专业会议中心的竞争力将会大打折扣。

3. 会展中心

会展中心(convention center)是指带有展厅和会议室,但不带住宿设施的建筑物。美国的会展中心具有很强的会议功能。据美国 Tradeshow Week 统计,美国会展中心设施中会议空间与展览空间之比平均为 25∶100。我国前些年建成的会展中心实际上是展览中心,会议功能薄弱。以会议、展览功能为主,再辅之以其他相关功能,这类设施就成了会展综合体。

4. 专用会议中心

专用会议中心(purpose-built conference center)是以满足特定需求为主的会议设施,是政府、企业、学校、科研机构等为满足特定需要而建设的会议中心设施。这类设施可以是办公设施的一个组成部分,也可以是一栋独立的建筑。这类设施的规模一般不是很大,它们也会在满足自身需求的情况下对外承接业务。如果是建设在机构院落或办公设施内部,这类会议中心通常没有其他配套功能。

5. 其他会议地点

不能列入上述范围内的所有广义的能举办会议的地点,如运动场所、文化娱乐场所、旅游景点、邮轮等。它们之所以有一定的吸引力,是因为能够给会议带来特殊的气氛。

(1) 体育馆(场),是室内体育运动场所的统称。大规模的体育馆包括篮球、排球、乒乓球、羽毛球等的比赛馆和练习馆。体育场是指开展群体性体育活动而设置的体育活动教学、训练和竞赛的公共体育场所。有单项的也有综合性的,有室内的也有室外的,体育场设有专职或兼职的技术指导和管理人员,负责日常工作。

(2) 文化馆,是国家设立在县、市辖区的文化事业机构,隶属当地政府,是开展社会主义宣传教育、组织辅导群众艺术(娱乐)等活动的综合性文化部门和活动场所。

(3) 文化广场,是指面积广阔的文化场地和场所。

(4) 剧院(场),指用于戏剧或其他表演艺术的演出场所。

由于会议业发展水平不同、消费习惯差异等诸多原因,专门的会议中心在经济发达国家比较受欢迎,而在国内,各种营利性会议主要在酒店举行,一部分场地虽名为会议中心,但几乎都和酒店紧紧捆绑在一起。

虽然会议中心也是从饭店会议设施发展而来的,但从会议场地和设施设备等硬件条件来看,会议中心在设计上与一些饭店中所提供的会议设施是有区别的。不少饭店也将承接会议作为经常性业务,但其硬件条件还是有所欠缺的。例如,会议厅(室)大小配套搭配不够合理,往往无法承接某些对场地要求特殊的会议;没有能力提供某些先进的视听设备;等等。而以承办会议为主要业务的会议中心,一般都拥有大小配套的多个会议厅

(室),并且拥有多个使用灵活的多功能厅。大型会议厅还有与之配套的可同时容纳几十人的卫生间,有能供几百人同时存放衣帽的衣帽柜。由于许多大会安排的是全天会议,会议室的设计特别讲究耐用性和舒适性,灯光、空调等完全适合会议活动的需要,最突出的是配备了大量通用的现代化视听设备。其他餐饮、客房服务也都主要围绕会议活动的特点,能够很有针对性地满足会议团体的需要。例如,客房通常很宽大,并且配有工作间和书房;餐厅能够提供灵活性很大的自助餐;等等。

在国际上,会议中心大多是在过去30年间逐渐发展起来的。在我国,近年来经济的发展和商务活动的增多,使得会议市场迅速发展起来,全国的大中城市普遍掀起了"接待会议热"和"会议中心建设热"。现在我国比较有影响的会议中心有北京国家会议中心、上海国际会议中心、珠海国际会议中心等。

第二节 会展场馆的作用和运营

经济拉动效应是反映展览业发达程度的标志之一。展览活动不仅可以为会展组织者、会展场馆经营者和会展服务者带来经济收益,而且可以为展会所在城市带来大量的会展参加者和国际观光客,为当地的旅馆业、餐饮业、零售业、公共交通业等带来收益。据国外有关机构测算,举办会展本身的效益一般只占综合收益的10%,而相关的食、宿、行、购物、娱乐、旅游、广告等的收入则占90%。国际上,会展业发达国家也都有这方面的研究,有资料显示,目前新加坡会展业对相关产业的拉动系数为1∶12,德国为1∶9。国内研究也表明会展业拉动效应明显,中国进出口商品交易会(以下简称"广交会")对广州经济的拉动效应达到1∶13.6。[①] 这里面会展场馆的作用当然不可小觑。

一、会展场馆的作用

1. 能够大力推进会展产业和区域经济的发展

汉诺威展览中心的发展已经形成了会展城市的规模,可以说整个展览中心就是一个城镇,这极大地带动了汉诺威会展产业会展经济的发展。

据我们对上海新国际博览中心做的一份研究表明:上海新国际博览中心的展览会拉动系数达到1∶8.4。这一研究选取上海新国际博览中心一年中比较有影响力的8个展览作为调查对象,展览时间覆盖全年,基本上做到了时间的均匀分布;另外还兼顾国际展和国内展,大展和小展以及不同类型的、不同主办主体的展览会。在这个基础上,进一步分别对国际展商和国内展商,国外观众、国内观众和本地观众做问卷调查。最后参照以往数据,按参展商5%和观众0.5%的比例,得出上述分类的数据。本次调研共发放问卷3 000份,回收问卷2 730份,问卷回收率91%;其中有效问卷1 269份,有效问卷率约47%。这一实证性的分析和研究,以实地调查的数据为依据,探讨了上海新国际博览中心对浦东新区和整个上海地区经济的拉动效应与影响。当然,会展场馆对于会展业、区域经济和社会的发展的作用还不止经济这一个方面。

---

① 中国会展业发展年度报告(2009)[R].北京:中国商务出版社,2009.

2．能够积极培育城市的展览品牌

会展场馆不仅仅是为会议和展览提供场地与相关服务，其经营策略还关系到展览品牌的培育。例如，德国汉诺威、慕尼黑、杜塞尔多夫在上海投资建设展馆和办展，不仅加剧了上海会展场地方面的竞争，而且在一定意义上影响了上海整个城市展览业的发展方向。

3．能够提高会展业的市场化程度

会展场馆的市场化运作有助于会展业的市场化经营。会展业的市场化经营的主体主要包括展览公司、展台搭建公司、展品运输公司、酒店、餐饮、礼仪服务公司等。如果会展场馆采用垄断性经营及提供垄断性展览服务，那么行业内的展览公司等经营主体就无法获得公平竞争的市场环境及发展空间。

4．能够适度调控会展业的市场运作

政府对会展业的宏观管理主要是体现在展览项目的审批方面。展览经营能够给予需要扶持的展览品牌以发展空间，能够在一定程度上对会展市场的健康发展起到宏观调控作用。

5．能够大力培养会展业人才

作为会展市场之一的会展场馆，需要大量高素质的专业人才队伍，以保证场馆管理、展览服务专业化工作的圆满完成。因此，会展场馆的经营和运作，可以为城市会展行业吸引大批高素质、高水平的专业人才并培养大量本土的专业化人才。另外，会展场馆的兴建和维护也会对解决城市就业问题产生积极的作用。

6．能够强化城市的服务职能

会展产业具有极大的产业带动效应，除直接产生经济效应外，还对社会和经济发展有着巨大的影响与催化作用。会展业作为一个城市服务业的重要组成部分，对强化城市的服务职能有积极推动作用。其中，会展场馆的带动作用不可小觑。

二、会展场馆的运营模式

纵览现代场馆的经营管理和盈利模式，可以归纳为以下几类。

1．场馆租赁运营模式

场馆租赁运营模式是展览场馆所有者通过合同形式将经营场地出租，并从中收取一定租金的盈利方式。该模式在一定程度上体现了所有权与经营权的分离。承租人除按合同规定交付租金和维护资产外，享有较大的经营自主权，能够不受行政干预地安排和组织场馆的人、财、物，充分体现了高度的灵活性与适应性。目前，场馆租赁是中外所有展览场馆的利润来源之一，特别是对那些缺乏经营条件、经营人才的场馆来说，是最主要的利润点。展览场馆由于有足够的空间，一般可以提供场地给各种展览会、综合类演出、会议、体育活动以及其他大型商业活动等。

2．增值服务运营模式

展览活动不是独立存在的一个项目，它的完成涉及交通、餐饮、住宿、广告、工程搭建、商务礼仪、休闲购物等多个方面。随着展览业的不断成熟,越来越多的展览场馆经营者意识到主办方、观众需求的全方位与多元化,而通过向上下游客户提供各类增值服务来获取利润的方式,就是服务增值运营模式。虽然这种模式本身在价值链中不占据主导地位,并且通过增值服务获得的利润只占展览场馆全部利润的很小一部分,但伴随着市场竞争的加剧,展览场馆通过提供差异化的增值服务不仅能有效同竞争对手区别开来,形成核心竞争力,也可以拓展利润渠道、增加利润点、开辟新盈利空间,还可以在为场馆创造价值的同时,满足客户的个性化需求。因此,越来越多的展览场馆经营者认识到增值服务这一利润空间,增值服务盈利模式也是现代展览场馆的一种重要盈利模式。

大多数美国展览场馆都对组织者和参展商提供增值服务,涵盖公用事业、餐饮、商务服务和劳务等广泛范围,如芝加哥的 McCormick 展馆提供如电讯、电器、有线电视和输水管道等内部增值服务;同城的沙滩展览会议中心的营业收入中,展览相关服务收入占到 15%～25%;中国展览场馆也积极整合其社会化服务资源,积极开发引进与展览、展馆配套的服务项目,包括工程搭建、展具租赁、广告制作发布、餐饮住宿、商务礼仪、旅游票务等一系列连带项目和增值服务,以减少收益的外流,使之成为展馆自身的盈利来源,如杭州国际博览中心利用 G20 峰会效应,积极拓展旅游业务,由于场馆的特殊性,开业不到一年,杭州国际博览中心接待旅游人数已经突破 110 万,日均参观人数维持在 2 000 人,从业务构成来看,旅游参观收入占总营业收入的 15%,在高峰时段曾占到 40%。[①]

3. 展会投资运营模式

展会投资运营模式是指展览场馆所有者通过投资展览来获取盈利,拓展经营空间。例如,美国的部分展览场馆所有者不仅可以出租场地,而且能从事自办展览,集场馆优势、服务优势、本土产业优势为一体。在欧洲,以德国为代表的展览场馆经营实践中,场馆所有者不仅以场馆出租来获取利润,还通过自办展览来提升经营利润。与此同时,中国的展览场馆也在积累招展经验的基础上,逐步通过自办展览以拓宽盈利渠道。

4. 管理输出运营模式

管理输出运营模式是指展览场馆在其经营理念和管理水平相对成熟时,通过管理输出方式,接管国内若干展馆,实现以管理创造效益的盈利新模式。一方面,一些新建的展览场馆特别是民营场馆,虽然设备、设施与国际一流的展馆持平,但在经营管理上还不成熟,这为一些有管理经验的展览场馆开展管理输出提供了市场;另一方面,展览场馆将管理经验向外输出,将其运营管理理念进行扩张,不仅可以使较为成熟的管理模式得以延续、发展,也可建立明显的市场领先性和示范性,进一步提升展览场馆的品牌和形象,还能通过管理其他展览场馆,获得丰厚的管理收入,拓宽盈利渠道。

5. 物业增长运营模式

展览场馆作为一种物业类型,展馆长期的保值、增值也成为很多展览场馆投资者盈利的方式。在这种模式下,盈利的视角从场馆出租所带来的租金收益、增值服务提供与展会

---

① 资料来源:根据 http://www.sohu.com/a/213674990_99931532 整理.

投资所带来的利润中转移到物业的增值,通过对所拥有的展览场馆进行一段时间的运营来获得更高的市场价值,主要包括地段增值和场馆设施增值。一方面,对于展览场馆所有者和经营者来说,都能从地段增值中获得巨大收益,在完成展览场馆初级基础设施建设后,地价将会有一定的升值,到展览场馆正式运营后,还将大幅上涨,而土地的增值将提高其场馆租赁,相关增值业务如酒店、餐饮服务的营业收入;另一方面,展览场馆可以通过包装、利用场馆及设备,形成展馆的物业增值运营模式。

一般说来,展览场馆升值潜力的大小受到交通、地段、商业氛围、地产升值、人流聚集状况等多方面因素的影响。而由增长极理论可知,展览场馆通过展览的举办可为当地带来高强度的人流、资金流和信息流,加剧相关服务业集中,带动周边地区配套设施的完善,从而使得冷区变温、温区变旺、旺区更旺,形成展览场馆与地域的相互促进,展览场馆物业将凭借旺地的高本底价值和发展潜力而获得物业的增值盈利。例如,德国政府在投资兴建汉诺威展览中心时,不仅直接投资场馆建设,还投资改善场馆周边的停车设施,建立发达的公路和轨道交通网,使得汉诺威展览中心成为国际交流的最佳场所,人流、商务活动的高度集中,使得展览场馆周边成为当地高地价的地块之一。

6. 资本运作运营模式

展览场馆资本运作运营模式是以利润最大化和资本增值为目的,以价值管理为特征,将本场馆的各类资本,不断与其他企业、部门的资本进行流动与重组,实现生产要素的优化配置和资产结构的动态调整,等等,以达到自由资本不断增值的经营方式。展览场馆具有投入大、周期长、风险大的特点,仅靠国家拨款和企业自身积累,是不符合收益与风险对等原则的。这就要求各展览场馆积极有效地利用资本市场,通过直接投资、发行股票、发行债券、银行借款和租赁等方式,有效地运用资本,合理地配置资本,迅速筹集资金,盘活存量资本,加速资本周转,提高展览场馆的资本效益,实现展馆资本的保值、增值,并通过优化资本结构或者壮大资本实力来增强展馆的竞争力,从而增强展馆的盈利能力。

目前,展览业的资本运营主要形式是展览公司的资本运营,而场馆的资本运营还不多。

三、我国会展场馆运营现状

近3年来,我国各地展览馆建设掀起了一个新的热潮。但是一个不容忽视的事实是,在个别城市,会展场馆沦为一种形象工程和摆设。据不完全统计显示,我国会展场馆的使用率偏低,多达一半以上的展览馆出租率低于10%,仅为顶级展馆利用水平的1/6。[①]

但是,又不能不看到,在个别发达城市其会展场馆的利用率远高于平均值。典型的城市为上海。上海的新国际博览中心,曾一度成为全球最忙、出租率最高、安全隐患最多的场馆,完全处于供不应求的状态,2014年上海新国际博览中心展馆的利用率高达74%[②],高于我国香港地区60%的水平,更高于欧美发达国家35%的水平。这种场馆建设和使用率的极大反差普遍存在于我国大部分地域的场馆,发展不平衡、不协调的现象可能仍会扩大。

[①] 资料来源:中国国际贸易促进委员会.中国展览经济发展报告(2017)[R].
[②] 陈先进.上海会展业发展报告(2017)[R].上海:上海科学技术文献出版社,2017:147.

会展场馆利用率直接决定着会展场馆的收益,也决定着会展场馆的生存与发展。因为会展场馆的收益主要有三个来源:一是场地租金,二是广告和赞助,三是自办展收入。而场地租金是其中最主要的收入,会展场馆获得场地租金的多少取决于会展场馆的出租率,也就是会展场馆的利用率。

会展业发达国家,如德国、美国等国会展场馆的利用率大多达到70%以上,而我国2017年,只有上海、北京、广州、深圳等几个会展业发达的城市展馆利用率达到50%以上,约占展览馆总数的5%,而有56%以上的展览馆利用率在10%以下,因此展馆利用水平与欧美发达国家存在着差距。[①]

一般来说,导致我国会展场馆利用率低下的原因有以下几个方面。

1. 场馆建设过于盲目

我国一些城市的政府本着发展地方会展经济或出于"政绩工程"的需要,在建设场馆时不考虑场馆建设战略上的科学规划与选址上的统筹布局,盲目兴建场馆。还有一些城市的政府在场馆建造时出于"形象工程"的需要,把场馆建成城市的标志性建筑,片面追求外部设计的新颖独特,不考虑内部构造是否适合布展需要。在我国,有些造型新颖独特的豪华场馆不仅增加了场馆的建筑成本,而且浪费了许多有效利用面积,使场馆从外面看起来很宏伟壮观,但实际上可用于展览的面积却不大。而世界会展强国德国在建设场馆时却始终本着实用主义的原则,慕尼黑展览中心从外面看起来就像一排排的厂房或仓库,却承接了无数个世界级的大型展览。

2. 馆多但会少且小

会展场馆建设的盲目性造成我国会展场馆数量多,而我国展会数量及规模的增长远不及场馆面积的增加,造成我国现在馆多但会少且小的局面,制约我国会展场馆的利用率。2017年,我国举办的展览项目有4 667场,1万平方米以下的有1 855场,接近40%的展览项目属于小型展会。[②]

3. 场馆经营观念落后

由于我国大部分的会展场馆长期处于政府的直接管理下,其经营管理还带有浓厚的计划经济色彩,市场化水平较低,很多场馆处于一种"等食吃"的状态,缺乏灵活的市场营销手段。虽然现在很多场馆都在转变经营机制,但固有的观念很难一时转变过来。

4. 场馆之间恶性竞争

在有些城市,有多个展览场馆,在展会数量不足、规模不大、场馆闲置严重、经营困难的情况下,为了吸引更多的展会到本场馆举办,场馆之间的竞争就会十分激烈。而在我国当前政府监管不力和行业协会功能弱化的情况下,场馆之间的恶性竞争变得非常普遍。会展场馆之间的竞争表现为:场馆之间竞相压价,招租过程中不顾在同一档期已有类似题材展会在这个城市的另外场馆签约,不管大展、小展、好展、坏展,只要能来我馆举办给我租金就行,这不仅造成了城市资源的内耗,而且客观上滋生了一些欺展、骗展现象的

---

① 资料来源:中国国际贸易促进委员会.中国展览经济发展报告(2017)[R].
② 资料来源:中国会展经济研究会.2017年度中国展览数据统计报告[R].

发生。

5. 场馆服务水平低下

场地、自办展和服务是会展场馆能够提供的三大产品,其中场馆服务的弹性最大,场馆服务水平的高低直接影响场馆的形象,是提高场馆社会效益和经济效益的重要手段。目前,我国大部分会展场馆的服务仅停留在场馆设施设备的维修保养、安全保卫、环境卫生、消防、绿化以及车辆交通管理等物业管理方面,缺乏会展组织、展商招待以及相关的配套服务,服务水平低下。

6. 缺乏专业会展场馆经营管理人才

对于会展场馆来说,人才结构为场馆市场营销人才、项目统筹人才、技术保障人才、场馆物业人才四个层面。我国目前的会展场馆从业人员大多都是半路出家的,缺乏专业的会展理论知识,更缺乏在会展场馆经营和营销方面的经验与管理,使得现在很多会展场馆经营管理水平低下。因此,职业管理人才,尤其场馆市场营销人才、项目统筹人才缺乏是问题的症结所在。

要提高我国会展场馆利用率,需要在以下几个方面采取有效措施。

1. 加强政府宏观调控,严格会展场馆建设的审批制度

会展场馆的建设应与区域经济社会发展相协调,与会展业整体发展相适应。在规划建设会展场馆之前应对所在地经济状况、产业结构、办展环境深入调研,实事求是地论证项目可行性。在会展业比较发达的城市,如北京、上海、广州等可规划新建或扩建大型会展场馆,以满足当地会展业快速发展的需要。其他区域性会展中心城市,应根据市场需求,合理布局。区域内同一城市或城市之间会展场馆资源应该共享,避免低水平重复建设和资源闲置。政府应加强会展场馆建设项目的前期评估领导工作,强化对会展场馆建设的审批管理,对5万平方米以上的投资大、规模大的大型场馆建设项目可以试行中央专家评估许可制。

2. 巩固现有展,吸引巡回展,创办自办展

每个会展场馆每年都有一些固定档期的展会,对于这些固定档期的展会,场馆要通过优化服务、加强联系、巩固关系使这些展会长期驻扎下来,并且要帮助展会组织者扩大展会的规模。另外,会展场馆还可以通过吸引巡回展和创立自办展的方式提高会展场馆的利用率。首先,从巡回展来看,大型的巡回展不仅可以提升主办城市、会展场馆的知名度,还可以给城市的相关产业以及会展展馆带来巨大的经济效益。以全国糖酒商品交易会为例,交易会自1955年开创以来,已经在全国几十个城市巡回举办了90多届,其中第96届全国糖酒商品交易会于2017年3月23—25日在成都世纪城新国际会展中心举办。此届交易会共吸引国内外2 905家业内厂商参展,展品原产地来自40多个国家和地区。3天来,展商和观众累计入场221 302人、304 977人次,成交总额200亿元左右。[①] 仅这一个糖酒会对会展场馆利用率的贡献就相当于十几个小型展会。其次,自办展对于弥补场馆

---

① 资料来源:根据 https://www.sohu.com/a/143763399_703097 整理.

淡季业务不足,提高场馆淡季利用率也起到重要作用。例如,上海国际展览中心的乐器展,目前在行业内已经享有盛名,居于亚洲第一位。但会展场馆在做自办展时要注意展会题材不能与已有的展会题材重复,并且要把自办展做成品牌展。总之,会展场馆要增加展会数量、扩大展会规模就要做到巩固现有展,吸引巡回展,创立自办展,只有这样,才能进一步提高会展场馆的利用率。

3. 转变经营观念,变被动等待为主动出击

会展场馆要提高利用率,就必须转变"等食吃"的思想,主动出击,采取灵活的市场营销手段。具体来说,会展场馆可以与旅游企业合作,参与城市整体促销,在城市的推介活动中推销自己;还可以加入某一专业行业协会,利用行业协会的营销渠道推销自己;或者通过电视、广播、报纸、专业杂志、移动传媒以及网络等营销手段宣传自己,让目标客户了解会展场馆,进而接受会展场馆,愿意与会展场馆合作。

4. 发挥行业协会的作用,规范会展场馆之间的竞争

会展行业协会的最主要职能就是行业管理和协调。一方面,它与政府密切配合,共同制定一套行业道德与行为规范,一旦有会员违反,就召集会议讨论解决,甚至提出制裁措施,以维持公平竞争的秩序;另一方面,在展会题目、展出时间安排、摊位价格、展会质量水准等方面,在会员单位之间进行协调,以更好地维护会员的正当权益。为规范我国会展场馆之间的竞争,就必须建立专业的会展行业协会,政府授予会展行业协会一定的职权,强化会展行业协会的作用,利用会展行业协会的监管机制规范竞争。

5. 加强会展场馆的服务

会展场馆的服务是场馆取得竞争优势的重要武器。加强会展场馆的服务就是要借鉴国外先进会展场馆的服务经验,综合提供从展商进入场馆到离开场馆期间所需要的全部服务,具体包括展位预订、展商接待、信息咨询、装撤展位、现场管理、展会评估以及配套服务等一系列服务,并且服务要做到热情、周到、细致,增加展商的满意度和好评率。

6. 多渠道吸引人才

目前,我国的一些本、专科院校以及职业技术学院在培养会展专业人才方面起着关键的作用,近几年来为会展行业输送了大量的会展专业人才。会展场馆可每年从这些会展专业的毕业生中择优录用适合其需要、有成长潜力的专业人才;会展场馆还可以高薪聘用会展业发达国家会展场馆管理的优秀人才,利用国外的人才优势带动本地场馆管理人才的成长;会展场馆还可以与国外会展场馆合作,进行人才引进与人才进修相结合,提高现有会展场馆从业人员的管理水平。

第三节 会展场馆管理概述

会展中心场馆管理是保证会展中心正常运转的基本条件,也是提高服务质量的基本保证。如果硬件管理跟不上,各种服务就成了无源之水、无本之木。通过有效的管理充分发挥会展场馆的效能,控制能源消耗,提高服务质量,将会显著提高场馆的效益。

现代化会展中心是随着市场经济体制转变而产生的,它的生存和发展都与市场因素

息息相关,应该遵循"适者生存"的市场竞争法则。因此,会展中心的管理,需要的是以产业创新的理念和超前的经营思维,通过科学的管理来提供高效、优质的服务,努力构架个性化的会展经济平台,求得满意的经济效益和社会效益。

系统化的场馆管理不仅仅表现在场地的清洁、设备的使用和保养、保安、消防等浅层次的工作,其管理的定位将远远超出以上范围。在会展中心规划过程中,必须根据经营思路来进行建筑设计、空间规划、设备配置等工作;在日常管理过程中,工程设备运行管理、场馆环境管理、安全保卫管理等都属于其基础工作范畴。场馆与设施设备管理的整个管理过程都要符合现代企业专业化管理、市场化经营的要求。

一、会展场馆管理的目标

会展中心的管理水平,并非仅仅局限于其活动数量或使用率,其重点是场馆可否发挥预期的作用和贡献。现在全国投入运营的展览中心已经很多,但看它们的实际运作情况,绝大部分都未能够实现盈利,这与它们在场馆运营管理方面还不够成熟有关。总的来说,大规模展览中心的投资回报期相当长,要维持生存,促进发展,必须对场馆运营管理方面加以进一步研究。从总体上说,会展场馆管理的目标有以下几层。

1. 增加场地出租的经济效益

一般商业展览活动都有非常强烈的季节性。展览活动由于性质各异,对使用场地都有特定的要求。一个展览活动由进馆到退馆起码需要几天的时间,开展日期一般也不太会跨周末或假日。这些因素都导致展览中心的使用率偏低(一般而言,展览中心的整体使用率为30%~70%)。目前我国许多展览中心在一年内综合展览及布展的时间不过几个月,甚至只有一两个月,剩余的日子里闲置的维持费高得吓人。所以,场馆的所有者要追求经济效益,关键是合理地增加场地的使用率以及提高单位面积的出租金额。这就要求展览中心不断地完善配套功能和设施,提高服务的质量和水平。

2. 处理好相关利益关系

目前我国很多展览中心还没有完善的销售机构,展览中心经常自办展览活动以增加收入和场地使用率。自办展览从提高投资回报率和资源利用率的角度来看也是可以理解的。但这样的做法,把展览中心作为服务提供者的角色搞模糊了,而且容易引起与其他专门经营展览活动的客户之间的利益冲突,从长远看,很可能会影响展览中心的效益。因此在这种情况下,场馆管理者需要有特别的沟通技巧和策略来处理相关的利益关系。实现经济效益和社会效益的全面发展。一方面,以市场观念进行管理规划,并有效控制场馆的运作成本,讲求经济效益;另一方面,要体现一定的服务社会职能,除了提供场地给商业会议或展览活动外,还应该适当顾及非商业活动对场地的需要。

另外,展览中心在一定程度上也是一个公益性的建设项目,在场馆运营和管理方面也要充分考虑它的公益效果,要以综合指标来衡量场馆的效益。

3. 合理配置场地档期

大部分的展览活动都是商业性质的,适合的档期对展览活动的成功而言非常重要。很多情况下,参展商们是商业竞争对手关系,同类型或性质接近的展览项目经常会有争取同一档期的情况。因此场馆管理者有必要制定适当的政策来合理编配场地的档期,避免项目冲突的情况出现。场馆方不能仅仅考虑增加租金的收入而不顾场馆使用者的利益,要妥善地处理与客户间的商业关系。为各种会展活动提供一个合适的场地和舒适安全的环境,并在此基础上提供卓越和高效率的服务,满足会议和展览组织者、参加者、会展中心人员及租用场馆办公的物业使用者等各方面的需要。

4. 合理规划

搞好建筑物本体及设备设施的维修养护、场馆的环境绿化、保洁、安全消防等基本工作,最大限度地发挥物业的使用价值,使物业保值增值。

二、会展场馆管理的内容

在本书后面的章节中,会详细地讲述会展场馆管理的各个方面内容,在此,仅列举会展场馆管理的大致内容。

1. 规划管理

会展中心的建设是一笔很大的投资,必须根据经营思路,通过严密的可行性论证,本着"技术上先进,经济上合理,经营上可行"的原则,在场馆建设、规划、配置方面做好基础工作。例如,在选址上,一般应选在城郊接合处,交通便利,具有良好的配套服务设施,与周边环境协调,考虑未来改扩建的潜能。在内部规划方面,要有完善人车分流的场内交通系统、足够的停车场、足够的餐饮等服务机构分布在周围,等等。

2. 设备管理

种类繁多的设施设备是会展中心服务产品的硬件依托。应该合理地使用各种设施设备,对常用设施设备系统进行足够的维护保养、修理和更新等,防止设备和系统发生故障,保证它们的正常运作。

3. 运营管理

会展场馆最常见的运营是要销售场地,这就涉及营销管理,同时展会期间还要协助主办方进行现场管理,特别是现场管理,包括建筑物本体日常养护、保洁、绿化等工作,并要按照环保规定以恰当的方式处理废弃物,其目的是为各种会议和展览活动提供一个清洁、舒适、美观的环境。

4. 安全和危机管理

会议展览活动的重要特性是大量的人员在活动进行期间逗留或进出会场,因此会展中心必须设有完善而可靠的紧急事故应变系统,要求安全设施时刻保证运作正常,工作人员要有足够的经验去处理随时可能发生的紧急事故。

针对场馆而言,危机是指影响参展商、专业观众、相关媒体等利益相关主体对会展的信心或扰乱会展组织者继续正常经营的非预期性事件,这些事件可能以无限多样的形式存在。危机管理机制的建立,简言之,一靠呼吁、二靠共识、三靠实施。

5. 成本管理

会展中心的管理中必须强调成本意识,讲求经济效益。这应体现在场馆和设施设备管理的全过程中。例如,合理确定场馆的使用效率,仔细衡量投资的成本和收益;将人力、物力等各种资源根据淡旺季的特点进行匹配等。运用计划管理手段,加强财务管理,体现场馆现代化管理水准。

6．人力资源管理

展览场馆所提供的是一个特殊的综合性服务产品,其从业者包括组织者、管理者、施工人员、配套服务人员等。因此,场馆管理需要复合型人才,必须懂得专业知识、懂外语、懂美术设计,具有物流运输管理能力,最好还具有招商才能。只有熟悉业务、了解国际惯例、富有操作技能,才能使庞大的展览场馆得以全面有效地投入运营。

会议中心和展览中心的场馆管理一般都包括上述内容。但在这里要强调的一点是,虽然会展一般被人们视为一个行业,但实际上,展览中心和会议中心的场地具有各自的特点,其管理的侧重点也不同。一般说来,展览活动中的展位装修、展品运输等工作都由展览会主办机构聘用承办商提供服务,而清洁、餐饮等服务采用外包的形式交给物业公司管理。展览中心管理的内容侧重于场地规划设计、场地经营,以及水电、空调、照明等基本设施的管理。而会议活动的要求则较为广泛。会议中心除提供场地外,还需要在厅房布置、视听设备、餐饮服务等方面作出配合会议进程的安排和服务。会议活动需要场馆方面提供的服务一般比展览活动更多更广,对视听设备的要求尤其复杂。因此会议中心管理的内容侧重于各种设施设备和服务的管理。

三、会展场馆管理的理念

现代化会展场馆经营的思路与过去的展览馆截然不同。作为现代的企业,经营者必须遵循现代企业制度的要求进行,必须坚持以下理念:

1．效益理念

会展场馆的管理者应清楚掌握市场需要、竞争环境、设施本身的规模、地理位置、周边环境的配合等因素,以确定会展中心的市场地位,制定适当的经营管理策略和方针。正确的市场定位,是会展设施成功营运的重要基础。在服务资源提供和配合方面应考虑场馆的使用率。在部署人力、物力等资源时,既要提供满意服务,又要有效控制成本。某些需要大量人手配合的服务,如餐饮、清洁、保安等,通常都会外包出去以节约成本。

严格的管理、严密的组织和严谨的纪律是会展企业生存的基石。通过科学的管理,提供高效、优质的服务。并且应根据企业长远发展规划,制定市场化、国际化、专业化、信息化、集团化的发展方向,以此为目标,努力去构架个性化的会展经济平台。

2．技术理念

会展场馆大都是比较新的建筑,拥有大量先进的现代化设施设备,最能体现高新科技成果,对服务人员的操作和维护的技术要求也比较高。只有不断更新观念,加强对员工的培训和管理,才能适应多变的市场需要。会展中心必须走技术创新多元化的经营道路,依靠信息化、知识化的竞争核心力,以管理和整合来赢得市场份额。

3．人才理念

现代化的会展场馆经营的核心就是要拥有一批专业性展览人才。按照现代企业制度的要求,必须始终坚持以人为本的原则,并将企业文化作为吸引人才的重要机制。作为现代企业的员工,不仅要求有高水准的专业知识,更要注重个人能力、其他技能的培养,并通过积累和总结,提炼企业的优良文化基因,使之成为展览中心发展的底蕴,并且吐故纳新,对其进行滋养和丰润,使之永葆青春活力和对环境的高度适应性。

4. 服务理念

会展场馆属于服务性行业,对会展中心的场馆进行管理是为了提供优质的服务。每个展览或会议活动都有不同的特性和要求,会展中心的经营者应了解不同项目的需要,提供恰当的项目策划、场地布置、视听、通信、保安、清洁、餐饮等服务,以便使活动顺利进行和完成。

5. 环保理念

现代化会展场馆应注重环保,保持场地清洁及适当的废物处理能力。尤其是展览活动中,大量的物料往往在短短数日的活动后便要丢弃,除了浪费资源外还增加了处理废物的支出。会展中心应分类处理废物,尽量增加废物循环使用的机会;并且要制定适当的措施,限制不环保物料在场馆内使用;另外还要不断地完善合乎环保要求的技术操作程序。总之,现代化的会展中心都应以创新的思维逐步向环保型会展中心发展。

6. 创新理念

按照符合市场经济的规律、现代企业制度的原则建立全新的企业,将制度创新、经营思路创新、管理方法创新作为企业经营管理的法宝。在管理上追求新制度的建立,保持企业制度的超前性,并以此获得超值收益;经营上根据展览中心个性化特色围绕展览业实施多元化的思路,树立"先谋势、后谋利"的观念,依靠展览带动其他产业齐头并进,以市场化为原则,坚持为社会创造效益,为客户创造价值,为员工创造机遇的经营宗旨。

四、会展场馆管理的方法

1. 综合管理

场馆的管理是整个会展中心管理的重要方面,其内容纷繁复杂,已经不仅仅局限于纯技术方面,还要涉及各种经济分析和组织协调工作等,要求管理部门具有较强的综合管理能力。

2. 全员管理

会展中心的管理要体现劳动密集型行业的特点,必须十分重视人员的管理。场馆维护的工作量很大,而且很多技术工作是分散的,因此要求员工的责任心强、技术过硬,具有一专多能的素质。在管理过程中,应该让所有的员工都认识到自己对场馆管理负有一定的责任,让所有的员工都自觉参与。

3. 系统管理

单个会展活动的时间都比较短,在一个相当有限的时间内要保证大量人流、物流进出会场有条不紊,保证各类设施运转正常,保证发生紧急情况时能快速应变,这些都需要会展中心各部门之间、上下级之间以及个别员工之间协调合作。系统化要求会展中心用系统的观点和方法来进行场馆管理，要形成一个分工明确的组织系统，把场馆管理工作纳入各级领导的职责之中，落实逐级责任制和岗位责任制。

4．制度管理

场馆管理中的很多工作都是日常性的，平时的严格管理是会议或展览活动短暂期间场馆作用正常发挥的基础。所以会展中心必须依靠完善的基础制度来规范管理工作。一方面，要十分重视规章制度建设工作；另一方面，要狠抓规章制度的贯彻落实。

总之，现代化的会展中心不再是单纯的展馆，而是发展会展经济的载体，其发展的目标和方向是为整个城市经济发展战略服务的。所以要强调用创新意识和全局观念来抓好会展中心的管理工作。

本章小结

会展场馆是会展业发展的基础，是各种会展活动开展的最主要的硬件依托，是会展产业链上的上游企业，本章介绍了会展场馆的概念和分类、作用和运营，并从管理的角度阐述了会展场馆管理的目标、内容、理念和方法。

复习思考题

1. 简述会展场馆的基本内涵和类型。
2. 会展场馆在会展经济中应该承担什么责任？
3. 简述会展场馆管理的目标、内容、理念和方法。
4. 如何理解会展场馆的企业化经营？
5. 如何提高我国会展场馆的利用率？

引申案例

国家会议中心——会议业的经济拉动系数[①]

为了解析近来颇受关注的会议业的拉动效应，近期，国家会议中心组织人员对2010年3月至8月期间在国家会议中心举办的亚太肝病学会年会（APASL）、中国介入心脏病大会（CIT）、世界心脏病学大会（WCC）、国际海洋和极地工程学术年会（ISOPE）、天坛国际脑血管病会议（TISC）和世界音乐教育大会（ISME）这6个社团会议参会者的花费水平进行了抽样调查。并在此基础上，对6个社团会议的经济拉动系数进行了初步研究，以期能在一定程度上对会议业的经济拉动作用作出客观的分析。

---

① 国家会议中心——会议业的经济拉动系数[N].中国贸易报，2011-09-05，有改动。

会议经济拉动系数=1：N

会议业的经济拉动系数是指会议业创造的直接收入和间接收入之比，即会议业的经济拉动系数＝会议业的直接收入/会议业的间接收入＝1：N。

其中，会议业的直接收入指会议举办场所和会议主办方的收入。主办方的收入主要包括收取的参会代表的注册费、赞助商提供的赞助费及广告商提供的宣传费等。需要特别注意的是，参会代表的注册费虽为会议主办方收取，但其中大部分用于缴纳会议场地费、会议期间的餐饮费和会后旅游费等。因此，在计算主办方的收入时，应以主办方获得的净收入为准；场馆的收入主要包括会议室租金、设备租赁收入、会议餐饮和一些辅助收入（如广告位租赁、人员服务收费和停车费、网络费等）。会议业的间接收入是指除了会议中心和主办方之外的服务供应商从会议业中获得的收入，包括餐饮、酒店住宿、旅游、交通、搭建、翻译、印刷、娱乐等为会议提供分散服务的所有服务商所获得的收入。

计算会议业的拉动系数需要统筹考虑上述两个方面的收入。但很多会议主办方都将其收入视为"机密"而拒绝公开，无法通过调研的方式获取。鉴于此，本文以场馆的收入为基数分析会议业对其他行业的拉动作用。此外，由于会议业的间接收入分散到酒店、餐饮、交通等多个主体中，无法对各个主体的收入进行逐一调查，故本文借用宏观经济学在GDP（国内生产总值）测算中所采取的"总支出＝总收入"的思路，通过调查参会者的花费来研究会议业中的经济关系（图1-2）。

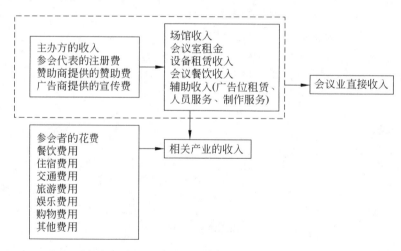

图1-2　会议业直接收入和相关产业收入示意图

本文以亚太肝病学会年会、中国介入心脏病大会、世界心脏病学大会、国际海洋和极地工程学术年会、天坛国际脑血管病会议和世界音乐教育大会6个社团会议为调查样本，获取数据。这6个社团会议的基本信息如表1-1所示。

表1-1　6个社团会议的基本信息

会议名称	召开时间	主办单位	参会人数
亚太肝病学会年会	3月25—28日	亚太肝病学会	3 500
中国介入心脏病大会	3月31日—4月3日	中华医学会、中国介入心脏病学大会理事会、中华医学会心血管病学分会、美国心血管研究基金会、欧洲EuroPCR等	3 000
世界心脏病学大会	6月16—19日	世界心脏病联盟、中华医学会、中华医学会心血管病学分会	10 000
国际海洋和极地工程学术年会	6月21—24日	国际海洋和极地工程师协会、中国海洋石油总公司	1 000
天坛国际脑血管病会议	6月24—27日	卫生部国际交流与合作中心世界卒中组织、美国神经科学与卒中促进学会和美国卒中学会	5 000
世界音乐教育大会	8月1—6日	中国教育学会音乐教育专业委员会、中国音乐学院	5 000

上述会议召开期间，笔者组织人员在会议现场对参会者进行了随机抽样问卷调查，共发放问卷635份，剔除115份北京市参会者所做问卷，有效问卷520份，各个会议的问卷发放情况如表1-2所示。

表1-2　问卷发放情况　　　　　　　　　　　　　　　份

会议名称	京外参会者问卷数量	京内参会者问卷数量	问卷总数
亚太肝病学会年会	79	8	87
中国介入心脏病大会	42	28	70
世界心脏病学大会	132	30	162
国际海洋和极地工程学术年会	76	2	78
天坛国际脑血管病会议	79	10	89
世界音乐教育大会	112	37	149
合计	520	115	635

相关行业的收入

相关行业的收入主要是通过调查参会者的花费获取的，参会者在京期间平均花费的具体信息如表1-3所示。不难看出，参会者花费最高的项目为住宿费用，大约占据了参会者全部花费的39%，其次为餐饮费用和购物费用，占据参会者全部花费的比例分别为16%和17%左右，相对而言，参会者在旅游和娱乐方面的花费较少（图1-3）。

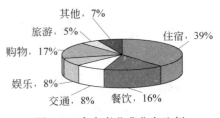

图1-3　参会者花费分布比例

表 1-3　每位参会者在京期间平均花费　　　　　　　　　　　　　　　　　　元

花费项目	亚太肝病学会年会	中国介入心脏病大会	世界心脏病学大会	国际海洋和极地工程学术年会	天坛国际脑血管病会议	世界音乐教育大会
住宿	2 396	1 460	2 457.40	1 979.00	1 476.20	2 102.70
餐饮	1 264	616	882.60	761.60	513.60	796.80
交通	540	352	359.10	327.00	267.20	399.75
娱乐	506	361	455.55	390.60	403.65	455.55
购物	1 254	709	842.75	757.25	736.25	923.50
旅游	361	186	242.75	238.10	248.05	317.50
其他	515	312	385.80	325.40	349.20	460.80
合计	6 836	3 996	5 625.95	4 778.95	3 994.15	5 456.60

其中旅游花费较少的原因是，北京作为政治、文化中心，各种交流活动频繁举办，多数参会者都有过来京的经历，笔者之前在国家会议中心做过的调查显示，82%的受访者有超过两次到京参会的经历。所以，在某种程度上，北京作为旅游目的地的吸引力对大多数参会者而言已经相对弱化，其旅游花费也因此较少。

根据调查显示，6个社团会议每位参会者的平均消费水平超过5 000元。对比来看，亚太肝病学会年会花费水平最高，其平均花费水平已接近7 000元，主要原因在于该会议国际化水平较高，国外参会代表来自58个国家和地区，人数近3 000人。世界心脏病学大会国际参会者比例与亚太肝病学会年会相当，但由于其境外参会者主要是来自不发达国家，消费能力有限，即使是第一次来北京，有很强的消费欲望，实际消费水平仍低于亚太肝病学会年会的参会者消费水平。这一点从世界心脏病学大会参会者几乎都不在流动餐车上自费购买咖啡、饮料方面得到佐证。中国介入心脏病大会和天坛国际脑血管病会议虽然规模较大，但却以国内参会者为主，花费水平明显低于其他几个会议。

基于参会者的平均花费水平及参会人数，本文对6个社团会议所产生的直接经济效益进行了估算。通过调研发现，只有部分参会者有旅游安排。

根据抽样情况，本文对有旅游安排的参会者比例进行了推算(表1-4)。在此基础上，估算了6个社团会议所产生的间接经济效益(表1-5)。

表 1-4　有旅游安排的参会者比例　　　　　　　　　　　　　　　　　　　　%

会议名称	有旅游安排的参会者比例	会议名称	有旅游安排的参会者比例
亚太肝病学会年会	75	国际海洋和极地工程学术年会	78
中国介入心脏病大会	71	天坛国际脑血管病会议	81
世界心脏病学大会	75	世界音乐教育大会	89

表 1-5　6 个社团会议给相关产业带来的收入　　　　　　　　　　　　　　　万元

行业类别	亚太肝病学会年会	中国介入心脏病大会	世界心脏病学大会	国际海洋和极地工程学术年会	天坛国际脑血管病会议	世界音乐教育大会
住宿业	761.49	262.80	2 002.33	192.83	655.17	790.28
餐饮业	401.72	110.88	719.16	74.21	227.95	299.47
交通业	171.62	63.36	292.60	31.86	118.59	150.24
娱乐业	160.81	64.98	371.19	38.06	179.15	171.21
零售业	398.54	127.62	686.69	73.78	326.76	347.09
旅游业	86.05	23.77	148.35	18.10	89.17	106.20
其他行业	163.68	56.16	314.36	31.71	154.98	173.19
合计	2 143.91	709.57	4 534.68	460.55	1 751.77	2 037.68

结果显示,世界心脏病学大会给相关产业带来的收入高达 4 534.68 万元,亚太肝病学会年会和世界音乐教育大会为相关产业带来的收入大约为 2 143.91 万元和 2 037.68 万元。此外,从会议带来的收入流向来看,会议业对住宿业的拉动效应最大,其次为餐饮业和零售业。以世界心脏病学大会为例,其为住宿业带来的经济收益大约为 2 000 万元,为餐饮业带来的收益超过 700 万元,为零售业带来的收益也接近 700 万元。会议业的经济拉动作用由此可见一斑。

会议场馆收入

会议场馆收入主要包括场地租赁、设备租赁、搭建收入、广告收入、证件收入、能源费、电话网络费、会议餐饮收入和商务中心收入、停车费等。需要说明的是,亚太肝病学会年会和中国介入心脏病大会召开期间,有其他会议和展览活动同期举办,因此很难界定国家会议中心设于展厅二楼的美食广场的收入是由哪个活动产生的。鉴于此,本文并没有将美食广场收入计算在内。剔除该收入后,场馆的总收入如表 1-6 所示。

表 1-6　6 个社团会议给国家会议中心带来的收入　　　　　　　　　　　　　万元

会议名称	场馆收入	会议名称	场馆收入
亚太肝病学会年会	334.67	国际海洋和极地工程学术年会	87.78
中国介入心脏病大会	322.11	天坛国际脑血管病会议	264.18
世界心脏病学大会	1 223.21	世界音乐教育大会	819.45

通过上述分析,以场馆收入为基数,会议业对相关产业的拉动作用如表 1-7 所示。其中,亚太肝病学会年会和天坛国际脑血管病会议对相关产业收入的拉动性最大,拉动作用分别为 1∶6.4 和 1∶6.6,国际海洋和极地工程学术年会的拉动作用次之,拉动系数约为 1∶5.2,世界心脏病学大会、世界音乐教育大会和中国介入心脏病学大会的拉动作用分别为 1∶3.7、1∶2.5 和 1∶2.2。需要特别说明的是,中国介入心脏病大会和世界心脏病学大会两个会议的灯光、音响设备均由国家会议中心提供,即原本为其他产业的收入现在转

为场馆收入,从而导致了拉动系数比实际情况偏小。

表1-7　6个社团会议对国家会议中心的经济拉动作用　　　　　　　万元

会议名称	相关产业的收入	场馆收入	场馆的拉动作用
亚太肝病学会年会	2 143.91	334.67	1∶6.4
中国介入心脏病大会	709.57	322.11	1∶2.2
世界心脏病学大会	4 534.66	1 223.21	1∶3.7
国际海洋和极地工程学术年会	460.54	87.78	1∶5.2
天坛国际脑血管病会议	1 751.77	264.18	1∶6.6
世界音乐教育大会	2 037.68	819.45	1∶2.5

会议经济拉动系数为1∶7.5。

综合上述分析,本文得出如下结论。

第一,会议业对当地经济具有明显的拉动作用,既包括场馆和会议主办方获得的直接收入,也包括因举办会议而带来的住宿业、餐饮业、零售业、旅游业、交通业等其他行业的间接收入。

第二,从花费流向来看,参会者的花费主要流入住宿业、餐饮业和零售业这3个主要领域,占据参会者花费的比例之和超过70%,其中住宿业获益最多,其大约占据了参会者花费39%的份额。

第三,会议业的经济作用不可一概而论,规模大、国外参会者比例高的国际会议对相关产业的经济拉动尤其明显,而国内参会者多,尤其是本地参会者占据较大比例的会议的经济拉动作用相对较弱。本文研究结果显示,以场馆收入为基数,会议业对相关行业的经济拉动作用介于1∶2和1∶7之间,平均拉动系数约为1∶4.5。

但是,该结论仍具有一定的局限性。

第一,所有调研都集中在国家会议中心进行,而没有在其他会议场所进行,因而不具有普适性。

第二,抽取的会议样本具有一定的局限性,在本次调查的6个社团会议中有4个社团会议是医学会议,而医学会议参会者的花费水平一般低于其他行业会议。

第三,调查的参会者花费项目均为参会者在北京市的花费,没有将城际交通及对北京周边的旅游消费考虑在内。

鉴于上述3个原因,可以推断会议业的实际经济拉动作用应该略高于此次调研结果。

问题:

如何理解会议经济的拉动系数?结合以上案例谈谈会议中心的地位和作用。

第二章

会展场馆规划管理

引 言

会展场馆选址对会展业的发展而言,可以算得上举足轻重。道理很简单:场馆一旦落成,也就决定了会展业借以发展的空间地理区域,这一区域内的各种基础设施,包括它的相关配套设施、道路交通状况等,就成为会展业的运行环境,环境的好坏直接影响项目甚至行业本身的发展。近几年来,全国掀起了场馆建设的高潮。然而在盲目兴办会展场馆的同时,更多的问题应运而生,最为严峻的就是会展场馆给周边环境带来的负面效应,即对城市交通的巨大影响。

学习要点

- 会议场馆的选址要素
- 展览场馆的选址要素
- 会议场馆的功能设置
- 展览场馆的功能设置
- 会展场馆功能的充分利用和创新

引入案例

上海新国际博览中心[①]

1. 简介

上海新国际博览中心由上海陆家嘴(集团)有限公司、德国汉诺威展览公司、德国杜塞尔多夫展览公司、德国慕尼黑展览有限公司联合投资建造。作为中外合资合营的第一家展览中心,SNIEC 已建设成为中国最成功展览中心之一。其位于上海浦东的商业中心,凭借其方便的交通地理位置、单层无柱式为特点的展馆设施以及多种多样的现场服务,已博得世界的广泛关注。作为一个多功能的场馆,它也是举办各种社会、公司活动的理想场地。

2. 展馆规模

SNIEC 拥有 17 个单层无柱式展厅,室内展览面积 200 000 平方米,室外展览面积

[①] 根据 http://www.sniec.net/cn/aboutsniec.php 和 http://www.sniec.net/cn/aboutdownload.php 整理。

100 000平方米。每个展厅规模为70米×185米,面积为11 547平方米。自2001年开业以来,SNIEC取得了稳定增长,每年举办约80场知名展览会,吸引300余万名海内外客商。SNIEC的成功运营凸显了展会经济在中国及东亚经济区迅猛发展过程中的重要作用。SNIEC能够凭借其先进的专业能力为中国和亚洲展会经济作出重要贡献。

3. 配套设施

SNIEC先进、实用、国际化与专业化,是各类展览活动专属的理想场地。

(1) 商务中心,地点在南入口大厅,主要提供办公服务,如传真、复印、上网、打印、电话卡及旅游订票服务等。此外还可提供各类办公用品、快递、货运服务及设计、印制名片,展板制作,书报杂志零售,等等。

(2) 3个附属入口大厅,兼备观众注册、信息咨询、开幕式、商务中心、咖啡厅、餐厅以及衣帽间等多功能。

(3) 20个宽敞的卸货区分布于各展厅间,运输车辆可直接通入展厅。超强地面承重能力:室内3吨/平方米,室外5吨/平方米,室外重载区20吨/平方米。

(4) 51个规模不等、风格各异的附属会议室,可用于举办中小型会议、论坛以及鸡尾酒会等。

(5) 充足的停车场地,可容纳4 730个车位。

4. 周围商业设施

上海新国际博览中心周边聚集了证大喜马拉雅中心、浦东嘉里城、永达大厦、紫竹大厦、"博览汇"广场、2006商业街、联洋广场、大拇指广场等国际化大型综合性的商业项目,其中涵盖了五星级酒店、5A甲级办公楼、酒店式公寓、文化艺术中心、餐饮、购物、银行、邮局、电影院(喜马拉雅海上国际影城)等多种类商业和休闲娱乐配套设施。上海新国际博览中心附近坐落有多家医疗机构,其中多家为公立医疗单位,展览期间,如需医疗服务,可根据以下信息联系前往。曙光医院(浦东新区张衡路528号)、仁济医院(浦东新区东方路1630号)、东方医院(浦东新区即墨路150号)。

可以说,集中完善的多功能商业业态,营造出浓厚的商业与文化氛围,大大提升了这一区域会展综合服务水平,使之成为一流会展目的地。

5. 相关数据

上海新国际博览中心相关数据如表2-1所示。

表2-1 上海新国际博览中心相关数据

场馆数量	17
楼层数量	1
出入口	70
最大出入口(米)	宽:5,高:4
最小出入口(米)	宽:5,高:4
地面承重(吨/平方米)	室内:3,室外:5

续表

室内高度	W1~W4展馆:11~17米,W5号展馆:17~23米
电压	380V/220V,50Hz
电源	接入方式:3相5线制
给水	每个展馆294个,管径15毫米、20毫米、25毫米
排水	每个展馆168个,管径100毫米
通信设施	ISDN(128K)、无线宽带网(共享11兆)、有线宽带网(最大可独享10兆)

第一节　会展场馆的选址

分布各地的大型会展场馆往往是城市公共设施中的基础性设施,甚至是标志性设施,规模大、投资大、规划要求高。会展中心与城市交通、区位、市场等关系密切,因此它的位置选择至关重要。

一、会议场馆的选址

正如第一章所述,小规模的会议并不需要一个专业的会议场馆,它需要的是一个会议场地。这样的会议场地常常附属在酒店、宾馆、会展中心内部。大规模的重要会议,需要一个专门的、专业的会议场馆。在这里,我们讨论的是会议场馆的选址。

开会,简言之,大家一起商讨事情,那么必定要有一个合适的会议场馆,这样一个合适的会议场馆要建在哪里呢?这是修建一个会议场馆前要进行的决策之一——会议场馆的选址。

通俗地讲,办成一件事情需要天时、地利、人和。要在某个城市修建会议场馆,天时,恐怕是老天爷的事情。我们可以决定的是会议场馆的地利和人和,我们把它解释为交通因素、人口因素和环境因素。

1. 交通因素

在中国,城市的交通问题已经不是一件新鲜事,也不是一省一市的特有现象,任何城市,无论大小,都或多或少地存在这样或那样的交通问题,尤其以北京、上海、广州等大城市最为突出。英国著名学者J.M.汤姆逊曾把大城市的交通问题归纳为七个主要方面:交通速度、车祸、公共交通高峰时间拥挤、公共交通非高峰时间乘客稀少、步行人困难、冲击环境和停车困难。虽然在各个城市所表现出来的交通问题并不完全相同,且引发交通问题的各种内外原因具有复杂性,但其内容无法逃出这些基本范畴,其根本原因还在于城市的规划问题。

我们不可能为了修建会议场馆去改变城市规划,我们只能在现有城市规划基础上为修建会议场馆选择具有交通优势的地方。

实践证明,实现人的移动,轨道交通(包括地铁、轻轨和市郊铁路)是最有效的手段,城市轨道交通具有运量大、速度快、节约用地、保护环境等优势。世界上30多个国家和地区都修建了地铁与轻轨交通。新型有轨电车正在成为欧美发达国家"城市交通革命"的主角。据中国城市轨道交通协会发布官方统计报告,截至 2017 年年末,我国内地地区共有 26 个城市开通城轨,共计 116 条线路,总运营里程达 3 618 千米,可以看出我国城轨行业正处于一个高速发展的时代。其中北京的地铁里程已达到 637 千米,上海的地铁里程已达到 705 千米,广州也达到 478 千米,都是属于轨道交通发达的城市。① 无疑城市轨道交通终将成为城市交通体系中的"骨干",是根本解决城市交通问题的措施中最具活力的因素。所以对于会议场馆,它周围要有发达的轨道交通,目前而言,主要是地铁交通。不妨举个例子,如果一个北京市民要去人民大会堂参加会议,又要在早上交通高峰期间出行,选择开车、乘坐出租车或公交车恐怕都没有乘坐地铁来得快,可见地铁交通既快捷、便利又经济实惠。

2. 人口因素

一般的会议相对于一次展览,要简单得多,在会议场馆的选址上考虑的因素也相对较少。但无论如何,人口因素必须考虑,尤其是现代的大型国际会议。

既不能选在荒无人烟的地方建一个会议场馆,大家高高兴兴地来开会,结果未进馆心先凉,此地为何如此荒凉?又不能选在闹市区,造成开会时各种资源不堪重负,处处充斥着各种噪声。当然以上两种情况有点极端,但不难理解,会议场馆的选址需要一个适合的人口环境,便于参会者进出的同时外带购物、游憩等。

会议中心的建设也需要结合区域经济的发展和特定市场的容量,而不能一窝蜂地盲目上马。兴建会议中心是投资巨大的项目,如果因市场不够大而造成会议设施的长期闲置,其代价是十分高昂的。很多情况下,会议中心也会成为同时包括展览功能的会展中心。虽然展览和会议活动有比较大的联系,但在建设时仍要考虑在区域内是否会造成重复建设。

3. 环境因素

从专业角度来讲,会议管理属于旅游管理的一个分支,因此,会议场馆建设的选址也要充分考虑旅游六要素:食、住、行、游、购、娱。会议场馆周围配套设施必须齐全,尤其现在越来越多国际会议的召开,在某地开会通常要小住几天,所以会议场馆周围基本的生活服务设施必须齐全。

会议中心一般应该规划在交通便利的地区,使与会者能够方便地到达机场、地铁站、客运站等地方。度假式会议中心强调会议场地周围有优美的环境。如果是独立的会议中心,要考虑周边有无配套的饭店来提供足够的餐饮、住宿等服务。

会议中心建设中要引入环保概念,尽量减缓人为建筑对环境所造成的能源负载与破坏。这要求会议中心的建设规划中对绿化指标、日常耗能指标等都要加以考虑,并尽量使用无污染的建筑材料,设置高效率的电器设备,建立完善的废弃物处理系统。

二、展览场馆的选址

展览场馆的选址对会展业发展而言,可以算得上举足轻重。因为场馆一旦落成,也就

---

① 数据来源:根据北京市/上海市/广州市统计年鉴整理.

决定了会展业借以发展的空间地理区域。这一区域内的各种基础设施,包括它的相关配套设施、道路交通状况等,就成为会展业的运行环境,环境的好坏直接影响着项目甚至行业本身的发展。

对于已经落成的展馆,已经很难改变其现有的地理位置,我们能做的事情恐怕只有维护好、协调好重大活动期间的交通秩序问题和安全问题,增加或者选择替代路线缓解会展活动给城市交通带来的压力。而对于那些正在选址建设会展中心的政府规划部门和建筑商,我们则有必要为它们提个醒,选择好展馆的建设位置对展馆效益和城市会展业的发展都具有十分重要的意义。一个好的展馆,不仅应该具备完善的内部设施和服务机制,更为重要的是它的周边环境。

1. 位置

展馆在城市中的位置会影响展览效果,如果把展览中心建立在市中心最繁华的地带,营造成本必然很高,而且会受到繁忙的日常交通的影响,造成人流、物流的不畅。国外现代化展览中心的场址一般都选在城郊接合处,并将交通条件、环境条件和地形条件作为选址的三大要素进行论证,做到场址选择与市政规划相吻合。展览中心虽然不宜建在最繁华的地带,但交通可达性必须好。德国、法国、意大利等国新建的及尚在规划中的展览中心均将交通条件列为选址的首要条件,一般要求场址靠近国际机场,并且有两条以上高速公路从周围通过。日本东京的现代化国际展览中心有两条地铁直通,还有直达的汽艇专用线、公共汽车专用线、首都高速公路,从羽田机场到达该中心约15分钟。

会展场馆不宜建在城市中心的繁华地带,并且应远离居民区和其他行政机构服务区域。不宜建在繁华地带是因为繁华地带的地价高,会大幅度地增加会展场馆的建设成本。此外,在场馆的营建期间和建成后举办会展活动期间会造成交通阻塞,影响场馆经营管理及会展活动的正常进行。展馆地址应远离居民区和其他行政机构服务区域,避免给附近居民带来困扰或者妨碍其他公共事务。举个例子:北京市朝阳区拥有CBD(中央商务区)、使馆区等重要区域,但是在一次外企评测当中,朝阳区的排名居北京市所有城区倒数第二,原因之一就是交通问题。

2. 交通

好的展馆应处于交通网络发达地区,四周交通便利、换乘方便,各种交通设施齐全,便于游客和参展者的参展行为。会展场馆的周边交通规划要注意以下几个方面。

1) 交通方式的选择

一个国际性的展览会,对于参展商及参观者来说可选择的交通手段包括公路(高速公路)、轨道、航空、水运等方式。一般而言,在城市中可乘坐公交车、城市轨道交通工具或自驾车;来自邻近地区的可选择铁路交通或长途汽车;来自周边国家的可选择高速铁路、航空或游船,部分也可自驾车;来自海外的宾客则首先乘飞机到达所处城市,再选择城市公共交通。因此,会展中心可根据宾客的性质、数量及来去方向估计各种交通方式的流量情况,进行合理的规划布局,缓解局部交通压力,并可以计算出静态交通量的需求。

德国多数会展中心与机场的距离在15~20千米,其间有高速公路、城市快速路、城市铁路等相连接,15~20分钟即可到达;少数会展中心则依托机场选址,如杜塞尔多夫会展中心距机场只有3千米,可以利用机场周边的配套设施,更好地解决旅行的效率问题;也有的会展中心距离机场比较远,如慕尼黑新会展中心距机场34千米,但高效率的城市外环路可以保证在20分钟左右到达。另外,在展会期间,多数会展中心都会加设来往于机场和会展中心之间的专用巴士来解决大量人流的集散。

2) 主入口的布局

大型会展中心往往需设多个主入口,分布于几个主要的方向,既有利于大量人流、物流的集散,也有利于同时举办多个展会而互不影响。同时,主要的人行入口和货物入口也需分别布置。各入口需考虑与主要道路、停车场、轨道交通及公共交通站点的关系,这是解决会展中心与外界高效联系和组织内部交通的关键。在慕尼黑、莱比锡等单轴线布局的会展中心,主入口一般设于轴线的各个端头;而在杜塞尔多夫、汉诺威等呈环绕布局的会展中心中,主入口一般均匀分布在整个场地的四周;像法兰克福、科隆这样分散布局的会展中心主入口一般会分地块布置。

3) 停车场的布局

一般德国的会展中心都会在不同的入口附近提供多个停车场(楼)。其中有一两个大的集中停车场,这些停车场还可同时兼作室外展场使用。例如,德国科隆会展中心共有22个停车场,可停车1.4万辆。莱比锡会展中心共有6个停车场,7100个车位,其中参观者用6000个,参展商用1000个,载重货车位40个,小卡车位80个。它的1号、2号停车场还是未来建设的预留用地。从停车场到主入口一般不超过300米。个别大的停车场远离主入口,则会在这些停车场和场馆之间设置专用穿梭巴士。

4) 轨道交通站点的布局

几乎所有德国的会展中心都有包括地铁、轻轨和城市铁路在内的轨道交通的直达站点。轨道交通运力大、效率高,是会展中心集散人流最便捷的交通方式之一。在各会展中心主入口附近设置的地铁或城市轨道交通站点,距离一般也不会超过300米。特别像柏林会展中心,城市铁路的轨道直接就铺到了展馆的中心位置,可在展会期间加开专列。法兰克福会展中心更是横跨在一条城市铁路线的两侧,共有4条城市铁路线和1条地铁线可以直达。

5) 公共交通站点的布局

德国的会展中心主入口附近都设有公共汽车、区间穿梭巴士和出租车停靠站。根据会展中心规模的大小往往能够提供若干条公交线路,一般都有直接通往机场和城市中心的线路。值得一提的是,德国的会展中心在公共交通的服务上均做得非常出色,在所有与展览相关的印刷品、场馆中张贴的平面图以及多媒体信息点均可以提供交通方面的信息和详细的交通示意图。

3. 展馆架构

展馆群体架构应呈现狭长、分散型,而非集中、聚集型,从而避免因展馆过分集中而带来的车辆拥堵,难以对其进行有效的集散。这样既可以使观众有效参展,又能够发挥展馆优势,兴办品牌展会。美国的会展城市巴尔的摩,就是依赖其靠近纽约、费城等大型城市良好的区位优势,"平行式"陆路交通的便利,濒临河口位置的海陆交通优势,以及各种配套设施和服务的齐全,塑造了其国际性会展城市的地位。

由于会展中心的规模庞大,必须拥有明确、清晰、高效率的标识设计。这对于来访者方便地到达会展中心所在地,寻找停车场、主入口,乃至在场馆内高效地到达目的地都极为重要。一般的人行走在这样大体量的建筑群中往往会产生渺小感,极易迷失方向,进而引起疲劳、焦虑等不良感受,通常这样的感觉被称为"蚂蚁综合征"。因此,良好的方向感和必要的标识指引非常重要。通常的建筑手段是采用矩形的空间或明确的轴线来进行方向的指引。同时,单元化的展厅设计能够加快人们熟悉陌生环境的速度,各种服务设施的规则布置也更加便于寻找。而利用标识指引方向则更是所有会展中心必须使用的方法,通过数字、字母、图案等鲜明的形象来清楚地标明各个场地和建筑物的性质与方位。另外,展位的布局也必须将正对各展厅入口的通道留出,从而达到容易识别的目的。

4. 社会配套

展馆附近应配有齐全的配套基础设施,如宾馆、酒店、商场、健身场所等,为展会和旅客提供方便的同时,也避免了重复建设所造成的浪费。

德国的会展中心有同机场、火车站等公共设施相同的重要地位。从城市外围的高速公路开始一直到城市的主要道路上均设有大量的指引会展中心的标志。醒目的"M"(德文 messe 会展中心的缩写)标志随处可见。几乎所有德国的会展中心都拥有一个地标性的高塔或建筑,如慕尼黑和莱比锡会展中心均是在主入口前设标志塔,柏林会展中心中有一个电视塔,科隆会展中心的高塔与大教堂隔河相望,而法兰克福和杜塞尔多夫会展中心均拥有高层的办公楼。这些塔(楼)一方面在整个城市中起到一个地标的作用;另一方面在会展中心内部也是视觉的中心,是定位的最佳坐标。

5. 预留发展规划

展览中心建设规划必须有前瞻性的考虑,随着展览业的发展和业务的增加,一些展览中心将来很可能会有扩建的需要。这时,如果没有预留用地,就会成为展览中心进一步发展的阻碍因素。从这个角度来看,如果一味追求让展览中心成为城市标志性建筑,将其建在原本就很拥挤的市中心,就会对土地使用造成很大限制。一些展览中心因为没有扩建余地而只能向高层发展,这会给货物的进出、展馆地面承重等带来一系列问题,不能很好地满足现代展览活动的要求。

会展场馆的选址要与城市功能布局相结合,并且具有一定的前瞻性。只有这样,会展场馆的经营才能够更好地带动周边地区共同发展,并发挥其独特的辐射作用。而和城市功能布局保持一致,意味着会展场馆的选址要考虑到现有的及按照规划即将建设的服务配套基础设施,如宾馆、酒店、商场、健身场所等。因为这些基础配套设施为会议、展览和旅客提供方便,可以使会展场馆最大限度地发挥会展场馆城市经济助推器的作用。之所以强调场馆的建设规划需要具有一定的前瞻性,是因为在场馆的建设规划阶段应该充分考虑到伴随着会展业发展而出现的展馆扩建要求。这样,就可以在场馆建设初期为今后的扩建预留下土地。而市中心的土地往往非常紧张,所以从发展的角度来看,会展的场馆(特别是大型会展场馆)不宜建在拥挤的市中心。

我国展览馆的选址一般需要考虑地理位置、交通运输条件、城市基础设施 3 个方面的因素，宜选择城市内或城市近郊交通便利的地区，应当有足够的群众活动空间，同时考虑环境的绿化和美化因素。根据展馆建筑规模大小，特大型展馆建筑基地应至少有两面直接连接城市道路；大型、中型和小型展馆建筑基地至少有一面直接连接城市道路。该城市道路应有足够的宽度，以减少人员疏散时对城市正常交通的影响。

必须注意的是，会展场馆的选址是制约城市交通最为重要的环节之一。对于已经落成的场馆虽然很难改变其现有地理位置，但是应该尽量维护好、协调好重大活动期间的交通秩序问题和安全问题。其中一个解决办法就是增加或者选择替代路线缓解会展活动给城市交通带来的压力。当然事无巨细，除了以上要素，在对会展场馆的建设进行选址时能考虑进去人文历史、风俗习惯、当地特色等要素，再好不过。

SNIEC坐落于蓬勃发展的上海浦东开发区，与世纪公园相邻。SNIEC东距浦东国际机场35千米，西距虹桥国际机场32千米，中国首条磁悬浮列车线和地铁2号线在SNIEC附近汇聚，与多条公交线路编织起的交通网络拉近了SNIEC与城市的各个角落的距离。SNIEC周围有多条公交线路，有地铁2号线、地铁7号线到达，有免费穿梭巴士，有便捷的出租汽车服务。

上海新国际博览中心选在了新时期、新规划的浦东，周围交通非常便利，基础设施越来越完善，它的建成和运营，大大缓解了上海展览面积不足的困局，并迅速在上海会展业中占据了核心地位。这些都说明上海新国际博览中心选址的成功。

第二节　会展场馆的功能设置

会展场馆的功能结构，也是会展场馆的吸引力要素，是立足自身条件开展经营活动的重要一环。

一、会展场馆的功能设计原则

1. 综合性

由于会展活动持续的时间比较长，一般都在2～3天，3～5天，甚至更长，会展工作团队这段时间的工作、生活都需要在会展中心的各项设施中完成，因此，会展中心需要为这些团队人员提供以下几个方面的服务：一是提供举办会展活动所需的各种条件，如会议室、展览场地等；二是满足会议和展览代表生理方面的需要，如吃、住等；三是满足会议和展览代表会议之余的休闲、娱乐、购物、美食、健身、文化、艺术等方面的需求。

长期以来，国内一些人对于会展中心应有功能的认识比较片面，他们觉得只要有一个开会的地方或者办展览的地方就行了，至于会议和展览代表其他方面的需求就很少会去考虑。随着我国社会经济的快速发展以及人们生活水平的不断提高，会展活动参与者对于会展中心设施的要求必将越来越高。从发展趋势看，会展中心在核心功能过硬的条件下，综合性越强，竞争力水平就越高。

2. 一体化

"一体化"主要是指对会展中心设施进行集约化规划和设计，使会展中心的各项核心功能与辅助功能在空间上尽可能相互靠近，以最大限度地方便会议代表和展览参与者在各个功能区间走动,提高设施的综合利用率,等等。"一体化"规划设计可以有效减少由于天气等因素对参与者在各功能区间活动产生的干扰。初步测算,采用"一体化"规划设计的会展中心设施,不仅效率提升、能耗降低,而且其聚集人气方面的效果也是数倍于分散功能的会展中心设施。从会议展览设施发展趋势分析,"一体化"是必然的发展方向。

3. 高科技与环保

在发达国家,会展中心设施是最能体现高科技与环保技术水平的建筑类型之一。虽然我国新建会展中心设施的科技含量与环保技术水平都在快速提升,但整体状况与发达国家仍有很大差距。从发展趋势看,国际会展中心的高科技因素主要与互联网、通信、视听以及现场技术等有关,而环保技术则通常与节能、绿色、生态等联系在一起。代表着国际绿色建筑物最高标准的美国 LEED 认证,是国际国内会展中心设施在绿色方面追求的最高目标。我们国家一些会展中心设施在这方面需要提高的地方还很多,有的非但谈不上高科技与环保,就连基本的节能都很难做到。例如,不能有效把握空间层高与当地气候条件之间的关系,从而造成大量能源浪费;空间布局设计不合理从而导致能源消耗过高、人力资源浪费等。

会展中心设施设计相关的原则很多,无法一一讨论,如国际性与本地特色、辅助功能的亮点策划等都很重要。随着社会进步节奏的加快,未来的会展中心将成为工作+娱乐(work+play)的地方,这就对会展中心的设计相关方提出了严峻的挑战。

二、会议场馆的功能设置

在实际工作中,大多数会议策划人都从外观来获得对会议场所的第一印象。整体施工质量的好坏、整体外观与周边环境的和谐、入口处给人的印象如何等,都是会议中心需要考虑的要素。

(一)会议场馆的功能分区

大部分的会议会安排在室内进行,因此会议场馆功能设置上需要更为紧凑。会议场馆的主要功能从听众角度来讲,是学习和获取知识的场所,是认识和结交朋友的场作,是交流相互观点的场所,是解决某一问题的场所。在空间功能上,会议场馆除了会场外,一般还具有以下功能区域:会场报到处(签到处)、会间茶歇厅、衣帽存放间、视听设备控制室、同步传译室、嘉宾休息室等。并不是每个会议室都含有所有以上的功能区,功能区的设置要根据会议的要求来确定。

1. 会场报到处

会议报到处在会议室入口外,也称序厅。会议开始前为报到处,会中可变为会间茶歇厅。报到处应简单高雅,配有签到簿、名片盘、会议资料、嘉宾胸花、抽奖箱等,应在醒目位置标注会议的名称。

很多会议中心设施的投资者不太愿意建设很大的序厅空间,觉得会议厅或宴会厅比序厅更重要。从会议市场发展情况看,序厅与其相连的会议厅、宴会厅同等重要——序厅是会议代表在会前、会中与会后交流的重要场所,而相互交流又是会议的主要目的之一。序厅还可以开展一些必要的展览展示、茶歇等活动。一般来说,理想的序厅空间应该是会议厅或宴会厅面积的 1/3～2/3。另外,序厅空间的一侧最好有理想的景观效果,使会议代表能够从紧张的会议气氛中放松下来。

2．会间茶歇厅

①一方面作为会间休息场所,另一方面主要是给与会者相互交流的机会;②配备简单的酒水台、小圆桌和服务员;③一般的茶点有咖啡、茶(或茶包)、纯净水、方糖(或糖包)、杯奶、果汁饮料、各类小点心、去皮或核的水果等。

3．衣帽存放间

衣帽存放间是为了使参会者轻松参会而设置的。衣帽存放间应配有足够多的衣帽架,并有足够多且便于识别的标牌,以便工作人员及时找到参会者所寄存的衣帽。同时要提醒参会者在寄存衣帽前将贵重物品取出,以防丢失。

4．视听设备控制室

随着信息技术和电子技术的迅猛发展,会议系统也愈加趋近于智能化。一个现代化和智能化的会议系统通常包括计算机网络系统、综合布线系统、多媒体教学系统、多功能电子会议系统、大屏幕投影系统、数字会议及同声传译系统、视听会议系统、专业监控系统及中央集成控制系统等,这样的会议系统不仅可用于召开现场会议,还能召开远程会议。当然,在选择会议室时,主要考虑满足会议的需要,并不是设备功能越多或者越先进就越好。有关职能会议厅的设备配置,我们将在后面的章节中详细阐述。

5．同步传译室

同步传译一般用于国际性会议,当有多国代表参加会议,但没有通用的语种时需要用到同步传译。同步传译室需增设音频媒体接口机,有了它就可以把外部的模拟设备(如广播和录音用的设备)接到 DCN(数据通信网络)系统。同时还需增加一个扬声器,向会议代表提供公共广播。

各国代表需要进行现场讨论时,特邀发言人用的演讲台还需装备嵌入桌面的话筒、扬声器、通道选择器和耳机。与会代表配备桌面式代表机,该机装备有代表认证卡读出器、LCD(液晶显示器)屏幕和通道选择器、轻便型耳机。代表通过该机可以发言,参加表决,选择收听的语种。会议的进程由主席掌握,为主席配备的是主席机。译员在译员间内工作,为译员配备的设备是带 LCD 显示的译员机。代表可以用代表机上的通道选择开关选择要听的语种,声音由耳机传给代表。

不具有代表资格的列席人员可以用装在椅子扶手上的通道选择器选择语种,用耳机收听。该电子通道选择器仅以收听为限,不具有发言和表决功能。

6．嘉宾休息室

嘉宾休息室是嘉宾在会议前、会议中和会议后的休息场所。嘉宾休息室可以布置得很简单,几张沙发加几张茶几即可;也可以布置得豪华高雅。例如,奥斯卡颁奖晚会的嘉宾休息室就布置得非常奢华,无论内部装饰物还是灯光设计,都尽显奥斯卡的艺术品位。

尽管休息室的布置有着天壤之别,但在服务上却大同小异。休息室通常需要为嘉宾提供饮料、水果或茶点等;另外,为给嘉宾提供宁静和轻松的环境,可播放一些舒缓的音乐或摆放一些休闲的报纸、杂志。

以上是传统意义的会议场馆功能设置,在科技发达的当代社会,越来越多的网络会议、电话会议的举行,又对会议场馆的功能设置提出了新要求,如要有超大型投影室等基础电子设施,也就是所谓的多功能会议场馆。

(1) 多功能会议场馆工程以其功能的多样性(如会议厅、视频会议厅、报告厅、学术讨论厅和培训厅等),特别适合我国国情需要,并在这几年的时间得到迅速普及应用。多功能会议场馆在初期的建设投入上可能要高于单一功能的投资建设。并且从技术的角度上来看,其系统设计和施工上都有一定的技术复杂度,尤其对用户方的使用也有一定的技术要求。这就需要一种技术来综合管理不同功能的 A/V(音频/视频)设备使其相互协调地工作,这种技术就是中央控制技术。

(2) 会议室显示系统。多媒体显示系统由高亮度、高分辨率的液晶投影机和电动屏幕构成,完成对各种图文信息的大屏幕显示。由于会议室面积较大,为了各个位置的人都能够更清楚地观看,整个系统设计了 2 套投影机显示系统。

(3) A/V 系统。A/V 系统由 4 台计算机和摄像机、DVD(数字多功能光盘)、VCR(录像机)、MD(迷你磁光盘)机、实物展台、调音台、话筒、功放、音箱、数字硬盘录像机等 A/V 设备构成。完成对各种图文信息[包括各种软体的使用、DVD/CD(小型镭射盘)碟片、录像带、各种实物、声音]的播放功能;实现多功能厅的现场扩音、播音,配合大屏幕投影系统,提供优良的视听效果。并且通过数字硬盘录像机,能够将整个过程记录在硬盘录像机中。

(4) 工程环境系统。工程环境系统由会议室的灯光(包括白炽灯、日光灯)、窗帘等设备构成。完成对整个会议室环境气氛的改变,以自动适应当前的需要,如播放 DVD 时,灯光会自动变暗,窗帘自动关闭。

特别介绍一下智能型多媒体中央控制系统:采用目前国内档次最高、技术最成熟、功能最齐全、用途最广的 HK(宏控)中央控制系统,实现多功能会议场馆工程各种电子设备的集中控制。

不管怎样的系统,工程环境都要求:操作简单、人性化、智能化;整个系统可靠性高;尽量多地体现出各种设备的卓越功能,让所有设备工作在最佳状态,发挥设备的最大功效;能够控制 DVD、录像机、MD 进行播放、停止、暂停等功能;能够控制投影机,进行开/关机、输入切换等功能,并能够控制电动吊架、屏幕,实现上升、停止、下降等功能;能够控制实物展台进行放大、缩小等功能;能够控制音量,进行音量大小的调节功能;能够控制 A/V 矩阵、VGA(视频传输标准)矩阵,实现音视频、VGA 信号自动切换控制功能;能够控制房间的灯光和窗帘,自动适应当前的需要。

(二) 会议室的功能设置

在会议中心内,一般应划分出独立的会议区域,把会议区和餐饮等其他区域分开。尽量使会议室避开繁忙吵闹的地方,以便把干扰降到最低点,确保会议的效果。商务中心和会间休息区要靠近会议室,以提供方便的服务。关于餐饮、客房以及其他服务区域的场地规划可以参见一般饭店的场地规划,本书在此仅详细叙述会议区域的场地规划和管理。

要使得会议空间得到充分的利用,为会议团体提供舒适的环境,会议中心必须适当地规划会议室的空间。规划和管理时要考虑如下几点。

1. 会议室面积

会议室一般要大、小规模俱全,大到可以容纳几千人的会议厅,小到可供几个人使用的贵宾洽谈室,以容纳不同规模的会议团体。

最大会议厅面积是整个会议中心设施规划设计的核心指标之一。会议室数量、宴会厅面积与数量、展览面积,甚至厨房面积、酒店客房数量等都与之有关。最大会议厅面积设定的参考因素有:所在城市会议市场的特点与发展趋势、会议中心的地理位置与交通条件、总投资额与占地面积、周边环境与已有设施的功能优势等。

会议室的总量与最大会议厅的面积、客房量、设施特点等有关。假如一个会议中心希望接待规模达2 000人的会议,那么,最大会议厅的面积可设定为2 000平方米(除去固定舞台面积,每人所占面积0.8~1平方米),会议室数量至少在25~30个,因为2 000人左右规模的会议通常在全体会议之后会有20~30个的分组讨论会。我国很多会议中心设施在规划设计时对其他相关因素考虑得很少,设定最大会议厅面积与会议室数量也都有很大的随意性。例如,我国知名城市的一个会议中心,最大会议厅面积达到了2 500平方米以上,可配套的小会议室只有一个。北京郊区一家会议酒店,最大会议厅面积近2 000平方米,配套的会议室数量也不少,可这些会议室的面积都很小,无法举办分组论坛。还有的会议酒店的会议室数量很多,可缺乏大型会议空间,无法接待大型会议,使得这些中小会议室的利用率很低,进而在很大程度上影响了整个酒店的入住率水平。

对于某个特定的会议活动,确定合适的会议室面积时要考虑的因素有:预期出席人数、布局、所需视听设备数量和种类、放置衣架及资料的空间等。另外,会议中心应该设有一些可以使用气墙或折叠隔离门进行拆分的会议室,这类会议室具有很大的灵活性,比较适合用于有分组活动的培训类会议。

会议中心向外界提供的促销材料中应该附有清晰的会议室平面图,并保证数据的准确性。比例图上应该标明会议室的尺寸、天花板高度、各种最常用布局下的客容量,还有门、窗、柱子、电梯、电源插口和阻碍物等细节。因为诸多因素的影响,会议室的实际可用面积比较难于测算。为了解决这一问题,专业会议管理协会(PCMA)开发出一种方案,通过复杂的激光设备对会议室的规格和容量进行实地测量,然后用计算机软件绘制出十分精确的会议平面图,以此确定布置空间的大小。会场方可以先用该图纸自行进行演示。会议室空间一旦经过认证,会场方就获准在促销材料上使用该图纸,并且可以使用PCMA的印章。

2. 座位和布局

会议室应具有不同的空间布局形式,如礼堂式、剧院式、教学式,以适合不同种类和规模的会议活动。会议室的布局显示了座位的摆放类型。

有时,会议室的使用率很高,同一个会议室常常在一天内有好几个会议,而且间隔时间很短。这就要求在会议室布置时要考虑到下一个会议的形式,确定布局是否一致,是否有足够的时间来调整。最好能设法把相类似的会议排在一起,使所需要的人力和设备调整时间减到最少。

3. 会议室家具

1) 桌椅

桌椅的设置特别要符合人类工程学的原理。会议有时会持续很长的时间,与会者需要一直集中注意力,因此桌椅使与会者感到舒适是最重要的。桌子一般的标准高度是60厘米。宽度最好能够随意组合。布置时以座位间隔令人舒适为原则。椅子有扶手椅、折叠椅等各种样式,要根据会议需要的情况来选择合适的高度和样式。

2) 平台

平台使用在不同的场合,特别是为宴会和讲话者升高主席台的位置,其长度可以任意组合。要注意搭建时需要仔细核查并遵守安全规定。

3) 讲台

讲台一般有桌式或地面式两种。平时要在讲台上准备好照明固定装置和足够长的电线,保证能够接到电源插口。要确保在顶灯关闭的时候讲台照明的电源不会被同时切断。一般来说,永久性主席台允许安置供演讲者直接操纵灯光和视听设备的控制器。而便携式讲台多适用于临时性布置,它只要配有音响系统并能够连接普通电源插口就可以了。

总的来说,选择会议室家具时要考虑家具的牢固性和耐用性,选择便于操作、储藏的家具,不使用时应当摞在一起,防止脆弱的部分暴露出来。还有,为了避免过多地搬运和储藏,最好是购置多用途的会议室家具,如可拆卸并且可以互换不同大小底盘的桌子、有双重高度的折叠台等。

4. 会议室照明

会议室照明对于会议的效果和气氛有着很大的影响。大部分新型的会议室都有完善的灯光设备。会议室基本照明设备的种类有射光灯、泛光灯及特殊效果灯,有时还会用舞台灯和聚光灯来突出讲台上某位演讲人。室内灯光的调光器是会议室必要的装置,可调节光线装置显然要比简单的开关键更适合会议活动的需要。当人们演讲时,通过调光器提供局部照明可以提高屏幕上的画面清晰度。也可以设置头顶暗光灯开关,以便使观众在看清屏幕上投影的同时,能够记笔记。

照明方面的技术细节应由专业人员负责。会议中心的服务人员也应对灯光设备的使用有足够的操作知识。在每个会议活动开始前一定要做好灯光调试工作。

5. 会议室空气状况

与会者集中在会议室的封闭空间内,会议室的空气状况会大大影响与会者的健康和心理感受。因此,要时刻保证室内通风良好,空气质量良好。

一般要求会议室净高不低于4米,小型的不低于3.5米;室内气温一般夏季为24~26 ℃,冬季是16~22 ℃;室内相对湿度夏季不高于60%,冬季不低于35%;室内气流应保持在0.1~0.5米/秒,冬季不大于0.3米/秒。

6. 其他细节

会议室的高度会制约投影屏幕的高度,影响放映机的距离和座位安排,在确定天花板高度时不但要考虑其本身的形状,还要考虑到吊灯、装饰物等;会议室墙壁的隔音效果要好;在木质、瓷砖的地面上走动会发出声音造成干扰,因此会议室需要铺地毯;柱子严重影响座位数量与视听设备的设置,如果会议室有柱子,要合理安排座位布局,使它们不至于遮住与会者的视线。

(三) 场地管理要注意的问题

会议中心与展览中心一样需要完善的场地环境管理,尤其是接待国际会议比较多的会议中心,对会议环境的要求很高。会议区域的清洁工作是整个会议中心场地管理的重要组成部分,其具体工作和其他功能区域并无很大的区别。要注意的是,进行会议室清洁时会涉及各种设备,有些是比较精密的设备,因此动作要格外仔细;椅子和桌子等虽然价值不大,但最容易损坏,在布置和收尾时不要只图快而不加小心。当一个会议结束时,应该立即进行收尾工作,清理会议室。因为经常会有潜在客户走过会议区域,不整洁的会议室会给其留下不好的印象。

另外,要搞好场地管理,会议中心还需要了解许多有关会议组织方决策流程的详细情况。例如,如果接待的是多天的会议,应该尽量安排在同一会场以减少会场方的劳动量,为客人提供具有连贯性的服务。还有,通常会议主办方会要求把会议室以及全部会议设施都预留给它们,至少要留到其活动日程基本排定的时候。但从会议中心方面来说,会议室闲置的状态显然会影响它们的效益。所以,会场方面要与组织者加强沟通,要督促其对活动的要求提出切实可行的计划。

三、展览场馆的功能设置

展览中心内部合理布局,可以使管理有序,方便参展商和观众,提高工作效率。内部布局设计要根据一般展览的内容、性质和室外环境的具体形式来确定。

(一) 展厅要素规划

展厅的规划要考虑的要素很多。例如,是否有柱子、楼梯间、出入口、天花板高度、灯光装置、冷气暖气、地面承重情况等。现在我国的一些展览中心都还存在若干问题,如廊柱过多、层高不足等。如今,科技水平的提高已经解决了展馆建筑的一些技术难题,如大跨度无柱展馆结构和展馆顶部轻型材料的应用等。随着新技术、新材料的不断问世并被大量应用到展览中心建设中来,现代化展览中心的建筑科技含量会更高,更能满足展商、观众和物业使用者的需求。展厅规划的要素主要有以下几个方面。

1. 展厅外观

展览中心的建造设计材料要体现功能性,要求展厅建筑本体坚固、耐用、美观,能起到很好的保护内部环境作用,但外观并不需要过多的装饰。国外的展览中心一般都很注重经济实用性。例如,慕尼黑展览中心外观并不豪华,看上去类似一排排的厂房或仓库,但展商和观众需要的设施一应俱全,非常实用。

2. 展厅面积

展览中心的展场总体面积趋向于越来越大。一般情况下,展厅内规划的每一个展位的尺寸和展位的数量决定了需要多大的净场地面积,再加上在考虑展场通道、防火安全等因素基础上适当放宽,通常展厅面积计算大约为净面积的2倍,还要加上主办单位的场地或服务区等空间面积。展厅面积太小会给人以拥挤、局促的感觉,而太大又会给人一种冷清、人气不旺的感觉。

国外现代化展览中心的展厅基本上都是单层、单体。单层单体1万平方米的展厅,正好是长140米,宽70米,处于人眼的正常视觉范围内,观众不容易迷失方向。展厅最好可以自由分开使用,所有展区的使用价值均等。

3. 展厅的层高

经向观众调查及多方论证,与底层相比,二层展厅的观众会减少一定的百分比,到三层则更少。这和展品进出的方便性和观众的心理因素有关。所以,展厅最好是单层的。每层高度应符合大多数展台设计的要求,适合布展作业。过低的天花板无法满足某些展览要求,如帆船展、大型设备展等,它会阻碍较高的设备安置,而且影响声音的发散;而超标准的过于高大的展馆不但浪费资源,而且会使置身其内的观众产生"蚂蚁化"感觉。一般来说,每层高度13~16米是基于一般展台设计的要求,比较适中。

4. 地面条件

地面条件包括地面状况和地面承重条件。大部分展场的地面为混凝土,如果铺地毯,则在吸音和观瞻方面都会产生良好的效果。

地面的承重条件如何决定了能否展出很重的设备,有些重型机械展对这方面要求就很高。在展品运输、展品安置和展品操作等方面均应考虑地面承重能力。展览中心必须提供分区的地面承重数据,以便于布展和保障展览活动的安全。如对地面承重条件有疑问,展览主办单位应于搬入展品前向展览中心查询。

5. 细节问题

除了以上几点外,在展厅规划中还有很多细节问题要加以仔细考虑,这些部分规划得是否合理,与展览活动能否顺利进行也有着密切的关系。

展览中心内部规划中,最重要的是人车分流的场内交通系统一定要完善。人可以在展馆连廊里走,货物从专用通道运,要避免人流物流交织影响内部交通。应设有独立的卸货区,并预留充分的展品传送周转区域,这能够极大地方便布展。另外,设置足够容量的停车场也是不可忽视的问题。

如果展览中心规模较大,展厅之间要有免费的穿梭巴士,方便参观和组展人员快捷地到达各展厅。还可以在展厅间增设回廊,将展厅之间互相衔接,形成宽敞的人流枢纽区域,使人流压力充分缓解。

新型展览中心一般都在展馆入口处安放多台门口机,采用读卡过闸的管理方式,观众和来宾在进入展馆前必须先登记个人信息并领取卡片,方可凭卡进入。入口可以分为普通观众、专业观众、工作人员入口等,便于管理和统计。在展厅中,要根据人流量设置足够的人员出入口,根据物流量设置足够的通往卸货区的出入口。这可以满足功能分区的需要,以及分解集中办展时的大量人流和物流。

紧急出口必须标识清楚,便于疏散;通道宽度关系到展品运输和场地安全,在规划时必须综合考虑场内人员流量、防火需要等因素,在展览期间一定要保证通道的畅通,不允许展品、废弃物品等胡乱堆放在通道上;卫生间也不容小视,它是体现展览中心服务水准的重要场所,必须方便人们就近使用,时刻保持清洁。餐饮网点等各种服务机构要分布到各个展馆周围,便于展商、观众就近使用。

另外,保留大片的绿地和专门的休息区,以便为展商和观众在工作或参观之余提供休闲场所。这些部分的布局虽然是细节问题,但却是很能体现现代化展览中心高水准服务的。

(二) 布展空间规划

展厅的规划是为展览活动服务的,在布展时,展示设计的每个具体空间与展厅的整体规划将发生密切的联系。因此,在这里需要提到布展空间规划问题。

展厅的平面规划应根据展示内容的分类划分各具陈列功能的场地范围,按照展出内容的密度、载重、动力负荷,结合总体平面的面积合理分配位置,确定具体尺度。同时,要考虑观众流线、客流量、消防通道等因素,结合展览会的性质特点,规划出公共场地的活动面积。以上各项平面要素的组织划分都应以平面图的形式表现出来。

展厅的立面规划组织应在平面图的基础上,根据各具体展示功能的地面分区,考虑展线的分配,确定具体的展示内容和表现形式。要结合展示内容和表现形式以及展出场地现存的建筑结构、风格来实现空间的过渡和组织处理,考虑协调空间环境的方方面面。

总的来说,展览中心的场馆规划要以人为本,注意空间环境的开放性、通透感、有机性,方便展览活动的开展,且给人以自由亲切的感觉;尽量使用新材料、新技术,积极运用高科技成果;各种设计必须与四周的环境达到协调,而且不会造成环境污染,符合可持续发展的要求。一个优秀的展览中心场馆规划,应该坚持内容与形式的统一,整体与局部的统一,科学与艺术的统一。

(三) 功能分区

展览场馆不同于会议场馆,要复杂得多。简单概括之,展览场馆功能分为展览、办公、储藏三大空间,外加设备用房和停车场地。展览场馆规模庞大,展览活动又具有短期性的特点,因此展览期间人流、物流量相对集中,配备高效率、大容量的交通是大型会展中心必需的条件。从展览场馆的功能设置方面来说,具体包括以下几个方面。

(1) 展览区。展览区是指租给各参展商的展位之和。展览区的租费是场馆收益的主要来源,因此在场馆分配上应尽可能做到最大化。

(2) 人流通道。在设计场馆人流通道时需按相关规定执行,如通道宽度、离紧急疏散口的距离等。

(3) 报到处或办证处。在此进行参展商的接待注册,以及办理各种场馆进出证件。

(4) 开幕式和闭幕式现场。该场所为临时占用,在开幕式之后和闭幕式之前可作他用。

(5) 安检处。安检处主要进行证件核实和安全检查。在非常时期,安检处还负责对展览参加者的身体状况进行监控。例如"非典"时期,在安检处会设置自动体温测量仪,防止发热病患者进入场馆。

(6) 商务中心。商业性展览(销)活动需要进行商务洽谈和沟通,因此在展示现场需要配备相关的商务服务,如复印、印刷、传真、打印、电子邮件发送、名片制作等,同时为解决参展商和买家的不便,也会提供相应的机票、车票的代购服务和酒店预订服务,以及当地的旅游服务,等等。

(7) 餐饮区。餐饮区是展览现场必备区域,否则参展商将不可避免地在展览现场饮食,从而影响展览区的清洁卫生,对展览的形象也会产生负面影响。

(8) 商洽处。商洽处的设立为现场成交提供了较好的机会。

(9) 现场服务中心。现场服务中心主要提供展览所需且参展商不宜携带或没有准备的物品,如标准展台、展架、衣架、服装模特、装饰化木(盆景)、照明灯具、折叠座椅、电话及其他小件物品。这些物品的提供可以极大地满足参展商的需求,降低其参展成本。现场服务中心除出租物品外,还会提供人力资源如翻译人员、工程技术人员、搬运人员等,这些人力资源可以根据参展商的要求提供相关的服务。

(10) 新闻信息中心。对于大型的商业性展览(销)活动,如每年在广州举办的中国进出口商品交易会,往往会设立新闻信息中心,活动的相关消息将统一通过新闻信息中心对外发布,其目的是保证对外只有一种声音,避免人多嘴杂,造成外界不必要的猜忌。

除以上场馆功能外,根据需要,在商业性展览(销)场馆中还会设有其他的功能区,以方便参展商更有效地参展。例如,设立海关办事处,方便展览现场办理商品出入关手续;设立商品咨询处,现场咨询有关知识产权方面的纠纷问题;建设足够大的停车场,解决停车问题。

上面所讲的功能设置是传统意义上,每个展览场馆都应具备的,最近几年的展览场馆增加了一些新的功能,如环保功能等,这些功能与展览的良好设计密不可分。下面以中国国际展览中心新馆(以下简称"新国展")为例来进行说明。

新国展是北京市规模最大、功能最为齐全的展览中心,为展览行业量身定做,其功能达到国际专业展馆建设一流水平,是中国顶级专业化展馆之一。一期投入使用 106 880 平方米,是以举办大型国际博览会为主,同时兼有商务服务、办公、物流运输、广告宣传、技术交流、会议、住宿、餐饮娱乐等配套功能的国际性、综合性、现代化的展览场所。

新国展的设计中采用了多种环保措施,这一绿色建筑在节能和环保领域有着不同寻常之处。例如,大面积绿化、中水循环、自然光的利用等。集中的展馆布局为大片绿地留出了空间,建成后绿化面积可达到 30%,将成为温榆河生态走廊上的又一绿色亮点。同时,大面积的树阵与草坪砖的结合,使绿地在特殊情况下可兼顾停车场的功能。别看新国展有 30% 的绿化面积,这里的绿地灌溉可是节水的典范,利用雨水收集系统,把自然界的雨水集中起来为绿地灌溉,既节约了能源,又节省了水资源。

新国展紧邻温榆河生态走廊,因此其景观设计也由河展开,与河呼应。由连廊上的两个中心庭院形成一条绿色景观带,将 8 个展馆串联起来,庭院中的水景由北至南蜿蜒而下,仿佛大河的数条溪流,展馆南侧的两个大型水面不但能美化环境,还能有效调节展馆周围的小气候。这里的水景的水源来自中水循环系统,展馆的日常用水排放后经过回收净化,再回流到水池中去,还可以用来灌溉花草。此外,平屋顶设计可以使展馆在满足使用功能的前提下容积最小、能耗最低,屋面上方为未来太阳能光电板的安装留有余地。屋顶上的采光窗有效地解决了室内采光的问题,布展时,这一设计可以得到充分利用,从而大大降低照明耗电量,而展览过程中可开启机械遮光装置,以满足特殊光环境的需要。

与目前世界大型展馆相比,新国展的性价比堪称最优。从建筑材料到设施设备,从空调系统到电气、灯光、给排水系统等,从雨水收集到绿化停车,新国展在满足功能设计的基础上,最大化地降低建造成本和维护费用。时尚的外观使新国展看上去显得大气、美观,馆内馆外全部采用黑、白、灰三种颜色,色彩搭配和谐自然,颇具现代气息,给人留下深刻的印象。

本章小结

会展场馆最为根本的功能设置,是满足展会活动的组织、举办。由于主办方不同,加之展会活动发展的专业化特点,其个性化要求也越显特殊。本章主要介绍了会展场馆选址和功能设置的一般要求。

复习思考题

1. 展览中心的选址一般要考虑哪些因素?
2. 为什么会展场馆周围轨道交通特别重要?
3. 会展场馆功能设计原则有哪些?
4. 如何理解展览场馆的功能设置?
5. 如何理解会议场馆的功能设置?

引申案例

功能与美学的结合——郑州国际会展中心[①]

郑州历史悠久,文化灿烂,曾在此举办的郑州全国糖烟酒会和郑州全国商品交易会,让郑州声名远扬。但近10年来,因场馆设施的落后,郑州的身影似乎在会展业界的视线中渐行渐远,即将投入使用的郑州国际会展中心,将使郑州的展馆条件重新跨入全国先进城市行列,给郑州会展业的发展带来新的机遇。

1. 设计背景

为了推动市区发展和建设区域性中心城市,郑州市委、市政府决定在郑州市区东部建

[①] 朱亮.技术、功能与美学的结合——解读郑州国际会展中心[J].中外建筑,2006(1),有删改.

设郑东新区,在国际竞赛中,日本黑川纪章建筑·都市设计事务所以"新陈代谢"和"共生城市"的概念脱颖而出。作为起步区的 CBD 是环绕中央公园并沿环形公路设置林立的高层建筑而形成的环形城市区域,中央公园的中心是中央水池。建筑围绕中央水池布置,形成了将道路远离水滨,而将建筑置于水中的优雅格局,以形成城市街区的建筑倒映于水中的景观。郑州国际会展中心、河南艺术中心、郑州会展宾馆成为 CBD 的标志性建筑。而郑州国际会展中心是三个标志性建筑中环水池面积最大的单体,也是郑州市历史上单体投资规模最大的公共建筑,由黑川纪章建筑·都市设计事务所和机械部第六设计研究院联合设计,工程设计荣获"世界建筑师联谊年会"、首届"城市规划设计杰出奖",是郑东新区的核心项目和引擎工程,具有重要的战略意义。

2. 形象精神

郑州国际会展中心位于郑东新区 CBD 中心,与 107 国道和京珠高速公路相邻;距郑州新郑国际机场 26 千米,交通便捷;是集展览、会议、商务、餐饮、休闲观光为一体,功能齐备、设施先进、服务完善的大型综合性现代会议展览设施。

由于郑州国际会展中心所处的地理位置和在郑东新区群体建筑中所起的不容替代的重要作用,建筑大师黑川纪章采用了浪漫的设计手法,将建筑沿水池蜿蜒伸展,环水面设置的观景走廊与水面相映成辉;屋盖采用了大跨度全钢结构。11 组刺向云天的空间斜拉系统,构造出浪漫轻盈的形态。面向水池方向的外立面采用轻快色调的玻璃幕墙。钢结构屋盖、清水混凝土墙面、玻璃幕墙的完美结合,渲染出具有东方神韵的建筑风格与造型,成为郑东新区水域靓城的标志。

功能构成:郑州国际会展中心总占地面积 68.57 万平方米,建筑面积 21.44 万平方米,以会议和展览功能为主,分为会议中心和展览中心两部分。展览部分平面为端头呈扇形的条式布局,建筑面积 15.36 万平方米,可设 3 560 个国际标准展位,展厅 2 层,第二层无柱,为 7.2 万平方米的大展厅。会议部分为圆形布局,建筑面积 6.08 万平方米,由容纳 5 000 人的多功能厅、1 200 人的国际报告厅、两个 400 人的会议厅及十几个中小型会议室组成。整个会展中心分为两期建设:一期建设部分包括主公共汽车站、次公共汽车站、会议中心(包括引导大厅)、展览中心(约 13 万平方米)和室外停车场,车位约 2 200 个;二期建设包括展览中心的扩建部分,共 15 万平方米,以及地下停车场,车位约 2 200 个。

立面肌理:郑州国际会展中心以创造郑东新区 CBD 区具有 21 世纪国际水准的大型展览建筑形象为总体设计理念。会展中心位于新都市中心的中央公园内,约 83 公顷的中央公园景观优美,会展中心的展览部分弯曲布置,将中央水池围起,形成水域、公园和建筑物的和谐态势,追求建筑与城市空间的和谐共生。会展中心的展览中心和会议中心相对独立,但保持着整体形式的和谐,具有细腻的立面肌理。

展览中心由吊杆式悬索屋盖、预制混凝土展示空间和钢筋混凝土建造的两侧附楼组成。屋盖采用张弦梁与钢缆索组合成的悬吊式屋顶结构,排列井然的吊杆产生强烈的视觉感触,建立一种浪漫的象征形象。整个屋顶结构新颖独特,消解了整个建筑的巨大体量感,使建筑更加和谐地融入整个环境。由于整个展览中心在一期长度达到了 390 米,二期工程竣工后更是达到了惊人的 840 米,形成了大尺度连续的墙面,为了消除巨大墙面的压抑感,设计中压低了建筑高度,并且在外墙采用强调横向接缝的设计,接近以人体为标准的尺度。大型的悬吊式屋盖与两侧的混凝土附楼不直接碰撞交接，而是采用玻璃作为过渡，弱化整体体量，而且可以更好地突出屋盖轻盈的效果。面向中央公园的中心水域，展览楼立面采用了玻璃和金属遮阳板组合构成，形成富有时代气息的表现手段。通过中心水池与展厅之间的观景走廊，景观和光线在这里交融、渗透、流动，在人们的心中留下深刻的印象。

会议中心由中心桅杆、折板形格构屋顶以及外围的Ⅴ形树状支撑构成，整体呈现纤细而轻盈的形象。在中心立柱上设置的吊缆进一步突出了会议中心轻盈的感觉。在折板形格构屋盖的中央部分，设置圆形天窗，自然光从屋盖的透明体中漫射进来，沿着具有向心感的桁架结构向上逐渐变亮，光线轻柔而飘逸，加强了桁架结构的表现力。室内屋盖不做吊顶，结构暴露。利用屋盖结构的特殊形态和技术表现力来表现在变化中取得和谐的整体效果。结构构件简洁，传力清晰，轻灵剔透，减轻了封闭的压迫感，又充分表现了建筑艺术与技术的完美结合。立面与展览中心的思路一致，混凝土外围墙壁与屋盖分离，使用玻璃作为其间的过渡。根据屋盖形式，玻璃部分采用三角形，其窗框采用放射形构图，通过这种手法使易于产生单调外观的立面具有了独特的视觉形象。

3. 技术表达

现代科学技术的发展，对建筑造型产生了巨大影响，技术与艺术的结合，改变了建筑创作的观念，拓展了建筑设计的方法与表现力，打破了以往单纯从美学角度追求造型表现的框框，开创了从科学技术的角度出发，以"技术性思维"捕捉结构、构造、设备技术与建筑造型的内在联系，将技术升华为艺术，并使之成为富于时代气息的表现手段。

郑州国际会展中心工程，造型新颖，技术含量高。其中展览中心由跨度102米、宽60米的矩形单元和扇形单元组成，一层最大柱网30米×30米，二层无柱，为7.2万平方米的大展厅，高40.5米，屋面采用新型建材钛锌合金板。展览中心部分的屋盖体系采用桅杆上的拉索分块连接跨边和跨中的预应力索拱的屋盖构件，构成空间斜拉式预应力索拱结构体系。其中，屋盖体系的跨中部分是由张拉索及格构式劲性拱组合而成的索拱构件，1根桅杆和6根拉索组合而成1组空间斜拉系统。这种大跨度的空间结构形式是悬索结构体系的杂交新品种，完全雷同的工程案例尚未发现。整个结构体系简洁清晰，具有极强的技术美学表现力，形式和功能达到了完美统一。

会议中心屋顶盖轻巧雅致，造型像把撑开的伞，由中央桅杆和拉索、外环支撑系统、屋面折叠桁架组成。位于圆心的屋面桁架沿圆形屋顶径向均布，与内外环形成稳定体系，12组树状支撑柱和外环桁架形成刚性抗侧力框架。

技术在这里是一种工具，一种建筑师的语言，一种富有寓意的表现形式。建筑师通过技术来表现一种审美体验，在这里，技术与艺术真正地融合在一起。

问题：

从郑州国际会展中心的功能设置案例中，谈谈你所感受到的科学和人文精神。

第三章

会展场馆设施设备及其管理

引 言

现代会展场馆的经营不单单是场地出租,还要提供一系列的举办展览会和召开会议所需的设施、设备和服务,会展场馆的设施、设备和配套服务也是会展场馆管理的重要内容。

学习要点

- 展览中心的常用设施设备
- 会议中心的常用设施设备
- 展览中心的设施设备管理
- 会议中心的设施设备管理

引入案例

中国国际展览中心[①]

中国国际展览中心位于北京市朝阳区北三环东路6号,由中国国际展览中心集团下属的北京国展国际展览中心有限责任公司经营管理。

自1985年建成以来,中国国际展览中心共举办各类展览会1 000多次,展出面积1 100多万平方米,促进国内外贸易成交额5 000多亿元。经过近20年的培育与发展,现中国国际展览中心每年举办各类展会100多个,展出面积超过100万平方米。中国国际展览中心由14个常设展馆(包括A、B馆及二层)组成,60 000平方米室内展出面积,7 000平方米室外展出面积,10 000平方米停车场。

中国国际展览中心技术数据如表3-1所示。

---

① 根据 http://baike.baidu.com/view/8109806.htm 整理。

表 3-1 中国国际展览中心技术数据

设 施	1号馆A和B			2、3、4、5号馆		6,7号馆	8号馆	
	首层	二层	三层、四层	首层	二层		1号厅	2号厅
面积(m×m)	4 000(1A) 4 150(1B)	4 150	4 150	2号馆 3364 3号馆 3426 4号馆 3426 5号馆 3364	2号馆 1265 3号馆 1560 4号馆 1560 5号馆 1260	3 000	4 335	4 335
边长(m×m)	54.6×91	54.6×91	54.6×91	63×63	63×63	60×50	59.7×68.5	59.7×68.5
馆内净高(m)	5.25（两侧风管下净高为3.8）	4.2（两侧风管下净高为2.8）	4.2（两侧风管下净高为2.8）	10和3.1	5.4	7.8	13和4	13和4
卷帘门尺寸(cm)	450宽×430高	最小隔断门：450宽×350高	最小隔断门：450宽×350高	450宽×460高	450宽×460高	450宽×460高	450宽×480高	450宽×480高
展品入展台	汽车、铲车、液压车	液压车	液压车	汽车、铲车、液压车	铲车、液压车	汽车、铲车、液压车	汽车、铲车、液压车	汽车、铲车、液压车
展厅地坪	水泥	水泥		水泥地面		水泥地面	水面	水泥
手扶电梯	1～2层共2部	2～3层共2部	无	无		无	无	
厢式电梯	货梯共4部，每部载重3吨，容积：220宽×220高×235深(厘米)；门尺寸：180宽×220高(厘米)							
	客梯共2部，每部载重0.5吨，容积：240宽×220高×350深(厘米)；门尺寸：180宽×220高(厘米)							

续表

设施	1号馆A和B			2,3,4,5号馆		6,7号馆	8号馆	
	首层	二层	三层、四层	首层	二层		1号厅	2号厅
供电方式	三相四线 380/220V 交流 50Hz	三相四线 380/220V 交流 50Hz	三相四线 380/220V 交流 50Hz	三相四线制 380/220V 交流 50Hz				
压缩空气(bar)	6~8	6~8	6~8	6~8				
展厅照明(lx)	200	200	200	200				
给水口	各20个	各20个	各20个	各12个	各12个	各6个	13个	13个
排水(地漏)	各40个	各20个	各20个	各12个	各12个	各6个	13个	13个
消防	烟感报警系统、消防栓、手提灭火器			烟感报警系统、消防栓、手提灭火器		烟感报警系统、消防栓、手提灭火器	远红外、烟感、消防箱、手提式灭火器	
空调	夏天27℃、冬天18℃			夏天27℃、冬天18℃		夏天27℃、冬天18℃	夏天25℃、冬天18℃	
新风	有			无		无	有	
电话	可供国际、国内电话			可供国际、国内电话		可供国际、国内电话	可供国际、国内电话	
保安	24小时保安服务			24小时保安服务		24小时保安服务	24小时保安服务	
广播系统	有			有		有	有	
应急照明	各展厅都有			各展厅都有		各展厅都有	有	
男、女卫生间	A段2处;B段2处			每馆2处		每馆1处	各1处	

第一节 会展场馆设施设备的配置

会展场馆,即会展场地方,相对于搭建方、运输方而言,其本身就是一个相对固定的设施。专业的会展场馆在筹建时就会按照会展项目的特定需要设计一系列配套设施,并在落成后根据市场需求和技术的革新进行设备更新。但是有一些配套设施是场馆解决不了的,并且还有一个社会配套的问题。

一、会展场馆配套设施设备的分类

(一)按照业务的紧密程度分类

1. 公共配套设施设备

(1)商业金融类,商业包括各种商店、酒店、餐饮、照相、印刷、日用修理、各种贸易公司、商社、各种咨询机构、各类市场、专业零售批发商店及附属小型工厂、仓库等;金融业包括银行、信用社、保险公司、信托投资公司。其中,酒店及餐饮业涉及酒店档次、酒店位置、酒店数量、餐饮特色、酒店价格、餐饮档次等。

(2)文化娱乐类,包括各种媒体,如出版社、通讯社、报社、文化艺术团体、广播台、电视台等,还包括博物馆、纪念馆、科技馆、图书馆、音乐厅、影剧场、杂技场、文化宫、青少年宫、俱乐部、游乐场、老年活动中心等。

(3)医疗卫生类,包括各种医院、卫生防疫站、专科防治所、检验中心、急救中心等。

(4)交通设施,包括城市的航空交通设施、水运交通设施、轨道交通设施、道路交通设施四个方面,具有城市对外交通、城市内部交通两大功能。

(5)停车场,包括展馆配建停车场和展馆附近的公共停车场。

(6)通信与网络服务,包括移动通信覆盖、固定公用电话、保密电话、无线网络和宽带介入等。

(7)绿化,包括会展场馆各展厅之间或主要的轴线上设置的绿化休闲场地,供参展、参观者使用,并可开展多种室外展示活动。在场馆外围,特别是主要入口的周边可以进行大规模的绿化景观设计,或者在会展场馆周边允许的范围内尽量增加绿化面积,美化展览环境。

2. 专业配套设施设备

(1)展台搭建服务。主场搭建商是由主办方指定的为参展商提供展台搭建等现场服务的企业。主场搭建商主要负责为参展商提供标准摊位搭建、水电气等动力设备的预订及安装、展具租赁等,并为主办方提供大会整体布置。

(2)租赁服务,包括主场搭建商负责提供的物品租赁,主办单位自行提供的部分物品租赁,会展场馆周边提供的相应租赁服务。

(3)信息服务,包括进场登录信息服务、观众信息收集、导引指示系统、公共广播服务等。

(4)广告宣传服务,包括展馆外平面广告宣传,是对整个展览会的宣传和对参展商的宣传;展馆中各种宣传,包括展台、公共空间平面广告、公共区域多媒体广告。

(5) 专业人才中介服务，包括外语人才、促销人员、模特、礼仪人员等。

(6) 公共服务，包括海关、检疫等。

(7) 其他，包括展馆内银行终端设施服务，如取款、转账、汇款等；展馆内交通运输，如电梯、货物通道等。

（二）按照配套设施设备所处的空间分类

1. 场馆周边的环境配套

场馆周边的环境配套包括购物场所、城市交通、休闲娱乐场所、旅游景点、市容环境、商务服务设施、酒店、餐饮、商业氛围、政策环境、城市经济、展会品牌、产业基础、城市治安、公共服务、展台设计服务、展台搭建服务、货运代理服务、主办方服务等。

2. 场馆自身解决的配套设施设备

场馆自身解决的配套设施设备包括导向系统、来馆交通、馆内安全、展馆大小、馆内餐饮、展馆布局、停车场、知名度、展馆设施、展馆环境、会议设施、展馆服务、通信设备、展馆管理、清洁卫生、工作人员素质、物品运输设备等。

二、会议中心的常用视听设备

今天，各种类型的会议都需要使用视听设备，尤其是国际会议，在视听设备方面的要求更是严格。经验丰富的会议组织者清楚地知道一个会议需要什么设备以及所需设备的特点，而对视听系统了解不深的会议组织者有可能需要会议中心的服务人员提供帮助，所以每一个会议服务人员至少应该熟悉最基本的视听设备系统。会议中心所需的视听设备的种类大致有以下几种。

（一）音响设备

音响设备是对声响进行修饰处理，使之满足特定环境要求而又达到一定电声指标的设备。音响设备是会议室的最基本配备，主要包括扬声器和麦克风。会议中心必须拥有高质量的音响设备，这对于会议的成功是至关重要的。音响系统必须保证演讲者在使用时不出现尖鸣或声音失真等现象，要使所有与会者能够听得清楚。

麦克风是最普遍的音响设备，一般有微型麦克风、手持麦克风、桌面固定麦克风、落地麦克风、漫游式麦克风等种类，适合不同的需求。在使用各种麦克风时，要确保只从说话人一个方向采集声音，排除从其他方向和麦克风后面来的背景噪声。可以使用多孔表面的挡风，以降低出现吹气声和砰砰声等杂音的可能性。使用无线麦克风最易受到信号干扰，所以应该在有可能移动到的每个部位都做一下试验，以免信号通过临近的扩音器传出。

扬声器需要被合理地分配到合适的位置，以保证整个会场中没有声音"死点"。当它与投影设备共同使用时，应该与屏幕放置在一处。研究表明，当声音和图像来源于同一方向时，人们的理解力较好。

在使用多个麦克风时，或者会议过程需要录音时，应设专人控制调音台。调音台能够随时提高或降低每个输入声音的音量，最好把它放置在观众席中，以便调音师能够准确地听到和观众相同的声音。

（二）放映设备

随着视频技术的迅速发展，会议室放映设备得到不断更新，可供主办方选择的设施种类繁多。

1．屏幕

会议中心的屏幕有多种类型，比较常见的有尺寸较大的速折式屏幕，其可以使用的时间较长，而且相对投资较低；还有墙式或天花板屏幕，可以用钩子或绳子安装在墙壁或天花板上，价格不贵，并且带有金属套管，便于储藏；三脚架屏幕可以永久性地装到可以折叠的三脚架上，因而可以被放置在任何地方，具备重量轻、便于携带、用途广泛以及价格低等特点，特别适用于小型会议；白色玻璃屏幕宽度很大，可以提供更大角度的稳定亮度，在座位与屏幕间形成大角度的小厅室很适用。屏幕的选择要考虑镜头的焦距、放映机的距离等，其大小取决于房间的高度，安放位置、角度都要合适，才能保证良好的视觉效果。屏幕摆放有两条原则：5英尺（约合1.52米）原则和1×6原则。从屏幕底端到地板的最小距离是5英尺，人的座位距离屏幕最近不少于屏幕宽度的1倍，最远不能超过屏幕宽度的6倍。

2．幻灯机

如今的幻灯机已经大大改进，通过使用装片盘系统，倒置或者翻转幻灯机已经基本被取代了。现代的幻灯机可以用无线遥控装置操作，可以与同步录音带相连，可以用电脑编程制作多影像产品，还可以与分解器同用。但与录像相比，幻灯机的移动能力有限，而且风扇的声音会打扰人。幻灯机镜头通常是4～6倍变焦镜头，但如果是在更远的距离内投影，应该备有更大的镜头。

3．投影机

投影机（投影仪）可以看作特殊形式的幻灯机。其使用方式分为正投式（桌式正投、吊顶正投）和背投式（桌式背投、吊顶背投）。正投是投影机在观众的同一侧；背投是投影机与观众分别在屏幕两端（需背投幕）。一般较常用的是固定的吊顶正投。投影机又分实物投影机和电脑投影机。实物投影机，顾名思义就是具有实物投影的功能，可直接将任何实物放在此投影机上投影。其优点是能投射出极精细逼真的影像，适合小件展品的现场展示，缺点在于对实物的大小有所限制。电脑投影机一般与电脑匹配使用，很多数位的投影仪还可以选配常规视频输入附件，通过附件可以连接除电脑以外的其他家电设备，以达到一机多用，投影多种视频信号的目的。其优点是能投影各类电脑文件或图文格式的内容，展示物件形态的大小不受限制，图像清晰，在现代展会中应用较普遍。便携式投影机是商务活动中的新利器，它的优点是体积小、重量轻、移动性强，基本体积和重量与一台笔记本电脑差不多，投影尺寸可以达 0.8～2.5 米（对角线），非常适合召开现场会。以 Acer7763p 为例，重量只有 2.3 千克，投射尺寸 0.8～3.5 米（对角线），光通量为 1 000 流明，适合会展等商务活动的需求，如在展览上临时讲演介绍商品。

4. 电影放映机

电影放映机拥有全动感能力以及优秀的颜色演示效果，可用于投影大的、高质量的影像。但是其内置音响效果通常不太好，在较大的会议室中，需要与原有的音响系统或一个独立的、辅助性的音响系统连接起来，以获取更清晰的声音效果。从一个较远的距离投影时，需要使用较高强度的灯泡。另外，尽管有些电影放映机有自动装片系统，但还是要配备操作人员将胶片放入机器。

5. VCD/LCD/DVD 机

VCD（影音光碟）/LCD/DVD 机用于放映光盘，其功能可以取代录像机。这些设备自身体积小，操作方便，使用的光盘体积小，但却可以压缩进大量的图文、声像信息，清晰保真，价格也不贵。光盘的制作和携带也很容易，适合不间断内容的持续或循环放映，如宣传片。缺点是解说者必须配合光盘内容的进度而不能自由掌控节奏。

6. 录像机

录像机的优点是有立即重播的能力，拥有全动感和色彩，可以用录像展示电脑上的信息，但是设备比较昂贵。录像设备要特别注意兼容问题。尤其是在国际会议场合，很多演讲者来自国外，而各国的录像带标准常常不同。

7. 电视机

电视机在极端的小型会议情况下可以使用。会议中心应配备完善的卫星及有线电视系统，能够接收主要省、市有线台的节目信号及涉外卫星电视节目。在多功能厅、会议室、大堂、门厅等处都要预留向中控室转输视频信号的通道。

电视机、录像机也是供出租的视频设备，但功能较单一，仅在小型会议中使用。

（三）特殊视听设备

1. 同声传译

同声传译是目前国际上普遍采用的译音方式。除了红外线译音之外，有时也使用有线译音和无线译音。一般地，口译员在隔音的小隔间将演讲者所说的内容通过无线耳机翻译给与会人员。同声传译使与会人员在某个特定范围内能听到他们自己的语言，并且能够在不同语言之间随意选择。随着会议活动越来越国际化，会议中心提供同声传译是必需的。尽管同声传译在设备（隔音的小隔间、耳机、天线或红外线发射器）和人员（口译员、技术员）方面成本都很高，但随着国际会议的不断增长，更多的会议主办方会需要这种服务，有能力提供这种服务的会议中心会在这个利润丰厚的市场上赢得更多的市场份额。

2. 代表机和主席机

代表机和主席机是将麦克风的功能进行延伸，增加自行控制麦克风开关、麦克风状态显示和附加同声传译等功能。其中，主席机还设有优先控制键和表决控制功能。在座谈会、研讨会等多类会议中应用广泛。

3. 多媒体投影仪

多媒体投影仪是一种可以与电脑连接，将电脑中的图像或文字资料直接投影到银幕上的仪器。其特点是：一方面，无须将电脑中的资料打印出来制成幻灯、胶片等，节约成本，减少中间环节，使用快捷；另一方面，具有动感，需要修改或强调时直接用电脑操作，观众立即可以看见。多媒体投影仪体积小，搬运、安装、储藏都很方便，它的应用在某种程度上已经可以代替传统的幻灯机、投影仪、白板、录像机等，能够减少投资，并使对客服务更快捷。但是要使用它，必须有与之相匹配的投影银幕和电脑设备。在会议开始之前一定要做好电脑的连接以及与银幕的距离调试，保证投影效果清晰、不变形。

（四）其他演示设备

1. 配套挂图和黑板

配套挂图和黑板价格低廉，占据很少的座位空间，对"头脑风暴法"和培训会议很理想。但是其使用只能局限于很少的观众，并且常常容易变得脏乱不堪。

2. 白板

与粉笔板相比，白板更为清洁和方便。它既可用作即席的投影屏幕，又可用于演示，便于随时阅读和改写；电子白板更为方便，它能重现书写或放映的所有内容，便于复制，避免了大量记笔记给与会者造成的注意力干扰；双向电子黑板是白板的另一技术进步，它能将书写在上面的资料通过电话线发送给另一张板。

3. 电视幕墙

电视幕墙适用于大型会议，演示的图像大，而且十分清晰、色彩鲜艳，声音效果好，具有质感，还能同步播放现场会议情况。但它只是一个扩大的电视屏幕，体积庞大，安装和搬运不方便。不过随着科技的发展，如今的电视幕墙渐渐趋薄，重量减轻，功能逐步增加。

4. 视频点播系统

视频点播系统的主要功能是通过局域网在会议中心各主要空间（如国际会议厅、多功能厅等）举行的各种国内、国际会议及集会上，提供视频资料及节目的实时点播和直播；还可以在主要公共空间摆放的触摸屏上实现视频节目的点播（如可点播MTV、产品介绍、企业电视广告片及其他音像资料等）。

5. 视频会议设备

视频会议设备也叫可视电话会议设备。可视电话会议能够提供全动感、面对面的网络工作，是最为昂贵和复杂的电话会议。它通过开发电脑、电视和电话功能并使之互相匹配来同时传输声音、数据和图像，能够将彼此距离很远的多个会议室连接起来，实现"面对面"的交谈，适合于召开各种会议和现场交流。设置这一设备系统需要购买或租用卫星线路系统，尽管这个过程需要大量的投资，但是很多会议中心还是认为值得。因为电话会议能够成为昂贵的旅行和住宿的可行的替代品，它们预期此项投资能带来比较大的收益。视频会议设备根据其自身用途的不同大体可以分为采集卡、DV（数码摄像机）卡、便携式简报器、电视盒、电视卡、电视录像机、多媒体影音中心、非线性编辑卡、视频监控卡、视频信号转换器、视频压缩盒、视频压缩卡、网络硬盘录像机和字幕卡等，根据不同的视频会议要求进行组合使用。

以上列举的都是会议中心现在应用比较广泛的视听设备。现代化会议中心的发展和竞争能力的提高，依赖于高科技视听设备的应用。现在各种先进视听设备更新换代极快，要最大限度地满足客户需求，就必须在合理分析的基础上不断投入，实现设备的升级更新。

三、展览中心的基本配置

（一）公共设施

会展场馆在出租场地时会提供一些设施设备的配套服务，含在场地租金内，并在《场地租用合同》中标明，一般该条款称为"基本服务"。之所以强调"基本服务"是要与"免费服务"进行严格的概念区分，所谓"基本服务"，并不是将服务费用免去了，而是在支付场地租金的同时得到了一定时段内的场地使用权和与之对应的基本服务。以下是基本服务中所提供的四类主要设施。

1. 电梯

会展的特点之一就是人流多、物流多，所以，对于多层结构的会展场馆其电梯配备要齐全。一般有自动扶梯、客梯和货梯三种，各有分工。

自动扶梯是开放式的电梯，可运载的人流量最大。但是，因为它有固定的长度和单位时间内的运载量，如果人流超过了承载量就易发生危险。如果自动扶梯上前面的人还没下，后面的人就跟来了，因为空间有限，前面的人一旦滞留原地，那么自动扶梯朝上运行的就造成后面的人脑向后倒，自动扶梯朝下运行的就造成后面的人脸向前倒，都会引发恶性事故。因此，作为主办方非但不能在上下自动扶梯的人流疏散区域内设置展位，还应在自动扶梯口安排专人负责疏导。

客梯和货梯都是封闭式的电梯，区别在于运载的对象不同，一个运人、一个运货，因此承载量相差很多。客梯一般设定在自动挡，由乘客自行上下。有的会展场馆设有专门的贵宾梯，或在特定时段内将某部客梯作为贵宾梯使用（如开幕式期间），属于特殊用途的客梯。贵宾梯，顾名思义是给贵宾使用的，因为要让贵宾不受干扰搭乘，所以常由专人在轿厢内负责操作，客梯调至手动挡。货梯负责运送货物（展品、搭建材料等），每部货梯的承载量各不相同，为避免货物超载或搬运中损坏货梯，一般由专人负责在货梯内操作，起到一定的指导和监督作用。

在展会期间，电梯使用者主要由工作人员、参展商或会议代表、观众三方组成，而这三方在展会的不同阶段出现的频率是不同的。因此，自动扶梯、客梯、货梯要根据不同的使用方和人流物流量来组合使用，并设定不同的速度，以尽可能节约能源。

2. 公共广播

公共广播系统负责向展厅、办公室、走道等区域提供可靠的、高质量的背景音乐、紧急广播、业务广播等服务。应该说，公共广播首先是应消防要求而设的安全防范设施，它优先为火灾应急广播服务，一旦发生火灾将起到紧急疏散的指挥作用。但是，有时也可用于播放背景音乐、注意事项等，如展会间隙播放制造气氛又符合展会特质的音乐。甚至还可成为收费服务设施，用以播放有偿广告，如展会的配套活动广播、展商个别广告等。除火灾应急广播外，其他广播应由主办方和会展场馆共同审核内容后决定是否播放以及播放次数,以免影响整体展会秩序。过多过频地播放都会引起不满。

3. 卫生设施

卫生设施的优劣常常会成为主导参展商、会议代表和观众对展会第一印象的关键,这是因为卫生设施是在展会进行过程中使用最频繁、接触最直接的设施。卫生设施主要包括厕所和废物箱,应根据场地规模配备足够容量的厕所和足够数量的废物箱,其中,厕所要每层都有并配备明显的导向牌便于寻找;废物箱也要分布均匀便于及时丢弃废物。这类设施都不需要有多豪华先进,但一定要保持干净、整洁,配备一定数量的保洁人员不断清理是很有必要的。

4. 公共照明

会展场馆会提供租用区域及公共区域的一般照明,根据展期内的时间安排由专人负责开闭,并达到一定亮度。

展览照明对于突出展品和增强空间气氛起着重要的作用。展览照明的采光形式包括天然采光、人工光源采光及两者综合采光三种形式。但就商业性展览而言,因为其展期短、照度水平要求高,所以除了室外陈列,大都采用人工照明或天然光与人工光源结合两种照明形式。要注意,室外的电器照明设备都应采用防潮型的,并要落实安全措施。在展览空间中,要避免反射与眩光对观众的干扰作用,应该慎重考虑窗户和灯具的位置及展厅的照度分布。展览中心一般都对所有标准摊位的照明及电源安装提供服务。

除了以上提到的四类设施外,基本服务还可能包括公共区域的保安人员巡逻、公共导向牌、开(闭)幕式场地、公共区域保洁等,这些虽然不全涉及设施设备,但掌握这些信息将大大方便主办方对展会的管理。

(二) 租赁设施

几乎可以说,有多少种行业就有多少种展会,不同展会中展品的展示需要各种动力设施。为适应各种类型的展会,争取最大的市场,会展场馆会提供多种租赁设施供客户选择。客户既是指主办方、搭建方、运输方,同时也指参展商或会议代表,就是说这类租赁设施可以统一租赁,也可以单独租赁,具体规定由主办方协商各方后制定并通知参展商或会议代表。

1. 空气开关箱

空气开关箱又称配电箱、电箱,是指装在铁制的带有开关的箱子内的断路器,当受其控制的电气设备或线路发生短路故障时,此开关应该自动跳闸,切断电源。所以,不会因为单条线路问题而影响展会的正常进行。

展览中心主供电线路一般为三相交流电,线路频率为 50 Hz,标准供电电压为 220/380 V(单相电压 220 V,三相电压 380 V)。主变压器的最小容量应为高峰负荷的 150%。展览中心的供电系统要满足不同展览活动的电力要求,在线路负荷方面一定要有充分的估计,并且展厅内要设有足够的电源接口和插头。为确保安全,照明电和动力电必须分别租赁空气开关箱,不得混合使用。

展场用电必须有严格的规定,电器安装时必须保证线路连接可靠,充分考虑通风及散热,不与易燃物直接接触,以免发生意外。参展方如果需要 24 小时供电或延时断电必须事先向展览中心提出申请。在展场内使用的电器,必须符合安全要求,禁止使用碘钨灯、霓虹灯、电炉和电热器具。展场用电及安装灯箱必须提前将用电图纸报展览中心有关部门审核,经同意后方可实施,并由展览中心工程公司派出电工指导装接电源。

2. 中央空调

会展进行期间,室内温度的适宜与否对展会效果有很大影响。中央空调是调整室内温度、湿度、空气流动的重要设备,可确保展会顺利进行有理想的室内环境。

会展场馆的中央空调是收费的服务项目,一般由主办方视天气状况决定是否向会展场馆申请。由于会展场馆的面积普遍在上千平方米以上,开启中央空调要有一个提前量,因此要求主办方提前申请,越早申请越能保证室内温度的理想程度。有时天气变化难以预料,即使在同一天内也可能出现较大的温差(如骤然降温、升温等),要督促会展场馆技术人员根据室外气温的变化随时调节室内中央空调的温度,保持稳定、舒适的室内空气环境。现在一些较新的展览中心还采用了天窗自然换气系统,由计算机按照内外部环境温度、湿度自动控制调节天窗的开启度,提高了展厅内的空气质量。

3. 信息点

如今,高科技在现代化展览中心得到充分的利用。展览中心应配备智能化网络系统,如电子登录系统、电脑查询系统等,并能够提供包括 ISDN(综合业务数字网)、无线宽带网、有线宽带网在内的多种上网服务。

有的展览中心还在展馆主要公共空间设有多台触摸屏,为参展商、参观者提供方便的信息查询、交流的手段。主要提供有:导览服务,广告发布服务(网页广告发布及 VOD 视频广告播放),组展商、参展商的信息查询和发布服务,展馆、展会介绍和宣传服务,等等。

信息点是对会展场馆内提供租赁的电话接线点、网络接线点的统称。现代会展中很多产品的展示、信息的发布都要用到信息技术,所以,会展场馆是否具备种类丰富、数量充足、技术有保证的信息点也成为主办方选择场地的重要依据。

会展场馆的电话接线点可以分为分机电话(EXTENSION)、市内直线(LDD)、国内直线(DDD)、国际直线(IDD);网络接线点可以分为 ISDN、有线宽带网、无线宽带网。

综合业务数字网是数字传输和数字交换综合而成的数字电话网,英文缩写为 ISDN。它能实现用户端的数字信号进网,并且能提供端到端的数字连接,从而可以用同一个网络承载各种话音和非话音业务。ISDN 基本速率接口包括 2 个能独立工作的 64 KB 的 B 信道和 1 个 16 KB 的 D 信道,选择 ISDN 2B+D 端口一个 B 信道上网,速度可达 64 KB/s,比一般电话拨号方式快 2.2 倍(若 Modem 的传输速率为 28.8 KB/s)。若两个 B 信道通过软件结合在一起使用时,通信速率则可达到 128 KB/s。会展场馆出租 ISDN 时,也有配套的适配器供租用,有的会展场馆只收取适配器押金。

ADSL 是普遍应用于会展场馆的有线宽带网的一种,是英文 asymmetrical digital subscriber loop(非对称数字用户环路)的英文缩写。ADSL 技术是运行在原有普通电话线上的一种新的高速宽带技术,它利用现有的一对电话铜线,为用户提供上、下行非对称的传输速率(带宽)。非对称主要体现在上行速率(最高 640 KB/s)和下行速率(最高 8

MB/s)的非对称性上。上行(从用户到网络)为低速的传输,可达 640 KB/s;下行(从网络到用户)为高速传输,可达 8 MB/s。

目前,国内国际上采用的无线宽带网技术主要是由思科、3Com、Promix、英特尔和杰尔公司共同创立的 802.11B 标准,传输速率为 11 MB/s。

信息点的租用还应包括会展场馆技术人员的全程待命服务,为客商随时解决技术问题。

4. 视听设备

一般来说,展览虽然也有一定数量的配套会议(新闻发布会、技术交流会、开幕酒会等),但其对视听设备的要求远不及会议来得严格。大多数展览中心也只是适当配备必要的视听设备,如音响、话筒、投影仪等,其种类、数量与会议中心的配备相差甚远。会议中心的视听设备类型前文述及,不赘言。

5. 展览特有的租赁设施

展品的种类是无止境的,有消费品、工程机械、电子设备、医疗器材等,而展品的展示手段更是多种多样,所使用的设施设备也要远远多于单举办会议时的需求。在此很有必要将展览中特有的租赁设施列出。

1) 给排水

展览中心除自身的给排水系统外,还在出租的区域内提供给排水。给排水,既有进水口,也有出水口,并提供一定长度的水管。原则上是配套租赁,既有循环水,也有只需要单向的,即在开机前加满足量的动力用水,不再排出。

展览中心的技术人员只负责将给排水的水源连接到申请的展位,以及水源总阀门的开闭。由参展商负责将水源连接到机器,以及每天早晚分水源阀门的开闭。因为展览中心的主要电缆线多沿地面铺设,而参展商申请的给排水是临时的接驳,一旦水溢出后果不堪设想,所以,要特别注意经常查看和及时关闭,主办方要肩负起提醒参展商的责任。

给排水设施大多应用于机械类展览,如机床展、橡塑展,也有个别非机械类展览中会用到,如室内装饰展中经常有展商为其展品"家用喷泉"或"家用瀑布"申请水源。

2) 压缩空气

压缩空气也是展出机械常用的动力能源,既有由中央空气压缩机提供的压缩空气,也有由小型空气压缩机提供的压缩空气,视需要的压缩空气流量和质量而定。压缩空气的流量是指每分钟每立方米产生的压缩空气量,质量是指产生的压缩空气去水去油的程度,流量越大、去水去油的程度越高,该压缩空气的租赁价格也越高。

(三) 配套服务

会展场馆是展会进行中所有参加人员的主要活动场所,其配套设施、设备也日趋完备。

1. 停车场

展会进行期间,大量的人流带来大量的车流,这就需要有规划合理、管理先进的配套停车场。国内大部分会展场馆从经济角度考虑,仅在地面设很少的停车位,供贵宾车辆停放,而在会展场馆的地下建设大面积的停车场。各类智能停车场管理软件被应用于车流量大的会展场馆停车场管理中,通过自动存储进出记录、自动核算、扣费、自动维护、语音报价、中文提示及车牌确认、车位检查、图形摄像等功能,有效地解决了费用流失、乱收费、车辆被盗、泊车率低、管理成本高、服务效率低等各种弊端,更科学、更高效、更安全地实施会展的配套服务。

2．餐饮

出门参加展会离不开衣、食、住、行,午餐作为"食"的一部分常常要在会展场馆内解决。在对展会的各类问卷调查中表明,餐饮质量是参展商、会议代表和观众关注最多、意见最多的项目之一,在很大程度上会影响人们对展会的综合评价。会展场馆的餐饮在确保卫生的同时,也要考虑到国内外客商的不同口味,多增加品种,实行多价位、多品种的餐饮服务。

此外,当人流量较大时,餐饮供应是否跟得上是非常关键的,主办方应多从人性化服务考虑,及时将预测的人流量同会展场馆进行沟通,做到有备无患。

3．商务中心

商务中心设在会展场馆内,为客商提供周到的服务,一般包括秘书服务、收发传真、复印、个人电脑、打字及翻译等,有时也提供外币兑换、商务咨询、订票等其他服务。

4．小卖部

小卖部设在会展场馆的显著区域,为客商供应日常用品,如零食、电池、胶卷、雨伞、饮料、文具、地图、胶带、挂钩等。有封闭式的,物品放在柜台里由服务员按客商指示拿取,品种较少;有开放式的,类似小型的超市,品种较多,也便于客商选购。有的会展场馆还配备有自动售货机、自动饮料机等,既可满足不同口味的需求,也可提供24小时便利服务。

5．公共通信设备

公共通信设备,如IC(集成电路)卡电话、投币电话等应该平均分布于会展场馆的各个层面。现在还有很多会展场馆为客商设想,配备了投币手机快速充电器,满足应急需要。展览中心在展位、会议室、办公用房等场所均提供多部直线电话,一般国内的展览中心展馆内都有中国移动和中国联通的无线覆盖系统,可支持手机使用。除此之外,展览中心还应适当设置银行卡、IC卡公用电话,以及供领导和代表团使用的保密电话,更好地满足展览活动中的各种通信需要。

四、展览中心的增值配置

主办方为客商提供的产品是服务,同样,会展场馆为主办方提供的产品也是服务,服务水平和服务质量的竞争就是现代会展市场竞争的要素。各会展场馆都千方百计地在提高自身的服务水平和服务质量上下足功夫,如何更好地为主办方提供多样化、人性化的服务成为会展场馆研究的主要方向,于是在基本服务、配套服务的基础上做大做强,增值服务就成为会展场馆的服务特色和经营亮点。信息化和智能化配置是会展场馆提供增值服务的主要渠道。

信息化和智能化是当今世界经济与社会发展的大趋势。信息化水平、智能化水平是衡量一个会展场馆参与市场竞争力、现代化程度的重要标志,也是倡导"绿色会展"的主流。除了会展场馆信息网络的综合布线(电信网络、有线电视网络、24小时监控网络等)要确保会展的使用量,并提供技术支持外,以下几项配置也是十分必要的。

1. 会展查询热线

会展信息咨询是会展场馆向社会提供的最基本的增值服务内容。会展场馆可以开通自动查询台,将会展信息预先设置到电脑程序中,由查询者按照电脑提示音查询会展信息;也可以设置人工服务热线,随时为查询者解答。要注意的是,会展的信息是变动的,要及时更新热线信息内容,并开通双语服务(中文、英文),顺应会展的国际化需求。

2. 网站建设

网站信息也是面向社会的,会展场馆应在自己的网站中开设在本场地举办的会展信息栏目(会展档期表)以供查询。并在网站中注明会展项目的开展日期、所在楼层,最好有明确的交通指示说明或交通图,方便客商抵达会展场馆。

3. 导展设施

会展场馆内很可能同期举办多个展会,为方便客商快速寻找到目标展会和配套设施(如商务中心、小卖部),有的会展场馆会在显要的出入口安置多台触摸屏,更形象、更直观地为客商提供导展(导会)服务。触摸屏中的内容可以精心设置,在提供方位导向的同时,也可以宣传会展场馆的各项服务,甚至可以出租部分页面给主办方或其他企业做展会宣传和更详细的展会资料查询。

4. 智能卡出入管理系统

有的展览中心已经启用了智能卡系统作为出入管理的有效方式,因为智能卡有信息存储功能,所以既能控制人流,也方便信息统计。例如,厦门国际会议展览中心在展厅、会议室、库房等重要场所都设置了智能卡,对出入口进行管理控制。在展厅出入口安放20台门口机,采用读卡过闸的管理方式,提供给展厅内的人员良好的投资洽谈及参观的环境。门口机具有读取多种卡的能力,同时可以控制展馆内的人流。

介绍了这么多会展场馆提供的设施设备,在运用中,还是应该结合会展项目和主办方自身的实际需要,有选择地组合使用,为客商提供细致周到的服务。

第二节 会展场馆的设施设备系统管理

会展场馆的设施设备管理是保证会展场馆正常运转的基本条件,也是提高服务质量的基本保证。如果硬件管理跟不上,各种服务就成了无源之水、无本之木。通过有效的管理充分发挥会展场馆的效能,控制能源消耗,提高服务质量,将会显著提高场馆的效益。

有效的场馆管理先从看得见、摸得着的设施设备管理说起。系统化的设施设备管理不仅仅表现在场地的清洁、设备的使用和保养、保安、消防等浅层次的工作,其管理的定位将远远超出以上范围。在会展场馆规划过程中,必须根据经营思路来进行建筑设计、空间规划、设备配置等工作;在日常管理过程中,工程设备运行管理、场馆环境管理、安全保卫管理等都属于其基础工作范畴。设施设备管理的整个管理过程都要符合现代企业专业化管理、市场化经营的要求。

一、会议中心设施设备系统管理

会议中心为会议活动及围绕会议的其他活动提供多种多样的服务,这必须依托于整个设施设备系统的运作。会议中心的设施设备可以按照功能大致分为以下几类。①生活服务设备:如照明、空调、清洁设备等,②会议设备:如视听、通信、办公设备等,③能源设备:如变配电设备、应急发电设备等,④娱乐设备:如健身设备、按摩设备等,⑤美化环境设备:如地毯洗涤机等,⑥消防保安设备:如消防栓等,⑦交通运载设备:如电梯、车辆等。

会议中心设施设备系统的管理主要包括以下要点。

1. 会议中心设施设备的前期管理

设施设备的前期管理是从设备规划、选型、订购、安装到完全投入运行这一阶段的全部管理工作。它是整个设施设备管理中的重要组成部分,将决定设备的技术水平和系统功能,并大大影响设备寿命周期和费用。认真做好设备前期管理工作,可以为设备日后的使用、维护、更新等工作奠定良好的基础。前期管理工作中要注意加强市场调研,在科学的可行性论证基础上作出规划决策。设备选择的标准主要有以下几个。

(1)适用性。设备的选择首先要考虑能否适应当前市场的需要,能否满足客人会议活动和其他活动的要求。选择时要有超前意识,设备的性能要先进。设备单机要与整个设备系统配套,以便进行技术管理,要注意技术上的兼容。

(2)经济性。选择设备要考虑投资预算,考虑设备的价格、能源消耗、维修费用等因素。

(3)安全性。设备安全与否,直接关系到会议中心所有人员的人身安全,关系到会议中心的声誉和效益。所以选择设施设备时要考虑是否装有防止事故发生的各种装置。

(4)方便性。设备的使用要灵活方便,适应不同的工作条件和环境,减轻操作者的劳动强度;供客人使用的设备更要强调易于使用和易于修理。

(5)美观性。设备要注重格调和文化内涵,而不必一味追求高档。

(6)环保性。设备的噪声和排放的有害物质会危害人体健康与污染环境,应该严格按照环保标准来选择设备,对某些设备要求附带有消声装置,有些要配以相应的净污附属设备,等等。

在设施设备的选择设置中,会议中心必须重视与设备生产厂家的联系和沟通。没有一个设备清单和价格计划适用于所有的会议中心,各个部门需要设备的数量和种类也都是不同的。加强与设备供应方沟通,有助于针对实际需要选择恰当的产品,也有助于获得技术支持。

会议中心还特别应该与当地的视听设备供应商或服务机构建立良好的工作关系。因为有些视听设备非常昂贵,或使用率极低,或保养和维修设备的成本非常高,或更新换代速度太快,都可以适当考虑利用外部租赁的方式来节约成本。不过,拥有自己的设备,可以避免出现设备短缺的状况,也便于更好地控制设备的质量,而且不必将利润让给外部公司。

2．会议中心设施设备的运行管理

要搞好运行期的管理，不仅需要具有较高专业技术技能的工作人员，还必须有一套严格的管理方法和科学的检修、养护计划。

（1）保持设备的正常运转，充分发挥其效能，必须合理地使用各项设备，合理地安排工作量负荷。

（2）必须为设备提供良好的工作环境，设备场地要保持整洁，安装必要的防护、降温等装置，对精密的仪器设备要设立单独的工作间，设置专门的温度、湿度、防震等条件。

（3）加强对运行操作人员的规范化管理，严禁违章操作。

此外，在设施设备的使用上，还要注意对客人提供必要的指导服务。这要求会议销售和服务的每个人都应该了解会议所需的设备，熟悉它们的使用要点。

3．会议中心设施设备的存储管理

会议中心对自己设备的存放位置和储藏应该有严格的控制。由于设备的数量大、种类多，制定一套完善的设备申领程序是十分必要的。平时还要定期清点仓储，不用的物品要锁存起来。对于会议区域而言，应该划出适当的专门储藏空间来存放会议室家具。太小或不易进出的储藏空间会缩短用具的使用寿命。

4．会议中心设施设备的维修保养

设施设备投入运营后，其效用得以发挥，但在日复一日的使用中会不断地耗损。如果不加以科学地维修保养管理，迟早会影响它们的正常使用。维护保养的基本内容有清洁、安全、整齐、润滑、防腐。

在设施设备的维修保养管理上，最重要的是要始终坚持计划内维修为主的理念，平时通过有计划的维护、检查和修理，尽量减少发生设备的突然损坏，以避免引起停业或紧急抢修的情况。

另外，要搞好备件管理，做到备件采购安排恰当，库存合理。这样一方面可以保证设备使用和提供服务的连续性；另一方面有利于缩短设备修理的时间，降低维修费用。例如，平时应该为幻灯机、电影放映机、录像投影仪或高射投影仪准备备用灯。如果会议室没有安装跳闸设备，应该备好保险丝。

5．会议中心设施设备的更新改造

设备能耗过大，或造成的环境污染严重，或损坏严重导致修理费用昂贵等情况下都应考虑报废。设备的更新改造，是以经济效果上优化的、技术先进可靠的新设备来替换，或者采用先进的科学技术成果来改变现有设备的落后技术性能。

总的来说，会议中心的设施设备系统管理需要对各种设备从规划、选购、验收、安装开始，经过使用、维护、保养、修理，直到改造、报废、更新为止，进行全过程的系列管理活动。其目的是正确地使用、精心地维护好设备，使设备始终处于良好的运行状态，来创造最佳的服务质量和最高的经济效益。

二、展览中心设施设备运行管理

展览中心的设施设备涉及的内容比较广,每一项内容都有其独特的技术要求,但是就管理而言,还是维护、维修、更新改造等内容,让设施设备随时处于良好的运行状态,并延长使用寿命是根本目的。在此我们以机房的设备为例来介绍一下其管理的要求。

(一)制定设备操作规程

会展场馆设备操作是指对场馆操作工人正确操作设备的有关规定和程序。各类设备的结构不同,操作设备的要求也会有所不同,编制设备操作规程时,应该以制造厂提供的设备说明书的内容要求为主要依据。设备操作规程是操作人员为保障仪器设备安全运行和保持其良好的工作状态需要掌握的操作技能的技术性规范。

设备操作规程的内容是根据设备的结构运行特点,以及安全运行等要求,对操作人员在全部操作过程中必须遵守的事项、程序及动作等作出的规定。一般包括以下内容:操作设备前对现场清理和设备状态检查的内容和要求,操作设备必须使用的工器具,设备运行的主要参数,常见故障的原因及排除方法,开始的操作程序和注意事项,润滑的方式和要求,点检、维护的具体要求,停止的程序和注意事项,安全防护装置的使用和调整要求,交、接班的具体工作和记录内容。

操作人员应该认真执行设备操作规程,可保证设备正常运转,减少故障,防止事故发生。

例如,网络管理人员设备管理要求如下。①网管人员对各种网络设备的使用需按操作程序或使用说明书进行。②经常对硬件设备进行检查、测试和修理,确保其运行完好。③所有贵重设备均由专人保管,专人使用,不得外借或由非专业人员单独操作。④机房的所有设备未经许可一律不得挪用和外借,特殊情况经批准后办理借用手续,借用期间如有损坏由借用单位或使用人员负责赔偿。⑤硬件设备发生损坏、丢失等事故,应及时上报,填写报告单并按有关规定处理。⑥机房及其附属设备的管理(登记)与维修由网管人员负责。设备管理人员每半年要核准一次设备登记情况。⑦机房主机(系统服务器)、网络服务器及其外围设备由网管人员每周进行一次例行检查和维护,尤其是设备供电、运行状态是否正常等要时常检查和维护。

(二)建立日常维护制度

设施设备的日常维护制度可以围绕以下几个方面建立。

(1)保持设备干净整洁,不要在设备上乱涂乱画,日常用干净毛巾做设备的清洁卫生,禁止使用湿毛巾做设备清洁工作。工作时必须轻拿轻放,不要重击,以免影响设备的正常运行。

(2)不能在设备上堆放杂物,严禁流质性、导电性物体从设备散热孔进入。

(3)设备应在通风、散热良好的环境中工作,注意防潮、防火、防尘、防磁、防鼠等安全工作。

(4)所有设备(如计算机、打印机、稳压电源等)除维护人员外,任何人不得搬移、更换或借与他人使用。

(5) 管理人员有权禁止非操作人员使用设备,操作人员只能做相关内容的操作,防止因误操作造成设备不能正常工作。

(6) 管理人员不能随意打开设备外壳。

(7) 不能随便改变设备供电方式和途径,不能私自在机房 UPS(不间断电源)输出上加载与设备无关的其他用电设备,如电扇、取暖器等,防止机房 UPS 超负荷工作。

(8) 有报警装置的设备一旦报警应立即根据其正确使用方法停止使用设备,查明原因,排除故障后再恢复使用。

(9) 供电设备不得随意打开,不得随意损线、撤线。不能在供电异常情况下使用任何种类的设备。

以机房为例,为科学、有效地管理会展场馆机房,保证网络系统安全、高效运行和使用,场馆机房应遵守以下日常管理制度。

(1) 管理目标是保证机房设备与信息的安全,保障机房具有良好的运行环境和工作环境。

(2) 机房日常管理指定专人负责。

(3) 机房钥匙要严格保管,不得随意转借,一旦丢失要及时报告并积极寻找,并采取有效措施予以补救。

(4) 无关人员未经批准不得进入机房,更不得动用机房设备、物品和资料,确因工作需要,相关人员需要进入机房操作必须经过批准方可在管理人员的指导或协同下进行。

(5) 机房应保持清洁、卫生,温度、湿度适可,机房内严禁吸烟,严禁携带无关物品尤其是易燃、易爆物品及其他危险品进入机房。

(6) 消防物品要放在指定位置,任何人不得随意挪动;机房工作人员要掌握防火技能,定期检查消防设施是否正常。出现异常情况应立即采取切断电源、报警、使用灭火设备等正确方式予以处理。

(7) 硬件设备要注意维护和保养,做到设备物卡相符、设备使用状态记录完整。

(8) 建立机房登记制度,对本地局域网、广域网的运行情况建立档案。未发生故障或故障隐患时,网管人员不可对中继、光纤、网线及各种设备进行任何调试;对发生的故障、处理过程和结果等要做好详细记录。

(9) 网管人员应做好网络安全工作,严格保密服务器的各种账号,监控网络上的数据流,从中检测出攻击行为并给予响应和处理。

(10) 网管人员要对数据实施严格的安全与保密管理,防止系统数据的非法生成、变更、泄露、丢失及破坏。网管人员应在数据库的系统认证、系统授权、系统完整性、补丁和修正程序方面进行实时修改。

(三) 完善值班和巡视检查制度

值班是保证在工作时间场馆不失控的重要措施,也是强化安全管理,落实防范措施的体现形式。因此,会展内设机构要认真落实值班管理制度。做到人员落实、责任落实、管理落实。

(1) 值班人员值班地点，门卫、办公楼；值班范围，办公大楼、场馆重点部位、车间及场馆内部区域。值班人员必须坚守岗位，按时接班；不得擅离职守，如有事必须经总经理的批准。

(2) 检查交接班制度，本班未处理的事情，应在交班时向下一班交代清楚。

(3) 遇有重大事项和异常情况，应及时向总经理或有关领导报告，并采取相应措施。

(4) 值班期间应集中精力，不得从事与值班无关或影响值班的事情。

(5) 值班人员在场馆下班后，要认真检查场馆内部各项安全措施，对技术防范设施设防，发现防范漏洞和安全措施不落实的隐患应及时排除。

(6) 值班人员遇有职能单位进行检查等公务活动，要积极主动配合，协助搞好相关工作，重大问题应立即报告场馆主要领导。

(7) 值班人员负责单位内部巡逻工作的检查监督，对巡逻人员不尽职责及违反场馆相关制度的行为，应向场馆有关领导提出处理意见。

(8) 值班人员负责处理单位内部夜间发生的案件，场馆发生案件时，要保护好现场，及时报告公安机关，重大案件要及时报告场馆领导。

(9) 值班人员是场馆夜间安全保卫与防范工作直接责任人，对单位内部夜间安全保卫工作负责。

巡视检查是保证会展场馆设备安全运行的有效制度，巡视检查应遵守明确规定的检查项目、周期、路线，要精神集中细听、细看、细嗅，确保巡视质量。巡视工作一般应2人进行，巡视时要遵守安全工作规程。每次巡视后，应将问题隐患立即记入记录簿，巡视者应对记录完全负责；因巡视不周和违反规定造成事故者，要追究责任；对于发现严重问题隐患或防止了事故的发生者，要给予表扬和奖励。

巡视周期是每日交接班时双方共同巡视一次；特殊巡视是指天气急变如雷、雨、大风、雪、雹、雾和重大节日时要酌情增加巡视次数；新投运的设备、检修后的设备和带缺陷异常运行的设备，要适当增加巡视检查次数。

正常巡视检查项目包括：①设备的所有部分有无破损及放电痕迹和异响；②设备内部有无异响；③电气设备的接头接触是否良好，有无过热打火现象；④运行中的仪表指示、电度表转动是否正常；⑤自动装置是否符合运行要求，有无损坏和异响，指示灯指示是否正常；⑥直流系统设备运行是否正常，母线电压是否合适，储能电容是否有损坏；⑦某些设备是否有受潮现象。

网络管理员值班要随时注意以下几个方面。

(1) 配置管理。严格按照信息中心给的信息进行网络配置；信息中心提供远程修改设备配置的手段；储存数据，维护一个最新的设备清单并根据数据产生报告，上报信息中心。

(2) 安全管理。限制用户对主机和网络设备的非法访问，在有人试图或者实际突破安全保护时告知管理负责人，创建、删除、控制安全服务和机制，与安全相关的信息的发布，与安全相关的事件的报告。

(3) 故障管理。发现问题，做故障日志；分析问题，找出问题原因；如有可能，排除故障。

(4)性能管理。收集网络设备和连接的当前使用数据;分析相关数据,辨别使用趋势;采用正确的方式确定如何调整网络达到最佳值。

机房安全是关系到会展场馆安全的一件大事,是保证各个业务系统正常工作的前提条件,因此必须坚持定期进行安全检查。机房自检每年进行一次,且需认真做好检查记录。对检查中发现的问题应进行限期整改。

各部门的主要负责人负责本单位计算机网络的安全管理工作,建立健全安全管理制度。不得随意下载、复制保密信息,各部门要做好涉密载体的保管和废弃涉密载体的销毁工作。各部门定期做好计算机系统的查杀毒工作。严禁冒充合法用户进行非授权访问,严禁破坏网上数据的完整性,严禁干扰系统的正常运行,严禁恶意攻击和传播非法信息。入网的 IP(网络之间互联的协议)地址,由信息安全管理中心统一分配网段,不得随意改动,更不得盗用他人地址。可指定 2 名网络管理人员,负责本单位计算机网络管理。各部门不得私自提供网络代理服务。

(四)加强运行分析和缺陷管理

会展场馆设备运行分析制度包括:每季度定期召开运行工作分析会议;发生故障或事故及时召开分析会;运行分析会议由主管主持召开,相关设备责任人、管理人参加;运行分析应做好详细记录备查;整改措施限期逐项落实完成。

运行分析的内容包括:设备所产生的事故或故障原因分析,并提出反事故措施;设备缺陷原因分析及防范措施;运行方式的安全性、可靠性、灵敏性、经济性;计划执行情况;使用、维护情况;运行管理工作总评价。

在运行或备用的设备上,发生了影响安全运行的异常现象,或发生达不到一类设备标准的异常现象,均称为设备缺陷。缺陷可分为三大类。

(1)危急缺陷。设备或建筑物发生了直接威胁安全运行并需立即处理的缺陷,随时可能造成设备损坏、人身伤亡、大面积停电和火灾等事故。

(2)严重缺陷。对人身或设备有严重威胁,暂时尚能坚持运行,但若长时间坚持运行,随时可能转为危急缺陷的缺陷。

(3)一般缺陷。上述危急、严重缺陷以外的设备异常,是指性质一般,情况较轻,对安全运行影响不大的缺陷。

有关人员发现设备缺陷后,无论消除与否均应由值班人员做好记录。发现危急、严重缺陷应立即上报。危急缺陷要立即进行处理,严重缺陷应根据具体情况尽快处理或采取措施防止发生事故,对一般缺陷可列入计划进行处理。

加强缺陷管理,发现缺陷和消除缺陷均应将时间、内容填入缺陷记录簿,缺陷消除时,运行值班人员和缺陷消除人员均应在记录簿上签字。

场馆管理人员要对设备缺陷做到心中有数,对未消除的缺陷要加强巡视、督促尽快处理,并根据缺陷产生的原因、特点、规律,组织全体人员讨论并提出合理化建议。

例如,会展场馆网络管理员会遇到涉及计算机病毒防范管理的内容,因此要对设备的缺陷有所了解,并做到以下几点。

(1)网管人员应有较强的病毒防范意识,定期进行病毒检测(特别是服务器),发现病毒应立即处理。

（2）采用国家许可的正版防病毒软件并及时更新软件版本。

（3）未经领导许可，网管人员不得在服务器上安装新软件，若确实需要安装，安装前应进行病毒例行检测。

（4）经远程通信传送的程序或数据，必须经过检测确认无病毒后方可使用。

（五）设备管理落实到人

设备管理是大事情，要求调动每一个员工参与的积极性，因此设备管理落实到人的做法可以借鉴。制定具体管理人员的职责，以会展场馆网络管理员为例，他的职责有以下几个方面。

（1）主要负责网络的系统安全性及正常运行。

（2）负责日常操作系统、网管系统、邮件系统的安全补丁、漏洞检测及修补、病毒防治等工作。

（3）应经常保持对最新技术的掌握，实时了解互联网的动向，做到病毒预防为主。

（4）良好周密的日志记录以及细致的分析是预测攻击、定位攻击，以及遭受攻击后追查攻击者的有力武器。察觉到网络处于被攻击状态后，网管员应确定其身份，并对其发出警告，提前制止可能的网络犯罪，若对方不听劝告，在保护系统安全的情况下可做善意阻击并向主管领导汇报。

（5）对机房进行管理，严格按照机房制度执行日常维护。

（6）每月管理人员应向主管领导提交当月值班及事件记录，并对系统记录文件保存收档，以备查阅。

（7）严格控制进入机房人员，不允许私自带他人入内。

（8）要定期检查机房及各种安全设备，做好记录确保安全。

（9）对机房各种设备均应建立技术档案，认真填写、妥善保管登记备案。

（10）定期对机器进行维护，保证机器正常运行。

（11）负责对门、窗、灯、电源、机器的安全情况进行全面检查、管理，全面保证机房的安全无误。

（12）搞好机房卫生，保持一个良好的环境。

（13）不允许私自将机房内的设备、工具、部件等带出机房，借物需办理借物手续。

（14）对因责任心不强而造成事故和严重后果的，要追究责任。

本章小结

会展场馆是会展业发展的基础，现代化的会展场馆更是一个地区会展业发展的标志。本章介绍展览中心和会议中心的设施设备管理，特别应该注意的是，会展场馆的设施设备和配套服务也是会展场馆管理的重要内容。

复习思考题

1. 展览中心的基本配置有哪些？
2. 展览中心提供的租赁设施有哪些？
3. 会议中心的常用设施设备有哪些？
4. 会议中心的设施设备管理有哪些特点？
5. 展览中心的设施设备管理内容有哪些？

引申案例

北京雁栖湖国际会展中心——三星级绿色建筑①

2017年9月，北京雁栖湖国际会展中心取得"三星级绿色建筑标识证书"，成为全国首例实现真正意义的绿色会展场馆。绿色建筑认证是我国建筑行业最高级别的官方认证，由国家住房和城乡建设部组织，依据《绿色建筑评价标准》(GB/T 50378—2014)等相关文件进行严格评判，分为设计和运行两个部分，每部分需要通过七个评审阶段，各有三个级别，达到相应标准才能给予相应等级认证。

2015年9月，会展中心通过了严格评审，取得首例"三星级绿色建筑—设计标识"，在全国同期新建的会展场馆中树立了标杆。"三星级绿色建筑—运行标识"的评审更为严苛，需要正式运行满一年以上才有资格申请，会展中心提前着手准备，满足资格后迅速投入申报工作中，在运营单位、建设单位、总包单位、设计单位等多方努力下，最终一举拿下。

北京雁栖湖会展中心项目位于北京市怀柔区雁栖湖生态示范区内，规划总用地面积108 357.16平方米。总建筑面积约79 000平方米。建筑高度31.9米，地上5层，地下2层。建筑主要功能房间包括大议会厅、大宴会厅以及多功能厅、报告厅，以及70余间会议室、设备用房、安保用房、车库和配套设施等。绿色建筑主要技术措施包括以下几个方面。

1. 节地与室外环境

地块内无原有污染问题，周边无重点保护文物古迹和珍贵动植物、风景名胜区。满足《民用建筑工程室内环境污染控制规程》(DBJ/T01-91—2004)的要求。

外围护结构主要为玻璃幕墙结构，中空夹胶玻璃的可见光反光比检测值为0.137；夹胶玻璃的可见光反光比检测值为0.161，不会对周边建筑带来光污染。周边无居住建筑，绿地率为45.2%，交通方便。

建筑周边风速均小于《绿色建筑评价标准》中"建筑物周围人行区距地1.5m高处，风速低于5m/s"的规定，且参评区域内无明显的旋涡和死角区域。夏季、过渡季节主导方向下，建筑前后压差大于1.5Pa，自然通风情况良好。冬季主导风向情况下，参评建筑前后

---

① 根据 http://www.meetingschina.com/news13278.html 和北京市住房与城乡建设委员会网站 http://www.bjjs.gov.cn/bjjs/xxgk/ztzl/lsjz/xmzs/520921/index.shtml，北京雁栖湖国际会展中心项目整理。

压差最大为 4.6Pa,小于 5Pa,符合防风节能要求。建筑室外透水地面面积比为 59.5%,满足 40% 室外透水地面面积比要求。

2. 节能与能源利用

冬季空调热源采用地源热泵系统＋燃气锅炉,夏季空调冷源采用地源热泵系统＋电制冷冷水机组。

空调末端形式根据房间功能划分:主会议厅及环廊采用全空气定风量系统＋冬季设低温热水地板辐射采暖系统,宴会厅和餐厅采用全空气定风量系统,其他多功能厅和办公室采用风机盘管加新风系统。

围护结构各项热工性能指标符合《公共建筑节能设计标准》(DB11/687—2015)的规定,空调采暖系统机组的性能系数符合标准要求。各功能房间均采用节能灯具,照明功率密度值不高于《建筑照明设计标准》中的目标值,且冷热源、输配系统和照明等实行能耗分项计量。建筑幕墙具有可开启部分,可开启面积比例为 26.9%。

灯具选型基本原则为优选节能型高效光源及灯具,一般照明以 LED(发光二极管)灯、采用电子镇流器的节能型高效无眩光荧光灯或紧凑型荧光灯为主,荧光灯光源优选 T5 型荧光灯管;金属卤化物灯采用节能型电感镇流器,灯具就地设置电容补偿。所有灯具补偿后功率因数均应大于 0.9。公共区域、主会场、宴会厅、餐厅、环廊、会议室及车库的一般照明均采用智能照明控制。

3. 节水与水资源利用

对屋面和室外局部路面的雨水进行回收利用,同时设置雨水回用设施,回用雨水用于绿地浇洒、道路冲洗、水景补水等。

所有卫生器具都选自满足绿色建筑标准的节水器具。绿化、景观等用水全部采用非传统水源市政中水及收集雨水,绿化灌溉采取喷灌灌溉方式。

按照用水的不同使用用途及功能设置水表,对不同用途分别设置水表统计用水量,以达到节水的目的。

4. 节材与材料资源利用

地上 5 层,主要功能为会议室、大厅等;地下室 2 层,主要为办公区、宴会厅、车库、设备用房等。结构体系采用钢骨混凝土框架;主会场屋盖大跨度区域采用空间钢桁架结构。建筑材料中有害物质含量符合现行国家标准 GB 18580—18588 和《建筑材料放射性核素限量》(GB 6566—2010)的要求。建筑造型简约,无大量装饰性构件。施工现场采用预拌混凝土、预拌砂浆。使用可再循环材料的重量占所有建筑材料总重量的比例为 10.6%。室内大部分采用简装,与土建工程一体化设计施工,避免了重复装修。

5. 室内环境质量

室内房间温度、湿度、风速等参数满足相关标准设计要求,且屋面及外窗经验证计算,建筑内表面都不会产生结露现象和发霉现象。会议室、开敞办公区、宴会厅等人员密集场所设置二氧化碳传感器,对污染进行数据采集、分析、报警,同时通过 BA 系统(楼宇设备自控系统)联动送、排风机设备,自动调节相关区域进、排风量。地下停车库内设智能诱导通风系统,根据车库内的 CO 浓度探测器联动通风机控制通风量,可以有效地保证健康舒适的通风环境。

建筑外形为圆形,整个外墙设置有可开启幕墙,同时在建筑屋顶设置有"烟囱"和可开启天窗,中庭、边厅布局与门窗位置安排合理,能有效地利用热压进行自然通风,在过渡季和夏季均可以较好地利用自然通风改善室内环境。且空调机组、风机盘管均选择性能好、噪声低的产品,设备采用减震基础或减震支吊架,与管道或风道间软连接,空调机组所接风道上设置消声器。建筑平面布局和空间功能安排合理,减少相邻空间的噪声干扰以及外界噪声对室内的影响。主要透光部分为外门窗、透明幕墙及屋顶采光窗、天窗、导光仪等,有利于采用自然光提高室内采光舒适度及降低人工照明能耗。自然采光面积达标比例为79.8%,达到了《建筑采光设计标准》相关功能空间75%的最小采光要求。

无障碍设计方面符合《无障碍设计规范》(GB 50763—2012)和《城市道路与建筑物无障碍设计规范》的要求,设有无障碍卫生间、无障碍设施电梯,主要出入口设置残疾人专用坡道。同时,在各无障碍空间部位,设国际通用的无障碍提示标志。

6. 运营管理

设置能耗监测管理系统,可通过能耗监测管理平台对设备进行监控与管理。建筑中采用建筑设备监控系统、通信系统、有线电视及卫星电视接收系统、安全技术防范系统、计算机网络系统、能源管理系统等多套智能化系统。建立节约用电、水、燃气等能耗管理制度,并由专业负责人配合专业维保人员对建筑设备定期维护保养与检查设备运行情况。

对垃圾进行分类处理,保证垃圾处理的周围环境整洁、干净并符合卫生防疫站及城管的有关规定和要求。

总之,该会展中心积极创新实践绿色低碳、生态环保的建设理念,生态标准符合新时代要求。根据当地及自身条件选择实施适宜的绿色建筑措施,既节约了成本,又达到了预期的效果。其所采用的绿色建筑设计方法及相关材料、技术的选用,可为其他会展类项目提供积极有效的设计参考及合理的比较。

值得一提的是,2014年APEC(亚太经济合作组织)会议至今,北京雁栖湖国际会展中心累计承接各类会展活动350余场,接待嘉宾40余万人次。在这样高强度的使用频率下,会展中心上下依然不忘初心,在保证场馆正常运行、保障客户活动需求的基础上,将绿色发展理念贯穿各项工作之中,积极出台了各项相关制度并严格遵照执行,展现出当代企业应有的社会责任感。

问题:

如何理解绿色场馆?如何利用场馆的绿色设施做好增值服务,使得企业更好地实现盈利目标?

第四章

会展场馆计划与财务管理

引 言

现代会展场馆是市场经济的产物,是一个经济组织,需要按照现代企业制度来组织和管理,计划管理是企业管理的起点,财务运行状况是衡量经济组织效率的重要标志。

学习要点

- 会展场馆的计划管理
- 会展场馆财务管理的对象、内容和目标
- 会展场馆的收入预算、支出预算与筹资预算
- 会展场馆利润规划和利润控制的方法

引入案例

杭州国际博览中心[1]

杭州国际博览中心位于杭州市萧山区钱江世纪城,是二十国集团领导人第十一次峰会的主场馆,杭州国际博览中心占地面积19万平方米,主体建筑由地上5层和地下2层组成,总建筑面积85万平方米,会议面积1.8万平方米,61个会议室,展览面积9万平方米,可容纳国际标准展位4 500个,拥有万米无柱展厅。停车位4 000个,是集会议、展览、酒店、商业、写字楼五个业态的综合体。会议场馆如何在效益与成本之间做加减法,实际上,就是开源和节流的问题。

开源首先就应该考虑要提升场馆的传统收入,场馆的传统收入结构基本上是场租收入+现场收入+餐饮收入。会议与展览两个业态对餐饮收入的带动不尽相同,根据统计,餐饮收入在会议方面占比为28.85%,而在展览方面仅占4%。以杭州国际博览中心经营收入构成为例,场租收入占58%。场租收入是提高利润的最大业态,场租的毛利率即使把人工算进去,展览能够占50%;而会议毛利率能够占80%,餐饮、人工成本算进去还有20%,会带餐饮还是餐饮带会,如果没有餐饮的话,会议利润提高不上去。如何提高场馆收入一直是一个很重要的问题。

---

[1] 根据 http://www.sohu.com/a/240394661_712818《利润的支点——会议场馆如何在效益与成本之间做加减法》一文整理.

第一,把握规律非常重要。把合适的产品通过合适的渠道,以合适的价值卖给合适的客户,经过几年的数据积累并对数据进行分析寻找规律。掌握销售规律后发现,最后实际发生和预算的差距很少。对场馆来说,把握销售规律一方面提高了客户的体验,另一方面也降低了成本。在大家的印象里,展览客人对客房的消费能力相对较低。但实际追踪结果显示,展览对酒店散客房的带动作用明显,而且有相当比例的展览客人对价格承受能力很强。我们把每个月的数据全部统计出来,第二年会在原有基础之上重新调整价格,这对于酒店来讲就是把握规律,做收益管理。

第二,拓宽思路非常关键。会议蓝海是什么?国际会议不仅仅只有G20、APEC、上合峰会。我们整理了有会议资源的国际组织,不完全统计共有130个国际组织,其中联合国系统45个,经济金融领域12个,在其他国家和地区召开的除外,其余的是否是我们可以争取的蓝海?通过传统市场的蓝海探索,作为场馆的经营者,我们需要思考应该有哪些改变来重新定义会展场馆。

首先是要全面认知大会展的概念。以前的会展就是展览,后来有了会议和展览,再就是奖励旅游和节事活动。会展场馆的管理者要有新的认知,会展正在走向大会展,是会议、奖励、旅游、赛事、节庆的大概念。

其次是对功能的认知。会议的场地就要接待会议吗?展览的场地就要接待展览吗?其实不是的,专业会展场馆和活动场地在功能上是高度拟合的,尤其是专业会展场馆在场地层高、承重、吊点数量、灯光、运输通道等工程或技术参数的要求方面更具专业优势,能够更好地支撑创意活动落地。三、四线场馆都要考虑出租率,出租率就是收入,所以要尽可能地提高出租率,如可以做特展、发布会、艺术展等各种活动,让大会展概念在场馆落地。

再次是对角色的认知。以前会展中心就是一个单纯的物业管理,而现在要转向空间运营。作为会展人和管理者,一定要了解现在的社会态势,如果不了解这些很难做好一个企业的可持续发展。杭州国际博览中心,要打造生活和产业平台,或者叫产业平台兼具生活美学。

最后是对客户的新认知。客户主办的会议有不同的特点,或者是说主办包括PCO(专业会议组织者)、DMC(目的地管理公司)、公关公司,办会都有不同的特点。如何跟它们交流与销售,如何了解它们的需求,功能和经营的理念相融合是非常重要的。

再看一看会展中心的衍生收入。会展业还有很多潜力值得我们去挖掘,首先应该挖掘的就是场馆的流量价值。以杭州国际博览中心为例,2017年,我们接待会议1 804场次,总人流量超过300万人次。为了激发这种流量价值,我们正在和洛可可合作研发杭博系列文创品,希望这部分能够成为我们创新业务的一个增长点。

还有一个就是依靠智慧手段来提升效益,现在我们已经有3个无人超市,无人超市降低了成本。还有一个扫码点餐系统,点餐之后电子发票能够发送到微信小程序上。智能停车、智能运营、智能交通、智能体验、智能管理、智能服务等。

讲完开源,还有一部分就是节流。

首先,做到匠心管理,做精做细,怎么做精怎么做细,就是细到人、细到天、细到点、细到数。怎么能够细到这样的程度?

以餐饮来说,有没有必要提供自营餐饮?这要因产品特点来定。我们有400多个餐饮员工,突破了1个亿的餐饮收入,但是餐饮的利润率不高。因为餐饮是我们的核心子品牌,这与我们的战略考虑和发展规划是密不可分的。外包成本是多少,自营成本是多少,自营+外包的形式是否可行等都是需要考虑的。

谈到目前餐饮的形式,香港国际会展中心也是自营式的,台北国际会议中心是租赁式的,亚洲国际博览馆是自营的,它们的组织架构与我们的组织架构很像或者跟酒店很像,就是因为它们有餐饮运营和餐饮部。这就是在做精,一个活动下来,大约的餐饮成本是多少,大约的储存量是多少、加工量是多少。例如,2万人用餐的挑战,要400个员工12个小时不间断地工作,24个灶台、18个锅不停运转。

餐饮也需要结合不同的会议类型、不同的用餐形式、不同的参会群体等把握规律。举例来说,以年轻人为主的企业会议,备餐量往往要大于实际参会人数;医学类协会会议,由于各种卫星会及企业赞助穿插其中,则可适当缩减备餐量,避免不必要的浪费及成本损耗;会期同样影响餐饮成本,第一天最接近实际预定人数,之后参会人数一般随着会期递减,备餐量可以随之减少。所以,如何根据会议的特点备餐很重要!餐饮的毛利率来自哪?不是100块钱给予33块钱的成本,而是来自对用餐人数的把握。

人力、能源和餐饮基本上是做会议中心的三大主要成本。例如,能源成本,通常来讲占总收入不要超过7%,如果超出7%,不是收入没做好,就是节流没有做好。现在的人工成本超过35%,正常的话不要超过30%。餐饮成本每个城市不太一样,但是二、三线城市餐饮的消费情况超过一线城市,所以餐饮低于30%是合理的,如餐饮降低5个百分点,1个亿的收入就带来500万元的纯利润。对于增收和节流,匠心管理特别重要。展览每天客人消耗的手纸、洗手液、垃圾袋等,算到每一个人3毛钱,会议8毛到1块钱。

另外,如何用创新理念赋能降低成本,一个是创新、一个是智能。创新在新建会展中心时一定要考虑好。例如,ABAS超级楼控系统平台,老的会展中心是没有这一块的,我们有800多个电表,每天派人去抄电表,成本肯定增加了,这是没有办法的,没有硬件投入只能靠人工,人工能够做精做细,但是提高了成本。但是ABAS超级楼控系统的平台技术现在已经非常成熟了,大家在后台一个大屏幕全都能看到,如电量、水量,如果有浪费,系统会全面地显示。再如合同能源管理,有一些公司给你投入成本、投入硬件,希望你在节约的能源成本里面可以分成,这个非常好。当然如果作为国有企业,原始的数据积累,以及原始数据算下来的能源数量是否科学,或者是否得到大家的认可,在这个基础之上才可以。

还有就是通过智能管理。工程管家每次下一个订单,打一个电话,就可以做到前台和后台完全结合在一起,如30瓦的灯泡马上下单,采购马上去买,这就是智能管理。智能管理可以看到车的数量,车库有多少量。之前我们开ICU(重症加强护理病房)重症大会,网约车9 300辆,这些靠人工统计控制不了出现的状况,或者说预见不到可能出现的状况,当时怎么办?我们把停车场免费40分钟,就损失了几千块。二三线的城市车库的收入是不低的,这也是非常重要的收入来源。

总之,收入要做好"加法"。既要拓宽思路,不断提升传统收入,也要打开视野,深入挖掘会展业新价值,开辟会展业的新蓝海!成本要做好"减法",要通过匠心管理做精做细,更要创新理念,通过信息化手段提高效率!

第一节　会展场馆计划管理

会展场馆的活动不是盲目的，它是由决策来指导的，通过决策形成计划，通过计划又指导具体决策。计划决策是指确定会展场馆的经营方向目标和实现方向目标的途径方法的管理活动。

一、会展场馆计划指标

计划指标就是会展场馆在计划期内用数值来表示的经营、供应、效益等方面要达到的目标和水平，有明确的指标名称、指标数量和规范化的计量单位。根据有关指标的规定和我国会展场馆管理中的实际需要，计划指标主要有以下几个。

1. 出租面积数

出租面积数是表示会展场馆接待能力的最基本指标，是其他各项指标的基础。

2. 出租率和周转率

出租率和周转率是表示会展场馆接待能力利用状况的指标。会展场馆的出租率也称会展场馆利用率，是指单位时间（日、月、年）出租的场地面积数量，会展场馆周转率是全年中场馆被利用的次数。用公式表示，分别是：

会展场馆出租率＝实际出租展馆面积之和/可供出租展馆面积总数×100%

会展场馆周转率＝全年实际出租展馆总面积/可供出租展馆面积

这一组指标的意义在于以下几个方面。

（1）反映场馆工作量的变化。通过对一个特定时期场馆利用率的分析，经营者可以了解在这一时间内场馆的利用情况，并通过将这一情况与其他时间段的利用率进行比较，掌握或预测场馆工作量的变化，作为调配人力、资金、场地安排等经营要素的依据，增强工作的计划性以及各有关部门的协调配合。

（2）反映场馆服务质量的变化。场馆利用率上升或下降可以反映客户（组展商和参展商）对场馆硬件设施以及工作人员服务水平的认可度和满意度。利用率上升也许与市场需求有一定的关系，但持续下降不仅反映市场的需求的变化，同时也提醒经营者，场馆的硬件、软件肯定存在需要解决的问题。

（3）反映市场份额的变化。目前，会展场馆管理中的一个误区是：在场馆举办的展览会次数越多，所占的市场份额就越大。其实，展览业市场容量中最重要的要素是展览会的规模，而不是数量，因此，展览会数量的增减并不能全面和真实地反映市场容量。场馆的利用不以展览会次数而以实际租用面积为计算单位，它能反映市场总体规模，可以作为计算市场容量的主要依据。一个场馆每平方米利用率在一个特定时间内的上升与下降，可以反映该场馆在市场容量中所占的份额以及在行业中的地位。对场地经营者了解自己、了解竞争对手，制定经营战略与战术，十分必要。

3. 接待展会数（或人次）

接待展会数（或人次）是指接待展览或会议的数量（或人次），一个展会不管办多少天都计为一个。

4. 营业收入

营业收入是反映会展场馆经营效果的价值指标，是以货币表现的会展场馆在营业中提供的服务和商品的交换价值的总和。可以用每平方米收入（revenue per available square metre）来测算。每平方米收入，是指在特定的时间内如一天、一个月、一个季度、一年等，场地可供出租的每平方米的平均收益。它的计算公式为

每平方米收入＝已出租或计划出租的每平方米的实际租金

×已出租或计划出租的平方米数

÷可供出租平方米总数

这一指标将场馆经营收入细化到每平方米，它的意义在于以下几点。

（1）反映场地创收能力。场馆最小的计算单位为每平方米。每平方米的台面出租价只表现它的价值，不能反映它的创收能力。因为，在现实中并不是每平方米都处于出租使用状态，只有将出租的总收入均摊到每一最小的计算单位——平方米，才能反映它的创收能力。每平方米创收能力的最大值，理论上应是每平方米的台面出租价，而在实际中是不可能达到的。那么，如何评估场馆的创收能力？笔者认为，应与上述每平方米利用率结合起来。例如，利用率为50％，而出租收入仅是实际出租租价的30％，这一情况说明创收能力是不理想的，问题很可能出在租金降幅过大、场地安排不合理等方面。

（2）反映场馆竞争实力。一个场馆的竞争力可以是它有多少个展馆、在什么位置、有多少专业人才等。这些都是表现形式，而计算这种竞争力大与小的尺度应是每平方米的实际收入以及由此产生的经营效益。竞争实力是场馆经营者将各种资源进行优化配置的能力。通过对这一指标的分析与比较，我们可以对场馆不同时期的经营管理有一个质的了解。通过对不同场馆的这一指标的比较，也能分出它们中间的优劣。

（3）评价场馆经营效益的重要依据。每平方米收入的高低，从一个方面反映场馆经营的效益。当然，评价场馆经营效益不能只看收入，还要计算成本支出。但在展览场馆这个独特的领域里，由于存在一定程度的合理的场馆空置率（国际上有一种说法，利用率达70％就算饱和），场馆每平方米收入越高就越能抵消场馆空置所造成的损失。

5. 利润

利润是考核会展场馆经营活动质量的一个综合性指标，集中反映会展场馆的经济效益。可以用每平方米毛利润率与场馆总毛利润率来衡量。

每平方米毛利润（GOP per revenue of every square metre），或场馆总毛利润（gross operating profit，GOP），是指在某一时间段，通常是一个月、一个季度或一年内每平方米或整个场馆租金收入在扣除运营成本，如人力、水电、推销费、营业税收之后（不包括财务成本，如折旧、利息等）的剩余部分。每平方米毛利润率的计算公式为

每平方米毛利润率＝（每平方米收入－运营总成本÷可供出租平方米总数）

÷每平方米收入

场馆总毛利润率的计算公式为

场馆总毛利润率＝（总收入－总成本）÷总收入

毛利润率是反映场馆经营效益的最直接和最重要的指标。

这一组指标的意义在于以下两个方面。

(1) 反映场馆总的经营管理能力。一个展览中心收入的多少,只能反映它的创收能力,但不能全面反映它总的经营管理能力。收入很高,而年末一算账却没有利润或利润率很低,这种情况说明它的经营管理不完善,存在不少问题。相反,在正常情况下,一个展览中心的利润率能维持在较高的水平,则表示它在场馆的利用、实际租金收入、人力物力的投放等方面都处于最佳状态,达到资源优化配置和合理使用的效果。

(2) 评判成本支出是否合理的依据。任何企业都要追求经济效益,而效益的好坏在于企业投入成本后能否盈利。利润率很低,说明成本支出不合理,企业的资源得不到有效的利用。场馆管理成本主要来自人力、物力的支出。如何控制人力成本,杜绝日常运营工作中物力的浪费现象,维持成本的合理水平,这些都可以通过对利润率的分析以及与其他场馆的利润进行比较找到答案。

6. 顾客回头率

顾客回头率(willingness to return)是指场馆的使用者有无再次使用的意愿与实际行动。场馆的顾客主要分4个组成部分:组展商、参展商、搭建商和观众。目前,顾客回头率是通过顾客满意度的调查结果来结算的,由于他们在接受这种调查时往往带有感情色彩,调查结果是不准确的,经营者应重点放在对顾客的实际行动的调查与分析工作上。例如,去年在你的场馆办了100场展览,而今年减少到80场,其中原因很可能是一些组展商对你的管理水平、设施水平、场地规模不满意。又如去年某一展览在你的场馆举办时,有500个参展商,而今年只有400个,原因可能与组展商的能力和工作质量有关,但也可能是这些参展商对场馆的服务不满意,不愿再来参加在你的场馆举办的展览会。场馆经营者可以通过顾客回头率来检查自己的工作,避免客源流失。顾客回头率是衡量会展场馆服务质量的重要指标之一。

此外,还有一些指标,如营业成本和费用、职工人数、工资总额、劳动生产率、基建改造投资额等,目前场馆经营管理工作中经常使用的一些指标,可以用来成为分析经营情况、指导管理各项工作。

二、会展场馆计划的体系、编制与执行

(一) 会展场馆计划的体系

1. 长期计划

长期计划是较长时间内,有关会展场馆发展方向、规模、设备、人员、经济、技术等方面建设的长远纲领性计划。其主要内容有以下几个方面。

(1) 会展场馆的目标和规模计划。会展场馆未来所要达到的等级、水平、标准、规模、经营方向和内容以及市场预测与各项经济效益指标增长情况。

(2) 会展场馆建设和投资计划。即提出规划期内对固定资产建设的总体规划。

(3) 会展场馆经营管理计划。例如管理体制的改革、组织的调整、新模式、管理人员的配备和业务文化素质的提高、管理手段的更新等。从经营方式上,还可以考虑是集团经

营,还是单独经营等。

(4) 会展场馆人才培训计划。即对管理人员和服务人员来源及素质要求的规划。

2. 年度综合计划

(1) 会展场馆年度接待总计划,包括年度基本目标、管理方针等。

(2) 会展场馆部门计划,如市场营销计划,包括营销目标和方针、营销组织、目标市场、市场形象等。

(3) 会展场馆接待业务计划,是年度综合计划进一步地具体化和补充,分为月计划和重大任务接待计划等。

(二) 会展场馆计划的编制

1. 会展场馆计划编制依据

编制计划一般依据环境、市场状况、经济合同签订情况、场馆自身的规模、管理水平和技术水平等因素。

2. 编制原则

一般按照科学性、实际性、灵活性的原则编制。

3. 编制步骤

会展场馆计划编制步骤分为环境分析、确定计划目标、方案的比较和选择、综合平衡4个步骤。

4. 编制方法

固定增长法:在上一期基础上,按照固定的比例进行增长的一种简单的计划方法。

滚动计划法:场馆实行全面计划管理,编制灵活的有弹性的计划的一种方法,考虑了市场灵活性和环境多变性,这是一种动态的计划编制方法,是在每次编制计划时,将计划期按时间顺序向前推进一个计划期,即"滚动一次",而不是等全部计划执行后,再重新编制下一期的计划。如图 4-1 所示,2005 年编制 2006—2010 年计划,2006 年根据实际完成情况对后 5 年计划进行修正。

图 4-1 滚动计划法示意图

计划修正因素可以考虑:差异分析、客观条件变化、经营方向调整。此法也可用于中短期计划编制,其特点就是:①能较好发挥市场调节作用;②执行计划同时进行下一期的预测,有更强预见性;③计划具有连续性,本期计划既是上期计划的延续,又是下期计划的基础。

例如,2005年某场馆编制的5年销售计划如表4-1所示。

表4-1　某场馆5年销售计划　　　　　　　　　　　　　　　　万元

年度	2006	2007	2008	2009	2010
销售额	3 142.52	3 610.75	4 148.75	4 766.92	5 477.19

而2006年实际完成3 782.50万元;超额的差异达639.98万元,这是由于新建场馆所致。这时编制2007年计划时,要以3 782.50万元做基期水平。如果增速不变,下限为14.9%、上限为18.0%,则2007年销售额下限为4 336.09万元,作为确保目标,而上限为4 463.36万元,作为力争目标。

（三）会展场馆计划的执行

会展场馆计划的执行是计划管理的重要环节,一般要做如下四个方面的工作:①建立以总经理为首的业务指挥系统;②建立健全的经济责任制;③建立检查考核制度;④调动员工积极性。

运用目标管理(MBO)是会展场馆计划执行中比较行之有效的管理手段。目标管理是现代西方管理中两张王牌之一,包括设立目标、过程管理、效果考评3个方面。其优点在于:①人们得事先制订计划;②便于上下级意见一致;③承认个体差异,允许分设目标;④下级参与目标设置,企业职工利益便于统一;⑤注重过程管理。

会展场馆计划控制要做3方面工作:①明确分段标准,②检查执行结果,③计划的校正和修订。加强对执行计划过程中的所需时间和所需资源加以控制,使得计划能在最短时间、最少资源内得以完成。

第二节　会展场馆财务管理

财务管理是对企业资金运动全过程进行决策、计划和控制的一系列活动,是一项综合性的管理工作。会展场馆财务管理为会展场馆企业活动的开展筹集必需的资金,并通过价值形式对运营进程中的各个方面和环节进行计划与控制,实现资源的优化配置,促进场馆管理的顺利进行和投资效益的不断提高。

一、会展场馆财务管理的对象

财务管理的对象是企业的资金运动。所谓资金,就是社会再生产过程中财产物资价值的货币表现。这些财产物资价值,既包括有形资产的价值,也包含无形资产的价值,如专利权、非专利技术、土地使用权和商誉等。资金形态在货币资金与非货币资金之间周而复始地循环就是资金运动,主要包括资金的筹集、投入、耗费、回收和分配等环节。

会展场馆的资金运动主要包括资金的筹集、耗费和回收 3 个环节,其中资金的筹集和回收是会展场馆的现金流入,而资金的耗费则是会展场馆的现金流出。

(一)资金的筹集

资金的筹集又称筹资,是会展场馆资金运动的起点,一般情况下,会展场馆日常资金主要通过场馆自身的经营积累来解决;而重大会展场馆由于资金需求巨大,还需要通过政府和企业资助、银行借款等多种方式筹措资金。

(二)资金的耗费

资金的耗费是指会展场馆的成本费用支出,是运营过程中耗费的活劳动和物化劳动的货币表现。会展的支出项目包括市场开发费、会展营销费、展览布置费、通信费和人员工资与津贴等。

(三)资金的回收

资金的回收是指会展场馆提供产品和劳务后,以主营业务收入或其他业务收入形式收回的资金,是会展场馆利润的主要来源。资金回收的数量通常大于资金耗费的数量,两者的差额即为项目的总收益,包括税金、利息和净利润等。会展场馆的收入项目主要包括场地租金收入、门票收入、赞助收入、设备出租收入以及提供劳务收入等。

总之,资金运动是会展场馆运营活动的价值体现。财务管理就是对会展场馆资金运动的全过程进行决策、计划和控制的一系列活动,其实质就是运用价值形式对会展场馆的运营活动实行综合性的管理。

二、会展场馆财务管理的主要内容

与财务管理的对象相联系,会展场馆财务管理的主要内容包括筹资管理、营运资金管理、成本费用管理和利润管理等方面。

(一)筹资管理

会展场馆的筹资,是指场馆投资者根据会展场馆的需要经济有效地筹措和集中资金的活动。按产权关系,资金分为自有资金和借入资金两种形式。

筹资决策是筹资管理的核心,所要解决的问题是如何经济有效地取得会展场馆所需要的资金,包括筹资渠道、筹资方式、筹资风险和筹资成本等问题,要求选择最合适的筹资方式,并在风险和成本之间权衡得失,使筹资风险和筹资成本相匹配,确定最佳的资本结构。筹资管理应遵循以下原则。

(1)科学预测资金需要量,确定适宜的筹资规模。

(2)正确处理资金成本和财务风险的相互关系,把成本和风险控制在安全范围之内。

(3)考虑资金的时间价值,合理安排资金到位时间,既要避免资金闲置,又要防止资金滞后。

(二)营运资金管理

会展场馆的营运资金是指在会展场馆进行过程中快速周转的资金。营运资金有广义和狭义之分。广义的营运资金又称毛营运资金,是指占用在流动资产上的资金;狭义的营运资金又称净营运资金,是指流动资产减去流动负债后的余额。通常,营运资金的管理既包括流动资产的管理,又包括流动负债的管理。

营运资金在会展场馆的全部资金中占有相当大的比重,而且周转速度快、形态易变,所以是财务管理工作中的一项重要内容。会展场馆的营运资金管理要遵循以下原则。

(1)根据会展场馆的规模和成本费用,确定营运资金需求量。

(2)在保证场馆顺利运营需要的前提下,节约使用资金。

(3)加速营运资金周转,提高资金利用效率。

(4)合理安排流动资金和流动负债的比例关系,降低偿债风险。

(三)成本费用管理

控制成本费用是实现目标利润的重要手段。会展场馆的成本费用管理,是指场馆管理者为保证场馆目标的实现而制定成本预算,并对场馆管理实施过程中发生的成本费用进行检查、监督和控制,努力将实际成本控制在预算范围内的管理过程。

会展场馆的成本费用管理包括编制成本计划、审核成本支出、分析成本变化、研究降低成本的途径和采取成本控制措施5方面内容。场馆的成本费用管理应遵循以下原则。

(1)全面性原则,即对成本产生的全过程、实施的所有成员进行管理。在加强专业成本费用管理的基础上,要求每个成员都按照成本目标实行成本控制。

(2)效益原则,即正确处理成本、服务质量和服务价格三者之间的关系,在保证服务质量的前提下,合理控制成本,努力提高经济效益。

(3)例外管理原则,即对不正常的或不符合常规的关键性成本差异进行详尽分析,查明发生的原因,及时反馈给有关责任中心,使之迅速采取有效措施,消除这些差异。

(四)利润管理

利润是指会展项目的经营净成果,是会展场馆的收入减去成本费用后的余额。会展场馆的利润管理主要包括利润规划和利润控制等方面的内容。在场馆建设前,管理者应通过合理的利润规划制定出最优的目标利润。通过最优目标利润的制定,一方面明确财务目标,使会展的全部财务工作围绕目标利润展开;另一方面可以为最终的场馆经营绩效考核提供标准。在场馆经营过程中,要对影响目标利润的各项因素进行控制,同时采取各种措施增加利润,以保证目标利润的实现。

会展场馆的利润管理应遵循以下原则。

(1)科学预测、合理规划,即在规划目标利润的时候,要综合分析和预测会展场馆的规模、各项成本和价格定位等因素对目标利润的影响,合理地制定目标利润。

(2)开源节流、讲求实效,采取各项措施增收节支,提高经济效益。

(3) 遵守国家各项财经法规,依法纳税。

三、会展场馆财务管理的目标

会展场馆的财务管理目标必须与场馆的总体目标相一致。场馆的总体目标不同,场馆的财务管理目标也就不同。

(一) 以利润最大化为目标

利润是会展场馆经营净成果的货币表现。按现代管理科学的观点,利润最大化财务目标是指在满足投资者必要报酬率的前提下,争取尽可能多的税后利润。这个目标,包含了对盈利的相对水平和绝对水平两方面的要求。

以利润最大化作为场馆财务管理的目标,具有以下积极意义和优点。

(1) 有利于扩大服务产品的销售,拓宽场馆收入渠道。利润是场馆收入扣除成本支出后的净额。要增加利润,首先必须增加主营业务收入,这就促使场馆组织努力做好以下工作:①提高服务产品的质量,吸引更多的展览会,增强对观众的吸引力,扩大观众的观展(参会)规模;②开发新的服务产品,丰富会展内容,培养新的利润增长点;③改进营销策略,争取更多的新老客户。

(2) 有利于加强经济核算,降低成本费用支出。在收入既定的条件下,降低成本费用支出将直接导致利润的增加。这就要求场馆经营者在各个环节实施全员、全过程的成本管理,努力控制各项成本费用,控制资金占用,提高资金使用效益。

(3) 有利于调动员工积极性。通常情况下,场馆成员的收入与盈利情况紧密相关。明确利润最大化目标,把员工的物质利益与场馆经营成果结合起来,能够使全体成员目标明确,行动一致,更好地发挥主观能动性。当然,物质激励也有其局限性,可能导致短期行动倾向的产生。在强调物质激励的同时,还应采取其他激励措施,以避免短期行为倾向带来的负面影响。

(4) 具有很强的可操作性。把利润最大化作为目标,指标明确、实在,具有很强的可操作性。这种可操作性主要体现在以下几个方面。①利润指标在时间上、空间上可分解。从时间上看,可以按季、月、日等时间单位分解;从空间上看,可以按部门、人员等单位进行分解。②利润指标在实施措施上可落实。场馆经营者可以从市场开发、服务产品开发、成本控制等各个方面落实利润计划。③利润指标在经营成果上可考核。一方面,场馆经营者可以按季、月、日对目标利润的完成情况进行考核、分析,及时发现问题,采取对策,保证利润目标的实现;另一方面,场馆经营者可以对每个小组成员或部门的业绩进行考核,有利于提高各个成员或部门的工作绩效。

如前所述,利润最大化目标也存在缺点,主要是可能使会展场馆的财务活动带有短期行为倾向,即只考虑实现短期的最大利润而降低服务质量,从而对会展场馆声誉的长远发展造成不良影响。

因此,对于选择了利润最大化目标的会展场馆而言,必须立足于培育可持续发展的盈利能力,即正确处理当前利润和长远利润的辩证关系,把保证服务质量、提高社会效益放在首位,在满足社会效益的前提下争取利润最大化,并且由此塑造会展场馆的良好形象,提高企业的市场竞争力。

(二) 以外部效益最大化为目标

有些会展项目,如宣讲会、产品推介会等,是生产经营企业整个经营过程中的一项营销活动。这类会展项目的开展不是为了盈利,而是为了扩大公司声誉,加强公司与客户的联系或者进行市场调研等。这些会展项目,更注重的是外部效益。

会展场馆的外部效益,是指通过会展项目的实施对企业未来经营环境的改善程度,包括市场资料的获取、企业商誉的提升、未来产品销量的增加、潜在客户的增加等内容。外部效益最大化目标,就是通过开展会展项目最大限度地改善场馆经营的外部环境,即获得最为翔实可靠的市场资料、最大限度地提升产品和企业自身的声誉、最大限度地增加未来客户等。

外部效益最大化目标有以下突出优点:①注重长远收益,有效克服员工的短期行为倾向;②有效提升会展场馆知名度和美誉度,为企业未来的发展提供市场基础;③有利于增加新客户,拓宽销售网络,扩大未来产品的销售量。

但是,外部效益最大化也存在着很多不足,主要表现在以下几个方面。①经营绩效的滞后性、模糊性。经营成果只有在未来才能得到反映,而面对市场竞争,会展场馆的经营环境是不断变化的,很难对经营效果作出准确评价。②绩效的测量方式(如问卷调查)具有主观性,尤其是对商誉提升程度的评估,更是依赖于市场调查或高层管理者的主观感受,缺乏客观性。

第三节 会展场馆预算管理

预算,就是用数字、特别是用财务数字的形式来描述企业未来的活动计划。预算内容一般包括收入预算、支出预算、筹资预算、现金预算、资金支出预算等。预算控制就是根据预算规定的收入和支出标准来检查与监督各个部门的生产经营活动。

通过预算,使企业的经营活动具有可比较性;为协调企业活动提供了依据;预算编制和执行与控制相联系;为企业各项活动确立财务标准;数字形式的标准,方便绩效衡量,客观可靠;为纠正偏差奠定基础。

当然预算也存在着一定的局限性,如对不能用数量衡量的企业文化、企业形象的指标重视不够;编制预算过多依赖上期,从而忽视本期的实际需要;外部环境的不断变化有时会使得预算不合时宜;预算对部门产生制约作用会使得管理者过于谨小慎微。这些是我们在使用预算过程中要加以注意的。

一、会展场馆的收入预算

会展场馆的收入预算主要从主营业务收入、政府资助收入和资源开发收入 3 个方面进行。一般情况下,市场化运作的商业会展场馆多以主营业务收入和资源开发收入为主。

(一) 主营业务收入的预算

会展场馆的主营业务收入的来源是场地出租,是组展商租用会展场地和设施所支付的租金。

一般情况下,主营业务收入是商业会展场馆最主要的收入来源。编制这部分收入预算时,应充分考虑到市场因素对价格的影响,以保证预算的准确性和可靠性。

(二) 资源开发收入的预算

资源开发收入是项目组织除了主营业务收入外,充分利用会展活动的各项有形资源或无形资源为项目的各方参与者提供其他服务获得的收入,主要包括以下几个方面。

1. 门票收入(入场费)

如果一项展览具有相当的知名度和美誉度,能够吸引很多观众前往参观,主办机构就可以对入场的观众进行收费,这样不仅能够提高服务质量,还可以保证观众的专业性,提高展会的运营效率。对于一些高质量的专业展览会,门票收入也是其重要的收入来源之一。当然门票收入一般是主办方的收入,场馆方有自办展的时候,也构成了展馆的收入。

2. 广告赞助收入

广告赞助收入是会展项目最为重要的资源开发收入项目之一,它是指项目组织者为企业提供冠名权、会刊、气球、彩旗等宣传载体,以广告的形式为企业进行宣传所获得的收入。赞助的形式多样,既可以是直接的现金支付,也可以是非现金的服务或产品。

目前任何会展项目的开展和正常运营都离不开工商业企业的赞助。从形式上看,赞助是工商业企业对会展项目的无偿捐赠,实质上赞助商进行赞助的目的是通过会展项目来提高品牌知名度,宣传企业形象,推广产品,扩大市场影响,在企业未来的经营活动中获得更多回报,因此赞助是工商业企业的一种投资。在对广告赞助收入进行预算时,应充分考虑项目能够为赞助商带来怎样的商业回报,以合理估算可能获得的赞助收入。

会展场馆也是可以获得这一部分收入的,甚至有一些场馆可以拍卖冠名权以获得收入。

3. 其他服务收入

这部分收入主要是指项目运营期间,场馆因各方参与者使用各种设施、接受服务而获得的收入,如设备租赁收入、储藏室收费、搭建费、拆卸费、能源使用费、参展、餐饮收入、纪念品收入等。

由于接受服务的参展(与会)人员数量不确定,这部分收入的预算具有很大的不确定性,应根据以往的数据和目前的市场状况设定一定的浮动区间,合理确定收入金额。

4. 利息收入

该收入是指组织者提前支付给场馆方的租金或押金在预算期内的利息收入。如果会展持续期间很长,规模较大,这部分收入也相当可观。在对这部分收入进行预算时,应充分考虑到款项的收付时间和到账率,并据此确定收入金额。

二、会展场馆的支出预算

会展场馆的支出预算主要从水电及其配套设施费用、宣传促销费用以及行政后勤费用等方面进行。

(一) 水电及其配套设施费用

场地和设施设备的费用数额巨大,是会展项目最主要的支出项目,很多是以折旧的形式进行分摊的。水电费用则是随着展览规模形成的可变费用。

(二) 宣传促销费用

该项费用主要是指场馆组织对外宣传吸引展览公司和PCO等来场馆办展办会的费用,也包括向公众进行形象宣传的费用,主要包括印刷、通信、邮寄、宣传广告、公共关系、编印资料、录像和差旅费等内容。

(三) 行政后勤费用

这部分费用的直接开支项目,包括人员的交通、膳食、住宿、长期职工补贴、人员培训、人员制服、临时雇员的工资等内容;间接开支项目主要是指正式筹备人员和展台人员的工资。间接开支是会展场馆的经常性开支,从管理的角度来看,为了评价会展的工作效率和效益,必须计算这些正式人员的开支。

成熟的会展场馆的支出预算可以在历史数据的基础上进行,预算的准确度相对较高。

三、会展场馆的筹资预算

会展场馆的资金可以通过多种渠道来筹集,不同来源资金的可使用时间的长短、附加条款的限制和资金成本的大小都不相同,这就要求场馆经营者在筹资时不仅要从数量上、时间上满足生产经营的需要,而且要考虑资金成本的高低与财务风险的大小,以便选择最佳的筹资组合,实现财务管理的整体目标。

会展场馆初始资金的筹集方式主要有自有资金筹资和借入资金筹资两种。

(一) 自有资金筹资

对于一个会展项目而言,自有资金是指项目主办机构自行拨付的款项,即拨款收入。拨款可以采用现金、实物资产等形式。

1. 现金

现金拨款是主办机构对项目进行投资的主要形式,它可以直接用于购买项目所需的材料、设备等,也可以直接用于支付租金、宣传费及人员培训费等开支,具有很大的灵活性和自主性。

2. 实物资产

除了现金外,主办机构还可以为项目组织者提供场馆、设备、材料等实物资产,这些实物资产可以直接增加项目提供服务的能力。在预算过程中,财务人员必须对主办机构提供的耗费性实物资产(如纸张、油墨、木材等)进行估价,并根据市场租金确定主办机构提供的非耗费性实物资产(如场馆)的成本,将这些成本纳入统一预算。

（二）借入资金筹资

借入资金又称项目的债务资金、负债,按资金可用时间分为短期负债和长期负债。其中,短期负债包括短期借款、融资券、应付账款、预收账款和其他短期应付款等;长期负债主要包括长期借款、企业债券、融资租赁和其他长期应付款,是大型会展项目的重要筹资方式之一。

1. 短期负债筹资

短期负债可以解决会展场馆对资金的临时性需要。主办机构对项目进行短期负债筹资的主要渠道有银行短期借款和企业间的商业信用等。项目组织者向银行借入短期借款时,银行一般会附加一些信用条件,如补偿性余额条件和担保条件等,同时要支付利息,因此借款成本相对较高。商业信用产生于企业之间的日常交易,是在交易中由于延期付款或预收账款而形成的企业间的借贷关系。和短期借款相比,商业信用程序简单、成本低,在会展项目中得到较为广泛的应用。

2. 长期负债筹资

长期负债主要用于大型会展项目的筹资,这些项目的资金需求量巨大且资金占用时间长,单靠自有资金和短期负债难以满足其长期运营的需要。通过长期负债筹得的资金一般用于项目基础设施的建设和购置其他固定资产,其筹资的渠道主要有银行长期借款、发行公司债券和融资租赁等。

长期借款是指项目组织向银行或非银行金融机构借入的使用期超过1年的借款。长期借款筹资速度快,借款弹性较大,但是由于其借款期限长、数额大、利率高,相比短期负债而言,存在较大的财务负担。另外,为了规避借款风险,银行通常会在借款合同中增加保护性条款,如限制资本支出规模、定期提交财务报告、贷款专款专用等,这在一定程度上限制了项目运营的机动性。

债券是债务人为筹集债务资本而发行的、约定在一定期限内向债权人还本付息的有价证券。发行债券能够筹得大量资金,但是我国《公司法》对债券人的发行资格以及债券发行的条件都有严格的规定,再加上发行债券的程序烦琐,限制条件多,这种筹资方式不适用于一般企业主办的大型会展项目。

融资租赁是一种以融通资金为主要目的的租赁方式,通常由租赁公司按照承租人的要求购买设备,并在契约或合同规定的较长时间内提供给承租方使用的信用性业务。通过融资租赁,项目组织者能够迅速获得所需的资产,避免设备陈旧过时的风险,但是,融资租赁的租金要远远高于借款利息,较高的资本成本为项目运营带来较大的财务风险。

总体而言,财务人员应根据项目的性质和规模并结合主办机构的实际情况来进行筹资预算,考虑筹资方式的选择对筹资额和资金成本的影响,综合利用多种筹资方式,尽可能以较低的成本和风险获取所需资金。

第四节　会展场馆利润管理

利润是项目在一定时期内全部经营活动的净成果,是全部收入与成本费用相抵后的净额。会展场馆在一定时期内通过努力应当达到的利润水平,称为会展场馆的目标利润。

一、会展场馆利润管理的内容和作用

利润是项目正常运营的基础,是评价场馆经济效益的重要标准。从一般意义上说,企业利润管理包括利润规划、利润控制和利润分配3部分工作。会展场馆利润管理,是场馆管理者制定目标利润,并以目标利润为标准,对项目资金运动全过程进行决策、计划和控制,保证财务目标实现的一系列活动。

(一)会展场馆利润管理的内容

会展场馆的利润管理主要包括利润规划和利润控制两部分。在会展场馆正式开展前,管理者应通过科学的收支预测,规划并制定出项目的最优目标利润,作为场馆的财务管理目标。

在场馆的运营过程中,全部财务管理工作都要围绕目标利润展开,应对影响目标利润的各项因素进行检查、监督和控制,并采取各种措施增收节支,提高利润,保证目标利润的实现。

(二)会展场馆利润管理的作用

利润管理是场馆财务管理的重要组成部分,对场馆的正常、高效运营和会展企业的发展壮大起着重要的促进作用。利润管理的具体作用体现在以下几个方面。

1. 指导作用

会展场馆的资金运动在时间上包括诸多环节,在空间上包括诸多方面。目标利润为会展场馆的全部资金运动提供了一个明确方向,使场馆的财务管理工作按照既定目标有计划、有步骤地进行,在保证场馆取得良好社会效益的前提下,合理筹集资金,高效使用资金,使有限的资金取得尽可能大的经济效益。

2. 激励作用

明确的目标是调动各方积极性的重要条件。与其他各项指标相比较,利润指标和企业发展与员工利益的关系最为密切。目标利润体现了会展企业和全体员工的共同利益,有利于调动各个部门和每个员工的积极性与创造精神,使整个团队步调一致,群策群力,努力拓宽收入渠道,有效降低成本,千方百计做好会展项目的各方面工作。

3. 考核作用

利润是企业经营管理水平和经济效益的综合体现。以目标利润作为财务管理目标,提供了检查和考核项目工作质量与经济效益的一项重要标准。在会展场馆的进行过程中,可以根据财务预算的实施进度,随时检查和控制各项收支情况;结束之后,可以根据目

标利润的实现程度,客观考核和全面评价场馆的工作质量与经济效益情况,并总结经验,查找不足,为今后更好开展经营创造条件。

4．发展作用

利润是会展企业发展壮大的经济基础。会展企业作为一个市场主体,是以盈利为目的的经济组织。会展企业维持生存和发展壮大的唯一途径,就是成功举办各个会展项目并取得利润。通过有效的利润管理,会展企业可以不断积累资金,并树立一个高效、成功企业的良好形象,为今后的发展创造良好条件。同时,利润增加了国家税收,也有利于国民经济的发展。

二、会展场馆的利润规划

利润规划是在一定的条件下,通过对未来销售水平、成本水平的合理预测确定目标利润的过程。利润规划是现代科学管理方法之一,项目组织者应当在分析市场需求状况、自身提供服务或产品的能力以及其他辅助产品的供应状况等具体条件的基础上,通过对项目的规模、定价、成本和风险等情况进行分析和测算,合理地制定出目标利润。

进行目标利润规划的主要方法是本量利分析法。这种方法以研究成本对业务量的依存关系为基础,研究成本、业务量和利润三者之间的相互关系,也称成本性态研究,是目标利润管理的基本方法。

成本性态是根据成本对业务量之间的依存关系而作出的一种成本分类。根据成本性态不同,可以将成本分为固定成本、变动成本和半变动成本。

1．固定成本

固定成本是指在一定的产销量(业务量)范围内,其发生总额不随产销量(业务量)的变动而变动,而是保持相对稳定的那些成本费用支出。固定成本总额在一定时期内保持不变,因此随着产销量(业务量)的增加,单位产销量(业务量)所分摊的固定成本将减少。

会展场馆的固定成本是指在展览项目的既定规模内,不随展览会数量、参展商和观众人数的变化而变化的那些成本费用支出,如人员工资、宣传广告费、保险费、通信费、固定资产折旧和财产税金等项目。

值得注意的是,固定成本是和一定时期与一定产销量(业务量)相联系的。从长期来看,所有的成本都是变化的,没有绝对不变的成本。当产销量(业务量)超过项目预定的规模时,企业就必须增加必要的设备和人员,固定成本总额也随之增加。

2．变动成本

变动成本是指在一定的产销量(业务量)范围内,其发生总额随产销量(业务量)的变动成正比例变动的那些成本费用支出,包括直接材料、直接人工、流转税金和佣金等项目。与固定成本不同,变动成本总额随产销量(业务量)的变动成正比例变动,而单位产销量(业务量)所支出的变动成本则保持不变。

会展项目的变动成本是指在展览项目的既定规模内,随展览会数量、参展商和观众人数的变化成正比例变化的那些成本费用支出,如注册工本费、资料费、招待费、礼品费、交流研讨会费用和营业税金等。

3. 半变动成本

半变动成本是指在一定的产销量(业务量)范围内,其发生总额随产销量(业务量)的变动而变动,但不成正比例变动的那些成本费用支出,管理费用和销售费用中的很多项目都属于半变动成本。半变动成本可以按一定的方法分解为固定成本和变动成本两部分。会展场馆的半变动成本一般包括交通费、劳务费等。

会展场馆涉及的费用科目众多,不同费用在不同会展项目中的性态也有所不同。在进行目标利润规划时,应充分注意到会展项目的性质和内容对成本分类的影响,以便合理确定目标利润。

三、会展场馆的利润控制

目标利润的制定建立在对未来销售和成本预测的基础之上,其依据是历史数据和市场预期,具有不确定性。因此目标利润制定后,在项目运营过程中,要对影响目标利润的各项因素进行控制。项目组织者的计划、技术、营销和财务等各部门应通力合作,采取各项措施,增加项目利润,保证目标利润的实现。

管理者进行利润控制的措施主要有以下几个方面。

1. 确保服务质量

产品质量是企业信誉的基础,是企业生存和发展的保证,对于主要提供服务产品的会展场馆也不例外。服务产品的质量直接关系到项目的成败,管理者应将质量管理纳入项目的战略管理过程,根据市场的变化制定质量战略,包括制定质量方针、质量目标和质量规划等。在制定质量战略的基础上,还应建立和实施质量保证体系,采用科学的方法和先进的管理手段,保证各项活动有组织、有计划、高效率地开展。

良好的服务质量将会大大提高项目的知名度,扩大市场影响,有助于目标利润的实现。更为重要的是,良好的市场评价会为今后项目的开展奠定信誉基础,增强项目和会展企业的长期影响力。

2. 拓宽收入渠道

拓宽收入渠道主要从两方面入手。

(1) 开发新的服务产品。开发适销对路的新产品,是扩大场馆影响和提高收入的重要途径,是实现目标利润的重要手段。建立高效的新产品开发系统,认真策划和实施新产品的开发计划,并根据市场情况和环境的变化,对新产品的开发作出调整。

(2) 吸引更多企业对项目进行赞助或捐赠。赞助是一种商业行为,赞助商要求获得商业回报,如提高知名度、推广产品、扩大市场影响等。管理者应充分挖掘项目潜力,为这些企业带来商业回报,争取更多的赞助或捐赠。

3. 改进营销策略

营销策略是影响利润的一个重要因素,主要包括4个方面的内容:商品策略、定价策略、分销渠道策略和促销策略。管理者应根据会展的目的,制定正确的商品策略;在此基础上,根据服务产品的性质和受众范围,确定合理的定价策略;同时,选择适当的销售渠道,加强广告宣传,采用多种促销方式,运用定点销售、人员销售以及公关营销等手段扩大市场影响力,以提高营业收入和利润,保证目标利润的实现。

4. 控制成本费用

根据成本性态的不同,场馆的成本控制可分为变动成本控制和固定成本控制。

变动成本的控制可以从以下几方面进行:①加强材料管理,改进材料的采购、收发、验收、挑选、分级等一系列工作,保证材料的质量;②提高材料利用率,节约材料消耗;③提高设备的利用率,充分发挥现有设备的能力;④提高服务能力,减少差错的发生,降低运营过程中的修正费用。

固定成本控制可以从以下几方面进行:①对营业费用、管理费用和财务费用中属于固定成本的部分,编制相应的预算,并随时反映和监督各项费用预算的执行情况;②审核费用支出是否符合开支范围和开支标准;③建立费用的审批制度,严格规定各种费用的审批单位和审批权限。

5. 优化资本结构

合理确定场馆资金来源中自有资金和负债之间的比例关系。在盈利状况较好、现金流量比较充足的情况下,可以适当地提高负债比例,以降低资金成本,充分发挥财务杠杆的作用,增加利润。

6. 增加和改善现金流量

现金流量的增加和改善可以减少项目的资金占用与利息支出,有助于目标利润的实现。一方面,通过编制合理的资金预算,控制现金的流出,保证场馆日常运营的资金需要;另一方面,通过控制应收应付款项数量,合理安排收付款的时间,增加场馆的现金流入。

7. 优化资源配置

对运营过程进行实时监督,盘活场馆中闲置或利用率低下的资产,使资本从低收益领域流向高收益领域,完善和调整现有经营结构,提高资产组合的质量和运用效率,优化资源配置,增加项目利润。

四、会展场馆的经济效益分析

会展场馆的经济效益分析,是指根据场馆运营过程中发生的财务数据和相关资料,运用科学的方法和指标,对场馆的财务状况和经济效益作出分析与评价的工作。常用指标有以下几个。

(一)营业利润率

营业利润率是指运营期限内的税前利润与营业收入之间的比值。其计算公式如下。

$$营业利润率 = \frac{税前利润}{营业收入} \times 100\%$$

其中,税前利润是指项目各项经营活动收入扣除成本费用和销售税金后的余额。

该指标的经济意义在于反映会展场馆所有经营活动的综合收益水平,即每单位营业收入能够创造多少税前利润。营业利润率能够比较全面地反映场馆的经济效益情况。这是因为,该指标不仅反映了营业收入与其直接相关的成本费用之间的关系,还将期间费用纳入支出项目从收入中扣减,更直接地反映了场馆整体的经济效益。

在公式中,税前利润与营业利润率成正比关系,营业收入额与营业利润率成反比关系。项目营业收入的增加,也会引起营业成本和各项期间费用的增加,只有最终获得更多的税前利润,才能使该比率保持不变或有所提高。该比率越高,项目通过扩大会展规模获取收益的能力越强。通过分析该指标的升降变动,可以促使场馆组织在扩大运营规模的同时,注意改进经营管理,控制成本费用支出,提高经济效益。

需要指出的是,上述方法计算出来的利润率指标,有时不能准确地反映场馆运营活动本身的经济效益,因为该指标不仅受到运营活动本身的影响,还要受到场馆筹资决策的影响。为了真实反映项目运营活动本身的经济效益,在计算时应剔除筹资决策对运营活动经济效益的影响,可将公式改为

$$营业利润率 = \frac{息税前利润}{营业收入净额} \times 100\%$$

式中,息税前利润是指税前利润与利息净支出之和。

(二)成本费用利润率

成本费用利润率是指运营期限内的税前利润与成本费用总额的比率,其计算公式如下。

$$成本费用利润率 = \frac{税前利润}{成本费用总额} \times 100\%$$

其中,成本费用总额是指营业成本与营业费用、管理费用、财务费用这3项期间费用的总和。

该指标的经济意义在于反映场馆成本费用支出的收益水平,揭示场馆耗费的创利能力,即每单位综合性耗费能创造多少税前利润。这一比率越高,说明项目为获取一定收益而付出的代价越小,经济效益越好。

成本费用利润率从资源耗费角度说明场馆的获利情况,有利于促进场馆管理者加强内部成本控制,降低成本费用,评价场馆组织对成本费用总额的控制能力和管理水平。为了排除资本结构对指标的影响,也可考虑在公式中用息税前利润替代税前利润。

(三)总资产报酬率

总资产报酬率是指场馆运营期限内的息税前利润与场馆平均总资产的比值,其计算公式如下。

$$总资产报酬率 = \frac{息税前利润}{平均总资产} \times 100\%$$

其中,息税前利润是指税前利润与利息净支出之和;平均总资产是指期初和期末的总资产的平均值。

该指标的经济意义在于反映场馆总资产的使用效益,即每单位总资产的占用所能获取的息税前利润。指标值越高,场馆总资产的整体经济效益越好。

总资产报酬率从投入和产出方面评价了场馆全部资产的运营效益。

总资产报酬率指标的最大优点,是评价场馆经济效益时不受场馆资本结构的影响。

（四）净资产收益率

净资产收益率是指场馆运营期限内的净利润与平均净资产的比值，其计算公式如下。

$$净资产收益率 = \frac{净利润}{平均净资产} \times 100\%$$

其中，净利润是指场馆取得的税后利润；净资产是指场馆投入的自有资金，也即总资产减负债后的余额；平均净资产是指场馆开展初的净资产与项目结束时的净资产的平均值。

该指标的经济意义在于反映场馆净资产（自有资金）的使用效益，即每单位净资产的占用创造多少净利润。该比率越高，说明场馆的经济效益越好。该指标反映场馆自有资金的投入产出比率和保值增值情况，用于评价场馆组织的综合经营管理水平。

净资产收益率是多种因素综合作用的结果，是一个核心的、综合性的财务比率指标。

（五）投资回收期

投资回收期是指用场馆营业净现金流量收回初始投资所需要的时间，其计算公式如下。

$$投资回收期 = \frac{累计净现金流量}{转为正值时的年份数} = \frac{至该年累计净现金流量}{该年营业净现金流量}$$

该指标能够反映场馆投资的前期效益和风险程度。投资回收期越短，说明项目前期的现金流入越大，前期的经济效益也越好，场馆投资的风险程度就越小；反之，表明场馆前期的现金流入较少，场馆投资的风险较大。当投资回收期小于或等于基准投资回收期时，投资项目可行。

该指标能够促使会展场馆尽快收回投资，对于一些高风险的会展场馆，运用投资回收期进行经济效益分析具有重要意义。但是投资回收期只考虑项目前期的经济效益，没有考虑投资回收后剩余寿命期内的经济效益情况，因此，不能准确反映整个场馆寿命周期内的经济效益情况。

以上各项指标分别从不同角度和层面反映会展场馆的经济效益状况，各有优点和缺点，因此必须结合使用，才能对会展场馆的经济效益作出全面、客观的评价。

本章小结

本章主要介绍了会展场馆的计划和财务管理，会展场馆计划有它的独特性，计划指标体系、计划体系都是计划编制和执行的基础，会展场馆财务管理，特别是预算管理、利润管理是体现现代经济组织管理的重要内容。

复习思考题

1. 会展场馆计划指标有哪些？
2. 如何计算场馆出租率？

3. 会展场馆财务管理的对象和主要内容是什么?
4. 如何为会展场馆进行收入预算、支出预算和筹资预算?
5. 怎样对会展场馆进行利润控制?

引申案例

拉斯维加斯场馆何以高效益运营?[①]

对于许多人来说,提到美国的拉斯维加斯,大概最鲜明的印象就是那里赌客云集、纸醉金迷,是不折不扣的世界赌城。对于在拉斯维加斯办展、参展的业内人士而言,拉斯维加斯却是全球会展业的黄金之地,拉斯维加斯电子消费品展、汽配展、春秋季服装博览会、春秋季消费品礼品展等已经成为全球知名的品牌展会。

拉斯维加斯会展场地面积总计约 90 万平方米,位列全美第三位,但经济效益排名全美第一。拉斯维加斯的沙地会展中心、拉斯维加斯会议中心和曼德勒海湾会议中心名列全美十大会展中心,展览面积分别为 20.2 万平方米、18 万平方米和 13.5 万平方米。拉斯维加斯已连续 22 年被列为北美第一大贸易会展目的地,200 强会展中有 44 个在拉斯维加斯举行,堪称全球闻名的会展之都。

拉斯维加斯每年举办各类会展 2.2 万多次,大型会展 600 个,吸引访客 600 万人次(官方数据常住人口只有 60 万),经济收入超过 80 亿美元,解决直接就业人数逾 4.6 万,间接就业岗位 2.9 万人。2016 年,到拉斯维加斯参加会展人数达 630 万人次,会展及其相关收入逾 82 亿美元。据拉斯维加斯会展及观光局统计,参加展览会的每个客商平均直接消费 933 美元,间接消费 1 543 美元。拉斯维加斯电子消费品展、春秋季服装博览会、国际美容美发展等一大批展会已成为拉斯维加斯金光闪闪的城市名片。

拉斯维加斯当地对于会展建设亦非常重视,特别是拉斯维加斯会展中心的扩建和翻新,对于保持北美第一贸易展览目的地的地位是必要的。拉斯维加斯会展中心的投资已于 2016 年年底启动,此次扩建将为拉斯维加斯会展中心增加约 13 万平方米的空间,包括约 5.6 万平方米的新的会展空间、配套的会议室、宴会前厅空间、服务和支持区域等,将为未来此举办的会议及相应与会者提供更多的选择和服务。现有的 30 万平方米场地进行了大规模翻新,包括技术网络、安全系统以及内外部空间的升级。

拉斯维加斯并没有片面地追求场馆面积,而是注意提高展馆运营管理水平,重在提高效益。在这方面,拉斯维加斯市政府的推动功不可没。拉斯维加斯会展及观光局成立于 1990 年,是根据美国内华达州立法设立的官方机构,拥有独立董事会,负责宣传推广拉斯维加斯的旅游、会展和重大活动,扩大拉斯维加斯在旅游和酒店业的影响力,并管理着 2 个场馆(拉斯维加斯会议中心和卡仕曼中心)和 5 个游客咨询中心。为了改善消费者体验,在激烈的会展竞争中立于不败之地,拉斯维加斯会展与观光局投资 8.9 亿美元,分阶段改善拉斯维加斯会议中心设施,包括技术升级、建造多功能会议厅和改善交通设施。

---

① 拉斯维加斯:从"世界赌城"到"会展之都"[N].中国贸易报,2017-04-11,有删减.

拉斯维加斯会展业起步于 1959 年，世界飞行展这一年首次在这里举办。20 世纪 90 年代，拉斯维加斯迎来了第一次转型，著名的梦幻金殿、威尼斯人酒店均建于那时，单一博彩模式也随之被集美食、娱乐、购物为一体的多元度假新模式所取代。2012 年以来，会展业带动了拉斯维加斯变革的第二次转型，著名的撒哈拉酒店翻新工程开始动工，酒店改建为 SLS 拉斯维加斯度假酒店。SLS 开发商以前瞻性的分析和眼光买下了距会展中心仅数百米之遥的撒哈拉酒店，并对其进行重新设计与打造，并于 2014 年投入运营。从此，以 SLS 为代表的新兴酒店掀起了拉斯维加斯商务旅游新热潮。虽然每年到拉斯维加斯的游客人数达 4 000 多万，消费金额高达 320 亿美元，但其中来自博彩业的消费仅占 25%，约合 80 亿美元。博彩业收入减少，是因为拉斯维加斯游客的消费方式变了。

拉斯维加斯城市发展模式的两次转型发展，特别是近年来会展业的大热，帮助其有效缓解了博彩业的低迷现状。凭借卓越的会展设施和服务，拉斯维加斯吸引全球各界人士前来参加商务活动、会议和展览。拉斯维加斯会议和商贸展览会是游客访问量增长的首要驱动力。据拉斯维加斯会展及观光局统计，拉斯维加斯拥有超过 15 万间酒店客房，平均入住率为 89.1%，超过北美任何目的地。拉斯维加斯从单一化经营战略向多元化转型，全力打造会展业及多元文化娱乐产业，持续拉动城市旅游及消费。

以城市品牌带动会展业发展是拉斯维加斯会展业成功的秘诀之一。拉斯维加斯会展及观光局十分重视城市品牌建设，加大在《华尔街日报》《今日美国》和《福布斯杂志》等知名媒体的会展广告投放力度，借助城市品牌效应吸引更多人来参展，每年在城市品牌广告方面投入 8 000 万美元，还先后在中国的北京、武汉、成都、南京和上海举办旅游论坛、颁奖晚宴和路演活动。

拉斯维加斯所在地克拉克县的所有商业住宿企业，包括酒店、汽车旅馆等都需要向游客收取客房税（平均税率 12%），这一项税收收入的 40% 归拉斯维加斯会展及观光局所有，成为其重要收入来源，以便其开展场馆运营和城市推广工作。同时，拉斯维加斯政府从当地税收中提取 8% 用于补助展馆建设和参展所需，可有效降低企业参展成本，提高场馆方运营维护的积极性，有利于推动当地会展业发展。

问题：

拉斯维加斯为提高场馆经济效益有哪些做法？这一案例对其他城市转型发展会展业有什么启迪？

第五章

会展场馆组织与人力资源管理

引　言

近年来,随着奥运会、世博会等国际性大型活动在中国纷纷成功举行,会展业发展迅速,对整个国民经济产生了巨大的影响。会展产业链上各利益主体的价值在会展场馆中得以充分体现。这些专营会议和展览活动的场所是各种会展活动开展的最主要的硬件依托,是会展运作和发展不可或缺的基础条件。而会展场馆的组织和人员配备是保证这种管理实现的重要抓手。

学习要点

- 会展场馆的组织结构设计步骤和主要形式
- 会展场馆组织结构简介
- 会展场馆的人力资源管理流程
- 会展场馆管理体制及其创新

引入案例

国家会展中心(上海)[①]

国家会展中心(上海)是由中华人民共和国商务部和上海市人民政府于2011年共同决定合作共建的大型会展综合体项目,总投资约160亿元,由国家会展中心(上海)有限责任公司投资建设并运营。

国家会展中心(上海)有限责任公司成立于2011年7月,由中国对外贸易中心(集团)(以下简称"外贸中心集团")和上海东浩兰生国际服务贸易(集团)(以下简称"东浩兰生集团")有限公司根据商务部和上海市共建国家会展项目框架协议,分别代表部、市双方合资组建,负责国家会展项目投资建设和场馆运营、展会开发等工作。

国家会展中心(上海)有限责任公司注册资金75亿元,外贸中心集团持股60%、东浩兰生集团持股40%。股东组成凸显会展业资源与经营优势的强强联合。外贸中心集团有着举办每年春秋两届广交会的丰富经验;东浩兰生集团则是中国首家专业从事服务贸易的企业集团,在上海世博会的申办、筹办、举办中发挥了重要作用,其多年的市场化运作

---

① 根据 http://www.neccsh.com/cecsh/companyorganization.jspx 整理。

形成了人力资源、会展传播、贸易服务等方面优势。

国家会展项目总建筑面积147万平方米,拥有40万平方米的室内展厅和10万平方米的室外展场,配套15万平方米商业中心、18万平方米办公设施和6万平方米五星级酒店。定位于建成世界上最具规模、最具水平、最具竞争力的会展综合体。主体建筑以伸展柔美的四叶幸运草为造型,采用轴线对称设计理念,设计中体现了诸多中国元素,是上海市的标志性建筑之一。

国家会展中心(上海)有限责任公司将顺应世界会展业发展和转移趋势,立足长三角,服务全国,面向世界,积极促进上海和中国会展业的发展,以国家会展项目的一流硬件为重要依托,以服务为本、专业高效、规范有序的职业精神,为完善我国新时期商务事业发展战略布局、促进上海"四个中心"建设贡献力量。国家会展中心(上海)有限责任公司主营业务包括以下几个方面。

(1)展馆及配套设施投资:投资建设集展览场馆、综合配套设施、后勤保障设施为一体的会展综合体。

(2)展馆运营管理:会展综合体日常运营管理、会展场地出租等。

(3)会展开发经营:主办、合办和承办境内外展览、会议和大型活动等。

(4)会展综合配套服务:经营管理办公及配套商业服务设施,展台搭建、广告设计、展览咨询、出版资讯、电子商务、仓储物流、餐饮服务等。

国家会展中心(上海)有限责任公司组织架构如图5-1所示。

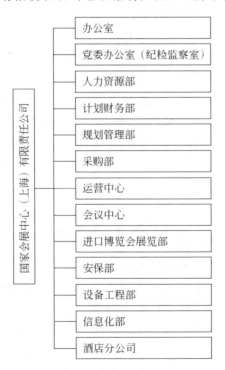

图5-1 国家会展中心(上海)有限责任公司组织架构

第一节　会展场馆的组织结构

组织结构(organizational structure),是指对于工作任务如何进行分工、分组和协调合作。组织结构是表明组织各部分排列顺序、空间位置、聚散状态、联系方式以及各要素之间相互关系的一种模式,是整个管理系统的"框架"。组织结构是组织的全体成员为实现组织目标,在管理工作中进行分工协作,在职务范围、责任、权利方面所形成的结构体系。组织结构是组织在职、责、权方面的动态结构体系,其本质是为实现组织战略目标而采取的一种分工协作体系,组织结构必须随着组织的重大战略调整而调整。

一、组织结构设计步骤

会展场馆组织结构设计的根本任务是编制会展场馆组织结构系统图和职务说明书,职务说明书包括:①工作内容、职责和权力,②与其他部门和职务的关系,③担任该职务者必备的条件。会展场馆组织结构设计步骤大致概括为以下几个方面。

(一) 确定目标

在分析环境的基础上确定目标,即研究设计出一个反映会展场馆企业目标和计划的理想的组织形态。环境分析包括企业内部经济技术、政治社会、公共关系、地理位置、心理等诸方面现有的和未来变动的因素。组织结构的设计必须满足实现本企业目标的要求。

(二) 部门分工

分析会展场馆各种活动,按主次顺序详细列举,将相关的活动并为一个职能部门,并把各职能部门和业务部门的职能组合起来,建立相应的管理机构。把各主要职能部门平衡、综合组织成为一个有机的系统。

(三) 确定管理层次

确定管理层次,即从上到下明确各级、各部门的关系,使管理层次和机构大小相适应,管理层次受管理幅度制约,管理层次与管理幅度成反比关系。管理幅度是指一名管理人员有效地管理下属的人数。管理幅度的确定可根据以下原则。

(1) 有直接隶属关系的上下级双方能力。能力强的,管理幅度可大些;反之应该小些。

(2) 工作的复杂性和相似性。工作内容和部门管理复杂的,可小些;简单的则大些。

(3) 工作的程序性和标准化程度。经常性、重复性、模式化的工作,可大些;反之则小些。

(4) 组织内部沟通与信息传达的方式和能力。组织内部沟通较好,信息传递迅速准确,则管理幅度可宽些;反之则小些。

(5) 外部环境改变的速度。环境变化快,势必造成管理人员集中较多精力研究环境,不可能花太多的精力研究下属,管理幅度应小些;反之则大些。

管理层次是从组织最高主管到具体工作人员之间的层次。管理层次的影响因素是组织规模和管理幅度。与组织规模成正比,与管理幅度成反比。

管理层次与管理幅度的反比例关系决定了两种基本的会展组织结构形态:扁平结构形态和锥形结构形态。

(1) 扁平结构形态。扁平结构形态是会展组织规模已定、管理幅度较大、管理层次较少的一种组织结构形态。这一形态的优点是:较大的管理幅度使主管人员对下属不可能统得过死,从而迫使上级授权,有利于下属主动性和创造性的发挥;会展组织必须制定明确的政策,否则不容易控制局面;必须慎重选择下级人员,特别是要选择有一定自觉性和创造精神的下属。这种形态的缺点是:上级主管人员负担过重,容易形成决策瓶颈;管理幅度过宽,下属太多,上级管理人员有失控的危险;对管理人员素质要求较高。

(2) 锥形结构形态。锥形结构形态是管理幅度较小,管理层次较多的高、尖、细的金字塔形态。这一形态的优缺点与扁平结构正好相反。这一形态的优点是:管理人员对下属有严密的监督和控制;人员数量少,上下级之间联络迅速。这种形态的缺点是:上级会过多参与下级的工作,甚至出现越级指挥现象;管理的多层次引起的高费用,特别是由于管理人员比例的增加带来的过高的管理费用;高层次与低层次距离过长,影响了信息传递,每次信息传递都被各层次主管人员加进了许多自己的理解和认识,进而造成信息在传递过程中的失真。

(四) 工作设计

设计每一部门内部的组织结构,进行岗位设计和职务分析及职务说明书的制定。

我们知道,职务是对员工所应承担任务的规定。职务说明是一种陈述工作任务、职责的文件。职务说明应简要地描述企业期望员工做些什么,员工应做什么,应怎么做和在什么样的情况下履行职责。职务分析从以下八个要素(6W2H)着手。

(1) who:谁从事此项工作,责任人是谁,对人员的学历及文化程度、专业知识与技能、经验以及职业化素质等资格的要求。

(2) what:做什么,即本职工作或工作内容是什么,负什么责任。

(3) whom:为谁做,即顾客是谁。这里的顾客不仅指外部顾客,也指企业内部顾客,包括与从事该职务的人有直接关系的人:直接上级、下级、同事、客户。

(4) why:为什么做,即职务对其从事者的意义所在。

(5) when:工作的时间要求。

(6) where:工作的地点、环境等。

(7) how:如何从事此项工作,即工作的程序、规范以及为从事该职务所需的权力。

(8) how much:为此项职务支付的费用、报酬。

职务分析结果包括职务说明与职务规范。一般情况下,可以用职务说明书的方式来表述职务分析结果。职务说明书应包括以下内容。

(1) 职务概况,包括职务的名称、所属部门、等级、汇报关系、职务编号。

（2）职务分析日期，目的是避免使用过时的职务说明文件。

（3）职务职责，说明本职务的工作任务、培训、指导、服务、计划、沟通等方面的职能以及各种责任。

（4）任职资格，即从事该项职务必须具备的基本资格条件，主要有学历（文化程度及所学专业）、年龄、相关经历、个性特点、能力、基本技能、知识要求、其他特殊条件等。

职务分析是一项复杂的系统工程，应该是责任中心管理者的职责，企业人事部门只是协助责任中心的管理者来从事这项职务。企业进行职务分析必须统筹规划，分阶段、按步骤地进行。

（五）配备人员

配备人员也就是将结构具体化，确定管理人员和全体职工的人数和比例。在会展组织中必须配备一定数量训练有素的人员，以保证经营活动的正常开展。

二、会展场馆组织结构简介

（一）企业组织结构

企业组织结构的形式大致如下。

1. 直线制

直线制是一种最早也是最简单的组织形式。它的特点是企业各级行政单位从上到下实行垂直领导，下属部门只接受一个上级的指令，各级主管负责人对所属单位的一切问题负责。不另设职能机构（可设职能人员协助主管人工作），一切管理职能基本上都由行政主管自己执行。直线制组织结构的优点是：结构比较简单，责任分明，命令统一。缺点是：它要求行政负责人通晓多种知识和技能，亲自处理各种业务。在业务比较复杂、企业规模比较大的情况下，把所有管理职能都集中到最高主管一人身上，其显然是难以胜任的。因此，直线制只适用于规模较小、生产技术比较简单的企业，对生产技术和经营管理比较复杂的企业并不适宜。

2. 职能制

职能制组织结构，是各级行政单位除主管负责人外，还相应地设立一些职能机构。例如在总经理下面设立职能机构和人员，协助总经理从事职能管理工作。这种结构要求行政主管把相应的管理职责和权力交给相关的职能机构，各职能机构就有权在自己业务范围内向下级行政单位发号施令。因此，下级行政负责人除了接受上级行政主管人指挥外，还必须接受上级各职能机构的领导。职能制的优点是：能适应现代化企业生产技术比较复杂、管理工作比较精细的特点；能充分发挥职能机构的专业管理作用，减轻直线领导人员的工作负担。但其缺点也很明显：它妨碍了必要的集中领导和统一指挥，形成了多头领导；不利于建立和健全各级行政负责人与职能科室的责任制，在中间管理层往往会出现"有功大家抢，有过大家推"的现象；另外，在上级行政领导和职能机构的指导与命令发生矛盾时，下级就无所适从，影响工作的正常进行，容易造成纪律松弛，管理秩序混乱。由于这种组织结构形式的明显的缺陷,现代企业一般都不采用职能制。

3. 直线－职能制

直线－职能制,也叫生产区域制,或直线参谋制。它是在直线制和职能制的基础上,取长补短,吸取这两种形式的优点而建立起来的。目前,绝大多数企业都采用这种组织结构形式。这种组织结构形式是把企业管理机构和人员分为两类:一类是直线领导机构和人员,按命令统一原则对各级组织行使指挥权;另一类是职能机构和人员,按专业化原则,从事组织的各项职能管理工作。直线领导机构和人员在自己的职责范围内有一定的决定权与对所属下级的指挥权,并对自己部门的工作负全部责任。而职能机构和人员,则是直线指挥人员的参谋,不能对直接部门发号施令,只能进行业务指导。直线－职能制的优点是:既保证了企业管理体系的集中统一,又可以在各级行政负责人的领导下,充分发挥各专业管理机构的作用。其缺点是:职能部门之间的协作和配合性较差,职能部门的许多工作要直接向上层领导报告请示才能处理,这一方面加重了上层领导的工作负担,另一方面也造成办事效率低。为了克服这些缺点,可以设立各种综合委员会,或建立各种会议制度,以协调各方面的工作,起到沟通作用,帮助高层领导出谋划策。

4. 事业部制

事业部制最早是由美国通用汽车公司总裁阿尔费雷德·斯隆(Alfred Sloan)于1924年提出的,故有斯隆模型之称,也叫联邦分权化,是一种高度(层)集权下的分权管理体制。它适用于规模庞大、品种繁多、技术复杂的大型企业,是国外较大的联合公司所采用的一种组织形式,近几年我国一些大型企业集团或公司也引进了这种组织结构形式。事业部制是分级管理、分级核算、自负盈亏的一种形式,即一个公司按地区或按产品类别分成若干个事业部,从产品的设计、原料采购、成本核算、产品制造,一直到产品销售,均由事业部及所属企业负责,实行单独核算,独立经营。公司总部只保留人事决策、预算控制和监督大权,并通过利润等指标对事业部进行控制。也有的事业部只负责指挥和组织生产,不负责采购和销售,实行生产和供销分立,但这种事业部正在被产品事业部所取代。还有的事业部则按区域来划分。

5. 模拟分权制

模拟分权制是一种介于直线-职能制和事业部制之间的结构形式。许多大型企业,如连续生产的钢铁、化工企业由于产品品种或生产工艺过程所限,难以分解成几个独立的事业部。又由于企业的规模庞大,高层管理者感到采用其他组织形态都不容易管理,这时就出现了模拟分权的组织结构形式。所谓模拟,就是要模拟事业部制的独立经营、单独核算,而不是真正的事业部,实际上是一个个"生产单位"。这些生产单位有自己的职能机构,享有尽可能大的自主权,负有"模拟性"的盈亏责任,目的是要调动它们的生产经营积极性,达到改善企业生产经营管理的目的。需要指出的是,各生产单位由于生产上的连续性,很难将它们截然分开。以连续生产的石油化工企业为例,甲单位生产出来的"产品"直接可成为乙生产单位的原料,这当中无须停顿和中转。因此,它们之间的经济核算,只能依据企业内部的价格,而不是市场价格,也就是说这些生产单位没有自己独立的外部市场,这也是与事业部的差别所在。模拟分权制的优点:除了能调动各生产单位的积极性外,还能解决企业规模过大不易管理的问题。高层管理人员将部分权力分给生产单位,减少了自己的行政事务,从而把精力集中到战略问题上来。其缺点是:不易为模拟的生产单位明确任务,造成考核上的困难;各生产单位领导人不易了解企业的全貌,在信息沟通和决策权力方面也存在着明显的缺陷。

6. 矩阵制

在组织结构上,把既有按职能划分的垂直领导系统,又有按产品(项目)划分的横向领导关系的结构,称为矩阵组织结构。矩阵制组织是为了改进直线-职能制横向联系差、缺乏弹性的缺点而形成的一种组织形式。它的特点表现在围绕某项专门任务成立跨职能部门的专门机构上,如组成一个专门的产品(项目)小组去从事新产品开发工作,在研究、设计、试验、制造各个不同阶段,由有关部门派人参加,力图做到条块结合,以协调有关部门的活动,保证任务的完成。这种组织结构形式是固定的,人员却是变动的,需要谁,谁就来,任务完成后就可以离开。项目小组和负责人也是临时组织和委任的。任务完成后就解散,有关人员回原单位工作。因此,这种组织结构非常适用于横向协作和攻关项目。矩阵结构的优点是:机动、灵活,可随项目的开发与结束进行组织或解散;由于这种结构是根据项目组织的,任务清楚,目的明确,各方面有专长的人都是有备而来的。因此在新的工作小组里,能沟通、融合,能把自己的工作同整体工作联系在一起,为攻克难关、解决问题而献计献策,由于从各方面抽调来的人员有信任感、荣誉感,使他们增加了责任感,激发了工作热情,促进了项目的实现;它还加强了不同部门之间的配合和信息交流,克服了直线-职能结构中各部门互相脱节的现象。矩阵结构的缺点是:项目负责人的责任大于权力,因为参加项目的人员都来自不同部门,隶属关系仍在原单位,只是为"会战"而来,所以项目负责人对他们管理困难,没有足够的激励手段与惩治手段,这种人员上的双重管理是矩阵结构的先天缺陷;由于项目组成人员来自各个职能部门,当任务完成以后,仍要回原单位,因而容易产生临时观念,对工作有一定影响。矩阵结构适用于一些重大攻关项目。企业可用来完成涉及面广的、临时性的、复杂的重大工程项目或管理改革任务。特别适用于以开发与实验为主的组织,如科学研究,尤其是应用性研究组织。

通常,一个股份制生产性企业(公司)的组织结构大致如图5-2所示。

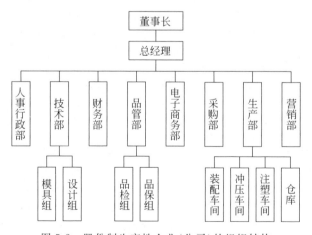

图 5-2 股份制生产性企业(公司)的组织结构

（二）会展场馆组织结构

会展场馆的组织是一种建立在场馆经营功能实体上的职能活动，是场馆管理的基本职能之一，是场馆管理的基础职能，是场馆活力和经济效益的决定性因素之一。会展场馆按规模划分，有大、中、小型场馆之分，组织结构也有区别。小型会展场馆、中型会展场馆、大型会展场馆的组织结构分别如图5-3～图5-5所示。

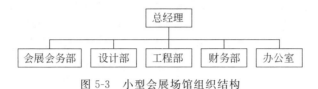

图 5-3 小型会展场馆组织结构

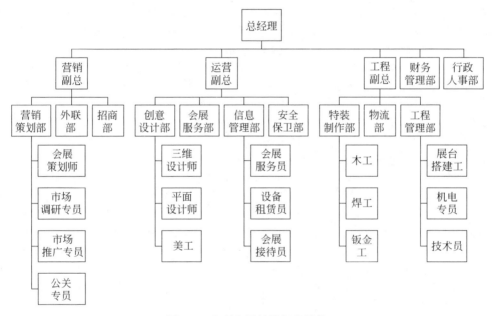

图 5-4 中型会展场馆组织结构

三、会展场馆组织部门简介

不管大型、中型还是小型场馆，有一些职能部门是共有的，如行政部、营销部、人力资源部、工程部、项目协调部、财务部、保安部、内务部等，这些部门都有着不同的职责，为场馆的顺利运营服务。

1. 行政部

行政部是场馆的首脑部门。在这里，场馆总经理负责规划远景和目标以及实现政策，还要监督所有的预算执行情况、负责和会展经理签订有关场地利用的合同、协调与其他部门的关系、指导员工工作等。而场馆的副总经理负责监督每天的运营并协调其他员工。他们定期召开员工会议，出席所有的大会会议，核实场馆各方面的运作情况，协调细节问

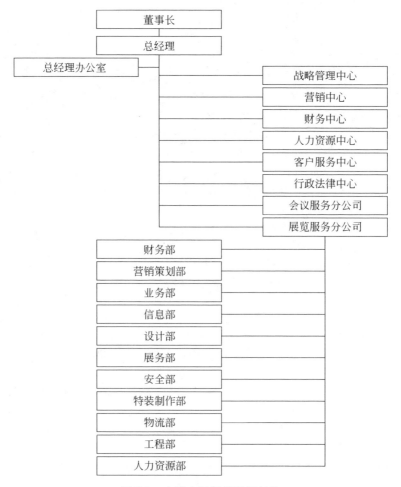

图 5-5 大型会展场馆组织结构

题,如出席者停车、住宿等问题。

2. 营销部

营销部的主要任务是说服展览经理在自己的场馆举办展览会。营销部的员工必须能够回答展览经理对于场馆的所有疑问和所关心的所有问题,最终目的是与展览经理建立良好的业务联系,使他们成为固定客户。

3. 人力资源部

人力资源部是负责员工的招募、培训与管理的部门,为场馆的运作提供基础人力条件。人力资源部针对每个员工所具有的能力安排工作岗位,对每个岗位上的员工进行考核和评价。

4. 工程部

工程部负责场馆的建设,维护场馆的建筑物,保证所有展会的安全、顺利进行。工程部需要配合展览方协调确保资源的充分利用,并管理好资源,避免对场馆造成损害,他们也要配合总体服务承包商,供给水、气和其他的公共用品。

5．项目协调部

项目协调部必须与展览经理保持密切的联系,了解他们的需求,并在遵守相关规定与协议的条件下尽可能地满足他们的要求。项目协调者必须了解展览平面设计布局和日程表安排的细节,需要知道要用到多少装载支架、室内需要保持多高的温度以及其他众多的细节,还需要对诸如清洁、食物递送等许多其他工作负责。

6．财务部

财务部主要负责协调处理场馆所有的财务工作。

7．保安部

保安部主要负责保证所有的出席者、参展者和其他员工的安全,防止展品的失窃或人为的损坏。也需要指挥交通,帮助遇到困难的人。

8．内务部

内务部主要负责清理建筑物的垃圾,包括所有的公共场所、地毯、窗户和休息室,负责全部的清理维修工作。

第二节 会展场馆人力资源管理流程

人力资源是会展场馆的重要资源。会展场馆的经营管理实质就是通过组织人力资源来使用和控制会展场馆的其他资源,从而形成会展场馆的接待能力,达到会展场馆的经营预期目标。人力资源管理所产生的效能是会展场馆实现其目标的一个重要因素。人力资源管理的内容主要有计划、招聘、培训、绩效考核和激励等。

一、会展场馆人力资源的计划

会展场馆人力资源的计划,是指根据会展场馆的发展规划,对企业未来的人力资源的需要和供给状况进行全面分析及估计,并以此为依据进行职务编制、招聘和甄选、人员配置、教育培训等活动。在制订人力资源计划时,应多方考虑,以作出既符合企业发展需要又对员工发展有利的全面规划。

会展场馆必须根据会展场馆的整体发展战略目标和任务来制订其本身的人力资源计划。一般来说,会展场馆企业的人力资源计划编制要经过以下几个阶段。

（一）前期准备

通过调查研究,取得人力资源所需的信息资料是这一阶段的主要任务。所要获得的信息内容包括企业外在环境的变化趋势、企业经营战略的发展、企业内部情况分析以及人力资源现状分析。其中,对于内部人力资源的使用及工序调查是人力资源计划中最重要的部分。核查现有人力资源状况,包括现有人力资源的数量、质量、结构及分布状况。这一部分工作需要结合人力资源管理信息系统和职务分析的有关信息来进行。

(二) 预测企业未来人力资源的供给状况，制订人力资源供给计划

通过对本企业内部现有各种人力资源的认真测算，并对照本企业在一定时期内人员流动的情况，即可测算出本企业在未来某一时期里可能提供的各种人力资源状况。

(1) 对本组织内现有的各种人力资源进行测算。该测算包括各种人员的年龄、性别、工作建立和教育、技能等方面的资料；目前，本组织内各个工作岗位所需要的知识和技能以及各个时期人员变动的情况；员工的潜力、个人发展目标以及工作兴趣爱好等方面的情况。

(2) 分析组织内人员流动的情况。企业组织中现有员工的流动可能有这样几种情况：①滞留在原来的岗位上，②平行岗位的流动，③在组织内的提升或降职，④辞职或被开除出本组织，⑤退休、工伤或病故。

会展企业的人力资源供给预测就是为满足企业的人力资源需求，而对将来某个时期内，企业从其内部和外部所能得到的员工的数量与质量进行预测。一般包括以下几方面内容。

(1) 分析企业目前的职工状况，如企业员工的部门分布、技术知识水平、工种、年龄构成等，了解企业的人力资源现状。

(2) 分析目前企业员工流动的情况及其原因，预测将来员工流动的态势，以便采取相应的措施避免不必要的流动，或及时给予替补。

(3) 掌握员工提拔和内部调动的情况，保证工作和职务的连续性。

(4) 分析工作条件（如作息制度、轮班制度等）的改变对职工供给的影响。

(5) 掌握员工的供给来源和渠道。职工可以来自内部，也可来自外部。

(三) 预测企业未来对人力资源的需求，制订人力资源需求计划

人力资源需求预测，主要是根据企业的发展战略规划和企业的内外部条件选择预测技术，对人力资源需求的结构和数量、质量进行预测。在预测人力资源需求时，应充分考虑各种因素对人力资源需求的数量上和质量上以及构成上的影响。预测者及其管理判断能力与预测的准确与否关系重大。

会展人力资源需求预测受到许多因素的影响。在进行预测前应对企业战略计划做深入的分析。总的说来，进行人力资源需求预测时，需要考虑的因素主要包括：①组织结构和职位的设置，②员工的质量与性质（如工作情况、定额及劳动负荷等），③可能的员工流动率（辞职或终止合同），④企业的发展目标。

(四) 进行人力资源供需方面的分析比较，制订招聘和培训计划

这一阶段的内容是将企业人力资源需求的预测数与在同期内组织本身仍可供给的人力资源数进行对比分析。从比较分析中可预测出对各类人员的所需数，为企业的招聘培训提供依据。

(五) 制订人力资源总体计划

在上述基础上,制订出人力资源的总体计划,并将有关的政策和措施呈交最高管理层审批。

(六) 规划的实施、评价与反馈

在总规划及各项分类计划的指导下,确定企业如何具体实施计划,是这一步的主要内容。另外,应该建立一整套报告程序来保证对计划的监控。由于不可控因素的影响,常会发生令人意想不到的变化或问题,如果不对计划进行动态的监控、调整,人力资源计划最后就可能成为一纸空文,失去指导意义。因此,对计划的评价并将信息反馈是最后一项工作。

评价要客观、公正和准确,同时要进行成本—效益分析以及审核计划的有效性。在评价时,一定要征求部门经理和基层领导人的意见,因为他们是计划的直接受益者,最有发言权。另外要注意使评价连续化。

二、会展场馆人力资源的招聘

会展场馆员工招聘的基本程序包括制订招聘计划、制定招聘策略、甄选、录用、招聘评估5个步骤。

(一) 制订招聘计划

根据企业的人力资源计划,在掌握有关各类人员的需求信息,明确有哪些职位空缺的情况后,就可以编制企业招聘计划。企业的招聘计划通常包括招聘人数、招聘标准、招聘对象、招聘时间和招聘预算等内容。

在招聘过程中,企业必须计划吸收到比空缺职位更多的求职者。但究竟吸引到的申请者应该比录用的人数多多少才合适,这就需要计算投入产出的比例。投入是指全部申请者的数量,而产出则是招聘结束后最终到企业报到的人数。估算产出比的一个有效工具就是招聘产出金字塔,利用这种方法可以知道,要获得最终一定数量的人员,必须吸引多少个申请者才能有保证。例如,某会展场馆需要在明年招聘2名财会人员,而在劳动力市场上,接到录用通知的人与实际报到的人数比为2∶1,被面谈的应聘者与被提供职位的应聘者的比例为3∶2,被邀请参加面谈的人与实际参加面谈的人的比例为4∶3,而这些被邀请面谈的人又是从最初的被吸引的申请者中产生出来的,假如其比例为6∶1,那么,这个公司最初吸引的申请者应为48人。

当然,在不同的国家、不同的时期,甚至在同一个国家的不同地区,每一步的产出率都是不一样的。这些比例的变化与劳动力市场供给有很大的关系。劳动力供给越充足比例会越小;需要的劳动力素质越高,剔除比例越小。另外,在招聘广告中如果招聘要求说明得非常详细,那么就可以提高申请阶段的产出率。

（二）制定招聘策略

招聘策略是为了实现招聘计划而采用的具体策略，具体包括招聘地点的选择、招聘时间的选择、招聘渠道或方法的选择、招聘中的组织宣传等。

1. 招聘地点的选择

为了节省开支，会展场馆企业应将其招聘的地理位置限制在最能产生效果的劳动力市场上。一般来说，高级管理人员在全国范围内招聘；中级管理人员在跨地区的劳动力市场上招聘；一般办事人员常常在企业所在地的劳动力市场上招聘。另外，招聘地点也应该有所固定，这样也能节约招聘成本。因为经常在某个市场上招聘，就会熟悉情况，有利于招聘。

2. 招聘时间的选择

一般说来，招聘日期的计算公式如下。

$$招聘日期 = 用人日期 - 培训周期 - 招聘周期$$

例如，某场馆企业的用人日期为2008年7月1日，培训周期为两个月，招聘周期为一个半月，则按上式计算，应从2008年3月15日开始着手招聘。

3. 招聘渠道或方法的选择

任何一种确定的招聘方案，对应聘者的来源渠道以及企业应采取的招聘方法都要作出选择，这是招聘策略中的主要部分。

招聘渠道有内部渠道和外部渠道两种。使用哪种招聘来源取决于会展场馆企业所处地方的劳动力市场，招聘职位的性质、层次和类型以及企业的规模等一系列因素。

1）内部招聘

说到招聘，大多数人更多想到的是从外部招聘员工，而忽略了企业的现有员工也是一个重要的来源。内部招聘包括：内部提升，当企业中有比较重要的职位需要招聘工作人员时，让企业内部符合条件的员工，从一个较低的职位晋升到一个较高级的职位的过程就是内部提升。工作调换，也称"平调"，它是指职务和职别不发生变化，工作岗位发生变化。工作调换可提供员工从事组织内多种相关工作的机会，为员工今后提升到更高的职位做好准备。

对于现有员工而言，内部招聘是一种重要的晋升渠道，可以对员工起到激励作用，提高组织的绩效和员工士气。公司对应聘人的情况有比较充分的了解，从而职位与人选的匹配成功率较高。被提升的员工对公司的历史、现状、目标使命以及存在的问题了解较为清楚，可以缩短适应期，较快地胜任工作。另外，内部招聘可以节约大量的招聘费用，还可以节约相应的培训费用。

但是内部招聘也有其自身的缺点。内部招聘可选择的范围较小，如果片面地强调内部招聘，可能会使组织失去招聘到更合格人才的机会。因为内部提升的职位相对有限，一些条件相当的申请者，因为没有得到提升，积极性可能会受挫，同时，也有可能在员工中产生嫉妒、攀比等心理，甚至导致拉帮结派等现象，影响公司的绩效。另外由于企业员工习惯了组织内的一些做法，不易带来新观念，容易使组织墨守成规，缺乏创新意识，导致组织受挫。

2）外部招聘

由于选择范围有限，内部招聘往往无法满足组织用人的需要，尤其是在场馆企业初创的时候或需要大规模招聘员工时，仅通过内部招聘是无法解决人力资源的短缺问题的，必须借助于外部的劳动力市场。外部招聘渠道主要有媒体广告、职业介绍机构（公共职业介绍机构、专职猎头公司）、学校招聘、员工推荐、客户推荐、网络招聘。

外部招聘可以提供较为广泛的人才资源，组织选择的余地较大，可以挑选到高素质的人员。外来员工可以为组织带来新的管理思想和管理技能，补充新生力量，避免组织的僵化和停滞。外部公开招聘，可以避免组织内部因为没有得到提升而产生的员工积极性受挫，避免造成因不平衡心理而产生的嫉妒和帮派现象。

但是，若企业中有胜任者而没有得到提升，外部招聘就会打击内部员工的积极性和士气，产生与组织不合作的态度。由于外来者对组织的历史、现状、目标和使命以及存在的问题等缺乏了解，需要较长时间的磨合。在外部招聘中，由于招聘者对应聘者的判断主要是借助于应聘者自身提供的一些资料，对应聘者的实际工作能力和技能无法准确了解，可能会造成招聘失误。另外相对内部招聘而言，外部招聘所费的时间和费用都较多。

在选择招聘渠道时，会展场馆企业应通盘考虑自身情况。例如，企业的发展方向，现有人力资源的状况（结构、数量等），会展人才的供给情况（数量和来源），等等。

另外，招聘渠道与职位的类型、级别有很大的关系。技能及管理层次越高的职位，越需要在大范围内进行招聘，如在区域性的、全国性的甚至跨国范围内进行。发达国家的一些研究表明，职位的类型是决定使用哪一种招聘渠道的重要因素。一项调查显示，对管理职位来说，使用最多的是内部招聘、报纸广告，其次是私人就业机构；对于专业和技术职位来说，使用最多的是校园招聘，其次是报纸、专业杂志广告；对于展位销售人员，企业使用最多的是报纸广告。

总之，任何一种招聘渠道，都既有优点又有缺点，企业应全面考虑各种因素，综合利用各种渠道，这样才能尽可能地招聘到需要的员工。

4. 招聘中的组织宣传

在"推销"企业提供的职位时，应该向求职者传递准确有效的信息。一般来说，职位薪水、工作类型、工作安全感等，是影响人们选择工作职位和工作单位的最重要的因素；其次为晋升机会、企业的位置等。企业的管理方式、企业文化、工作条件、同事、工作时间也是不可忽视的因素。企业应该以诚实的态度传递信息，否则，不仅不能给企业带来好处，反而可能给企业带来负面影响。

（三）甄选

甄选候选人是招聘过程中的一个重要组成部分，其目的是将不合乎职位要求的申请者排除。主要的甄选手段是测试，包括面试、心理测试、知识测试、情境模拟等。

甄选过程就是根据既定的标准对申请人进行评价和选择，它是招聘过程中的重要阶段，企业能否最终选择到合适的人选，很大程度上取决于这一步。甄选一般包括以下工作。

1. 资格审查与初选

资格审查即人力资源部门通过阅读申请人的个人资料或申请书,将明显不符合职位要求的人员排除,然后人力资源部门将符合要求的应聘者名单与资料交给用人部门,由用人部门进行初步选择。初选工作的主要任务是从合格的应聘者中选出参加面试的人员。

2. 面试

对于企业初选的应聘人员,真正直接了解其具体情况并对众多的应聘者加以对比,最直接的方法就是面试。面试在会展场馆企业的人员招聘中起着非常重要的作用。

根据面试的组织形式,可以将面试分为结构式面试、非结构式面试和压力面试。结构式面试是指在面试之前已有一个固定的框架(或问题清单),面试主持人根据面试框架控制整个面试过程,严格按照问题清单对应聘者进行提问。非结构式面试无固定的模式,面试主持人只要掌握组织、职位的情况即可,问题多是开放式的,着重考察应聘者理解与应变能力。压力面试通过向应聘者提出一个意想不到的问题,通常具有敌意性和攻击性,借此考察应聘者的反应。这种方法主要考察应聘者的承受压力、情绪调整的能力,测试应聘者应变的能力和解决紧急问题的能力。

另外有两种较新的面试形式,即 BD 面试和能力面试。BD 面试即行为描述面试(behavior description interview),这是基于行为连贯性原理发展起来的。通过这种面试可以了解两方面的信息:①应聘者过去的工作经历,判断他选择本组织的原因,预测应聘者未来在本企业的行为模式;②了解他对特定行为所采取的行为模式,并将其行为模式与企业空缺职位所要求的行为模式进行比较。而能力面试着重考察的是应聘者如何去实现所追求的目标。面试过程大致如下:先确定空缺职位的责任和能力,明确它们的重要性;然后,询问应聘者过去是否承担过类似的职位,或是处于过类似的"情境",若有类似经历,则再确定他们过去负责的任务,进一步了解一旦出现问题时他们所采取的"行为",以及这项"行为"的结果。

3. 测试

测试是在面试的基础上对面试者进行深入了解的一种手段。其主要目的是通过这种方式,消除在面试过程中面试主持人因主观因素对面试的干扰,提高招聘的公平性,剔除应聘资料与面试中的"伪信息",提高录用决策的准确性。常见的测试类型包括以下几种。

1) 智力测试

智力测验所测试的能力不只是一个单独的智力特征,而是一组能力,包括观察能力、记忆能力、想象能力、思维能力等。智力的高低直接影响到一个人在社会上是否成功,测试智力的工具是智商,但是要注意的是,智商所反映的只是一个人相对于平均智力水平的程度,不能绝对化,如果绝对化了,智力测试就会进入误区,甚至高分低能。因此智力测试要与其他测试方法结合使用。

2) 个性测试

虽然个性并无优劣之分,但是却是施展才华、有效完成工作的基础。许多研究都证明,个性特点与工作行为关系极大。会展企业对员工的吃苦耐劳的精神、主动性和创造性以及沟通能力等都有较高的要求,所以个性测试对于会展人员的招聘具有重要意义。

常用的个性测试方法主要有自陈式测试和投射式测试两类。自陈式测试经常借用卡特尔16种个性特征问卷进行,该问卷由美国的卡特尔教授提出。该测试由187个问题组成,通过对应聘者问题回答的分析,得出个人个性特征剖面图,以此进一步分析个人的心理健康、专业有无成就、创造力和成长能力等状况。

投射式测试依据的原理是人的一些个性特征与倾向性,是深藏于意识深层而自己没有明确认识的。投射式测试向被测者呈现一些意义不明确的图形,被测者根据自己的体验来说明看到什么,即将自己的个性特点投射到刺激中去。测试本身不显示任何目的,受试者不会有意作出虚假反应,结果较为可信。

3) 情境模拟测试

情境模拟测试是根据受试者可能担任的职务的特点,设计一种与实际工作近似的情境,让受试者置身其中处理有关事务,以此来测试其素质和能力。主要形式有以下几种。

(1) 无领导小组讨论法。该方法由美国管理学家迈克尔·米修斯提出。无领导小组讨论法是指一组受试者开会讨论一个实际经营中存在的问题,讨论并不指定谁来主持会议,只是在讨论中观察每个受试者的发言和表现,以便了解受试者的心理素质和潜在能力的一种测试方法。此种方法可以测试受试者的领导能力、说服能力和协调能力等。

(2) 公文处理模拟法。这是一种专门为招聘到合格的管理人员和部门领导者而设计的。在测试时,向应聘者提供所担任职位的工作中可能遇到的各类公文,有下级呈上的报告、请示、计划、预算、统计部门的备忘录,还有上级的指示和批复,各种来电、传真等。要求应聘者在规定的时间和条件下进行处理,并根据应聘者处理公文的速度、质量和处理公文的轻重缓急等指标进行评分。这种方法比较科学和公平,近年来采用较多。

(3) 访谈法。访谈法主要有三种形式,分别为电话沟通、接待来访者和拜访有关人士。电话沟通可以反映受试者的心理素质、文化修养、口头表达能力和反应能力等。接待来访者和拜访有关人士可以考察其待人接物的技巧、驾驭谈话和处理问题的能力以及应付各种突发事件的能力等。

(4) 企业决策模拟法。此方法的具体做法是:应聘者4~7人组成一个小组,该小组就是模拟中的企业,小组在协商的基础上规定好每人应担任的职务,各个"企业"根据组织者提供的统一的"原材料",在规定的时间内"生产"出自己的产品,再将这些产品"推销"给组织者。这种方法可以测试应聘者的综合素质,如进取心、主动性、组织计划能力、沟通能力、群体内协调能力、创造能力等。

另外,招聘测试还包括体格测试、兴趣测试、专业技能和知识测试等,各种测试都有其侧重点,应根据企业的具体情况,招聘职位的特点和要求,科学地选择测试方法,并注意各种方法的综合应用。

(四) 录用

对经过甄选合格的候选人,应作出聘用决策。对决定聘用的求职者要发出正式通知,并与之签订劳动合同,对不予录用者也要致函表示歉意。

(五)招聘评估

招聘评估包含两方面的内容:一是招聘成本的效益评估,主要从成本和效益两个方面来分析;二是录用人员的评估,主要从录用人员的数量和质量角度进行。

1. 招聘成本的效益评估

1)招聘成本

招聘成本包括招聘总成本和招聘单位成本。招聘总成本即是所有本次招聘所花费的成本,其中包括直接成本,即招聘费用、选拔费用、录用员工的家庭安置费用和工作安置费用等,还包括间接费用,如间接相关人员的工资。招聘单位成本指的是每招聘一名员工所花费的费用,即招聘总成本与录用人数之比。招聘总成本和单位成本越低,录用效果越好。

2)成本效用评价

这是对招聘成本所产生的效果进行分析。它主要包括招聘总成本效用分析和人员录用成本效用分析。计算方法如下。

$$总成本效用 = \frac{录用人数}{招募总成本}$$

$$人员录用成本效用 = \frac{正式录用的人数}{录用期间的费用}$$

在公式中,分子越大,或分母越小,效用越大;反之则越小。

2. 录用人员的评估

这一评估包括对录用人员从数量和质量两方面进行评估,是判断招聘工作质量的另一个重要指标。主要的计算公式为

$$录用比 = 录用人数 \div 应聘人数 \times 100\%$$

$$招聘完成比 = 录用人数 \div 计划招聘人数 \times 100\%$$

$$应聘比 = 应聘人数 \div 计划招聘人数 \times 100\%$$

录用比越小,相对来说,录用者的素质越高;反之,则可能录用者的素质越低。如果招聘完成比等于或大于100%,则说明在数量上全面或超额完成计划。如果应聘比越大,说明发布信息招聘效果越好,同时说明录用人员可能素质越高。

三、会展场馆人力资源的培训

(一)会展场馆员工培训的过程

为了保证培训活动能最大限度地改善员工个人与组织的绩效,培训活动应是一个科学安排的系统化的过程,这个过程包含以下3个阶段。

第一阶段:培训需求评价阶段。这是整个培训工作的基础,它主要解决为什么培训和培训的内容与目标是什么的问题。在这个阶段主要进行培训的需求分析与评价,以及确定培训的内容与目标。

第二阶段:培训设计与实施阶段。这个阶段主要完成两项工作,即设计培训方案和

培训实施。具体地说,就是在培训需求评价阶段的基础上,精心选择恰当的学习原则和培训方法以及具体实施培训的过程。它主要解决怎样教和怎样学的问题。

第三阶段:培训方案评价阶段。该阶段是解决培训得怎么样的问题,即效果问题。它通过比较员工接受培训前后的绩效差异来考核培训工作的效果。该阶段必须提供一个连续的反馈信息流,以便于重新评价培训需求,为下一轮员工培训提供信息。

(二) 会展场馆员工培训的需求评价

会展场馆在作出培训决定之前应认真详细分析企业特点,如经营战略、所处区域、主要承办的展览的性质及目标受众,以及目前员工的知识和技能情况,然后根据分析作出培训决策。具体需从组织、任务、个人 3 个层面进行。

1．组织需求分析

组织需求分析,是指对在场馆的经营战略指导下所决定的培训的分析,目的是保证培训符合企业的整体目标与战略要求。具体要对企业的经营战略,人力资源现有种类、数量和质量,员工流动率,组织的生产效率等进行分析。这一分析使企业能够从战略高度来认识培训工作。

2．任务需求分析

任务需求分析包括任务确定及对需要在培训中加以强调的知识、技能和行为进行的分析。任务分析的结果是有关工作活动的详细描述,包括员工执行任务和完成任务所需要的知识、技术和能力的描述。例如,会展场馆首先要确定哪些是策划人员的任务,哪些是销售人员的任务,各类人员完成工作任务所需要的各种知识和技能是怎样的。最后再决定哪些人员需要培训,这些人员需要什么样的培训。

3．个人需求分析

个人需求分析是将员工目前的实际工作绩效与企业的员工绩效标准进行比较,或者将员工现有的技能水平与预期未来对员工技能的要求进行对照,从而确定哪些人需要培训的分析。其目的是提供员工个性化的培训。

(三) 会展场馆员工培训的方法及实施

选择培训方法是要全面考虑培训的目的、培训的需求、培训的内容与教材、受训人员的层次与水平等诸多因素,充分权衡加以利用。目前会展场馆人力资源培训的主要方式有以下几种。

1．培训班

培训班是目前人力资源培训的主要方式。培训班有不同的类型。按组织者分,有行业协会和高校联合的培训班,还有政府组织和外国研究机构合作的培训班;按时间分,有长期培训班和短期培训班;按性质分,有认证性培训班和进修性培训班;另外还有国内培训班和国外培训班。

培训班可以比较全面地讲授会展业的相关专业知识,可以帮助会展场馆从业人员加强对会展业的宏观认识。但是,很多培训班缺乏系统的教材和教学内容,只是邀请学术界和行业内的专家做做报告，缺乏操作性。

2．研讨会

邀请各方学者和企业成功人士做报告，共同探讨会展发展中的突出问题，交流实际工作中的成功做法，以各取所长，共同发展。研讨会可增强人们对于会展发展的宏观性、战略性问题的认识，但是不利于基本知识和技能的培养，而且可以参加研讨会的人毕竟是少数，范围有限。

3．到国外知名的会展场馆进行短期工作

这种实地学习的方式可以让员工更加直接真切地感受国外会展场馆的运作模式，掌握先进的管理经验和操作技巧以及国外办展的先进思维。但是要注意把国外的先进思想和经验与国家、地区的实际情况相结合，避免盲目照搬而造成的损失。

4．师傅带徒弟

这是目前会展场馆对新员工的最常见的培训方式。这有利于新员工迅速熟悉和适应工作与环境，但是却不利于企业员工向更高层次发展。

5．工作轮换

将员工由一个岗位调到另一个岗位，可以拓宽受训者的知识技能和经验，使其胜任多方面的工作，同时，则增加培训工作的挑战性和乐趣。会展行业既需要专才，又需要通才，通过这种方式，可以让员工接触不同的工作领域，从而掌握比较全面的方法和技巧。但是这种方法容易造成受训人及其同事的短期化行为，很难形成专业特长。

6．导师制

导师是指一个经验丰富、卓有成效的高级管理人员或技术人员，一般不是受训者的直接上司，与受训者没有紧密的利害关系。导师制，即由导师负责引导和培养受训者。这种方法主要应用在管理人员和专业技术人员的培养中。信任、合作、尊重和责任感是此种方法成功的重要条件。

7．设立助理职位

选择有潜力的员工，让其在一段时间内担任某职务的助理，增强对这一职务的了解，帮助其增加工作经验和培养胜任这一职务的能力，直到受训者能够独立承担这一职务的全部职责。

8．建立学习性组织

单纯地依靠培训是被动的表现，企业应致力于建立学习型组织，培养员工积极主动地学习。学习型组织是以信息和知识为基础的组织，这种组织实行目标管理，成员能够自我学习、自我发展和自我控制。学习性组织的建立需要一定的制度和相应的企业文化的支持。

以上列举的8种方法各有优势和不足，会展场馆应根据各自的企业特点、人员状况作出正确的选择，进行合理的组合和运用。

四、会展场馆员工的绩效考核

有效的绩效考核可以提高员工工作绩效,为制定雇员政策提供信息,如加薪、升职、解雇、降职、调动、培训和试用等,从而保证企业的雇员在一个公平进步和有朝气的工作氛围中工作,提高生产率,增强场馆企业竞争优势。会展场馆员工绩效考核的一般程序如下。

(一)制定考核标准

对员工进行绩效考核,最重要的前提是制定有效的考核标准,一般来说,考核标准包括两个方面:①员工应该做什么,其任务、职责、工作要点是什么;②员工应该做到什么样的程度,达到何种标准。

(二)考核信息来源的选择

考核信息的来源渠道对于考核结果的有效性有很大的影响,每一种信息渠道都有优点和缺点,任何一种渠道都代表某一方的意见,所以被考核者以及与被考核者有关的人员都应该成为考核信息的来源渠道。

1. 管理者

管理者对于企业的目标以及下属的工作要求具有全面的了解,并且他们有机会对员工进行观察,对员工的工作情况较为了解。另外,下属的绩效优劣与管理者的利益有很大的关系,因此管理者有很大的动力去对下属的工作作出精确的评价。但是,在某些工作中,管理者没有足够的机会来监督下属员工的工作,在这种情况下,员工就会努力把他最好的行为表现给上级,从而造成一种假象。另外,管理者的主观因素在绩效考核中起相当大的作用,如管理者对于某一特定员工的偏见会直接影响考核的客观性。

2. 同事

被考核者的同事与考核者处于相同的工作环境中,对工作要求比较了解,而且同事与被考核者交往最为紧密,能够作出更加准确全面的评价。但是同事之间关系的亲疏好坏会直接影响评价的客观性。如果两人之间存有成见,那么一人对另一人的评价就会偏低。

3. 下属

下属常常是最有权利来评价他们的上级管理者是如何对待他们的,而一些管理者也非常看中下属对他们的评价,因为这直接关系到工作是否能够顺利开展。但是这种方法赋予了下属超过上级管理者的权力,这会导致管理者更为重视员工的满意度而不是工作的效率。另外,有些员工为了讨好管理者或担心管理者的报复,会有意对管理者作出虚假评价,所以为了取得更有效的信息,下属评价应该采用匿名的方式,并且每次至少要有3名员工对同一管理者作出评价。

4. 被考核者本人

让被考核者对自己的行为进行评价,可以调动其积极性和参与性,而且可以使员工更加容易认可和接受考核结果。但是自我评价过程中,个人往往会夸大自己的行为和绩效,尤其是评价的结果被用于管理决策(如加薪)时,这种情况会更加明显。自我评价最好用在绩效反馈阶段的前期,以帮助员工思考一下他们的绩效,从而将绩效面谈集中在上级和下级之间存在分歧的地方。

5. 客户

客户是会展服务产品的消费者,是企业管理和服务的归宿,因此对企业提供的服务及其相关工作人员最具有发言权,在实际工作中,我们往往通过调研和访谈的办法来获取客户评价资料。这种方法如果使用得当,特别是调查总量达到一定的数量,评价具有很强的客观性和导向性。

(三)考核方法的选择

考核方法很多,根据其性质可以分为主观评价法和客观评价法;根据考核的内容不同可以分为品质评价法、行为评价法和工作成果评价法。所以要根据会展场馆的企业性质、具体情况、人员构成、发展目标以及考核标准选择合适的考核方法。会展场馆常见的考核方法有以下7种。

1. 等级评估法

等级评估法是绩效考评中常用的一种方法。根据工作分析,将被考评岗位的工作内容划分为相互独立的几个模块,在每个模块中用明确的语言描述完成该模块工作需要达到的工作标准。同时,将标准分为几个等级选项,如优、良、合格、不合格等,考评人根据被考评人的实际工作表现,对每个模块的完成情况进行评估。总成绩便为该员工的考评成绩。

2. 目标考评法

目标考评法是根据被考评人完成工作目标的情况来进行考核的一种绩效考评方式。其主要包括两方面的内容:①必须与每一位员工共同制定一套便于衡量的工作目标;②定期与员工讨论其目标完成情况。目标考评法能够发现具体问题和差距,便于制订下一步的工作计划,因此,非常适合于用来对员工提供反馈意见和指导。另外,其评价标准直接反映员工的工作内容,结果也易于观测,因此很少出现评价失误。但是这种方法需要花费较多的时间和资金,成本很高。而且要注意员工目标与组织目标的统一。

3. 序列比较法

序列比较法是对相同职务员工进行考核的一种方法。在考评之前,首先要确定考评的模块,但是不确定要达到的工作标准。将相同职务的所有员工在同一考评模块中进行比较,根据他们的工作状况排列顺序,工作较好的排名在前,工作较差的排名在后。最后,将每位员工几个模块的排序数字相加,就是该员工的考评结果。总数越小,绩效考评成绩越好。序列比较法便于使用,能够避免居中趋势,但是序列比较法可能会引起员工的不同意见,尤其当所有员工的绩效事实上都较为优异时,会造成不公平。

4. 相对比较法

与序列比较法相仿,相对比较法也是对相同职务员工进行考核的一种方法。所不同的是,它是对员工进行两两比较,任何两位员工都要进行一次比较。两名员工比较之后,工作较好的员工记"1",工作较差的员工记"0"。所有的员工相互比较完毕后,将每个人的成绩进行相加,总数越大,绩效考评的成绩越好。与序列比较法相比,相对比较法每次比较的员工不宜过多,范围在5～10人即可。

5. 小组评价法

小组评价法是指由两名以上熟悉该员工工作的经理,组成评价小组进行绩效考评的方法。小组评价法的优点是操作简单,省时省力;缺点是容易使评价标准模糊,主观性强。为了提高小组评价的可靠性,在进行小组评价之前,应该向员工公布考评的内容、依据和标准。在评价结束后,要向员工讲明评价的结果。在使用小组评价法时,最好和员工个人评价结合进行。当小组评价和个人评价结果差距较大时,为了防止考评偏差,评价小组成员应该首先了解员工的具体工作表现和工作业绩,然后再作出评价决定。

6. 关键事件法

关键事件法是指负责考核的主管人员把员工在完成工作任务时所表现出来的特别有效行为和特别无效行为记录下来形成的一份书面报告,每隔一段时间(通常为6个月),主管人员和其下属人员面谈一次,根据记录的特殊事件来讨论员工的工作绩效。所记载的事件必须较突出、与工作绩效直接相关,而且应该是具体的事件与行为,而不是对某种品质的评判。关键事件法有助于确认员工的何种绩效较为"正确",何种绩效较为"错误",但是该方法难以对员工之间的相对绩效进行评价或排列,所以该考评方法一般不单独使用。

7. 强制比例法

强制比例法是按事物"两头小、中间大"的正态分布规律,先确定好各等级在总数中的比例。可以有效地避免由于考评人的个人因素而产生的过分偏宽、偏严或高度趋中等偏差。但是此种方法缺少具体分析,在总体偏优或偏劣的情况下难以作出实事求是的评价。强制比例法适合相同职务员工较多的情况。

针对不同的工作内容和不同的考核者要选择最适合的考评方法。只有对各类绩效考评的方法进行综合运用,才能提高绩效考评结果的客观性和可信度。

(四)实施考核

实施考核就是对员工的工作绩效进行考核、测定和记录,并且把考核记录与既定标准进行对照来做分析与评判,从而获得考核结论。

考核结果必须及时反馈给员工,使其了解组织对自己工作的看法和评价,从而发扬优点,克服缺点。在考核结果反馈的过程中一定要注意工作方法。对于绩效考核结果差的员工要给予适当的批评,批评时一定要维护员工的面子和价值感。批评只局限在员工和上级两个人在场时,而且要以建设性的态度来进行。要提供员工具体的行为表现,并提供具体的改进建议。另外,当员工被指责为工作表现差的时候,员工的第一反应往往是防御性的。员工通常会为自己找各种各样的客观原因,甚至会变得非常愤怒和带有攻击性,这时管理人员要明白防御性的行为是非常自然的,绝对不要批驳员工的防御反应,而要列举工作表现,并以开放性的态度倾听员工的解释,或者是延迟处理,因为稍后员工自然会作出更为理性的反应。

根据考核结果,管理部门将对被评估人员采取有关措施,如进行培训、调整工资、奖金待遇、调整级别或职位等。同时主管与员工共同针对考核中未达绩效的部分分析原因，制订相应的改进措施计划。主管有责任为员工实施绩效改进计划提供帮助，并跟踪改进效果。

五、会展场馆人力资源的激励

所谓激励员工，就是要调动员工的积极性，就必须把握员工的心理，从而制定相应的激励措施，最终实现组织的目标。会展场馆员工激励方法有以下几种。

（一）物质激励

经济人假设认为，人们基本上是受经济性刺激物激励的，金钱及个人奖酬是使人们努力工作最重要的激励，企业要想提高职工的工作积极性，唯一的方法是用经济性报酬。虽然随着人们生活水平的显著提高，金钱与激励之间的关系渐呈弱化趋势，然而，物质需要始终是人类的第一需要，是人们从事一切社会活动的基本动因。所以，物质激励仍是激励的主要形式，如采取工资的形式或任何其他鼓励性报酬、奖金、优先认股权、公司支付的保险金等。

（二）目标激励

目标激励，就是确定适当的目标，诱发人的动机和行为，达到调动人的积极性的目的。目标作为一种诱因，具有引发、导向和激励的作用。一个人只有不断启发对高目标的追求，才能启发其奋发向上的内在动力。每个人实际上除了金钱目标外，还有如权力目标或成就目标等。管理者就是要将每个人内心深处的这种或隐或现的目标挖掘出来，并协助他们制定详细的实施步骤，在随后的工作中引导和帮助他们努力实现目标。当每个人的目标强烈和迫切地需要实现时，他们就对企业的发展产生热切的关注，对工作产生强大的责任感，平时不用别人监督就能自觉地把工作搞好。这种目标激励会产生强大的效果。

（三）员工参与

现代人力资源管理的实践经验和研究表明，现代的员工都有参与管理的要求和愿望，创造和提供一切机会让员工参与管理是调动他们积极性的有效方法。适合于会展场馆的员工参与方式主要有以下两种。

1. 直接参与式

直接参与式管理，是指在组织决策中，员工分享其直接监督者的决策权，它最明显的特征是对共同决策的使用。当组织中的工作变得非常复杂，管理者不能了解员工所做的一切，且单靠个人系统很难解决问题时，允许最了解工作的员工直接参与管理决策，这不仅可以更有效地解决问题，而且可以提高员工工作积极性、自主性和满足感，起到激励作用。

但使用这种方式时，员工的参与管理的能力、参与时间、参与问题与员工的利益相关性、组织文化等都会影响员工直接参与管理的成效。

2. 质量控制环

质量控制环是由 3~15 个在同一领域进行工作的人所组成的一个小型团体，他们定期举行会议，讨论分析并解决影响其工作领域的问题。

在质量控制环领导的带领下,其成员聚集在一起,运用头脑风暴法提出问题以及提高绩效的建议,讨论后,便选择一个观点或问题进行工作,与解决问题有关的各种职责被分配给组中成员,在得出解决办法之前他们要碰几次面,并通过管理代表向管理者提出建议,管理层一般保留建议方案实施与否的最终决定权。在许多情况下,管理部门唯一要做的就是提供资金。

(四)培训和发展机会激励

随着知识经济的扑面而来,当今世界日趋信息化、数字化、网络化。知识更新速度的不断加快,使员工知识结构不合理和知识老化现象日益突出。他们虽然在实践中不断丰富和积累知识,但仍需要对他们采取等级证书学习、进高校深造、出国培训等激励措施,通过这种培训充实他们的知识,培养他们的能力,给他们提供进一步发展的机会,满足他们自我实现的需要。

(五)荣誉和提升激励

荣誉是众人或组织对个体或群体的崇高评价,是满足人们自尊需要,激发人们奋力进取的重要手段。从人的动机看,人人都具有自我肯定、光荣、争取荣誉的需要。对于一些工作表现比较突出、具有代表性的先进员工,给予必要的荣誉奖励,是很好的精神激励方法。荣誉激励成本低廉,但效果很好。

(六)负激励

按照激励中的强化理论,激励并不全是鼓励,激励可采用处罚方式,即利用带有强制性、威胁性的控制技术,如批评、降级、罚款、降薪、淘汰等来创造一种令人不快或带有压力的条件,以否定某些不符合要求的行为。

第三节 会展场馆管理体制创新

近几年来,随着我国会展经济的持续升温,在以往"国有国营"的展馆建设和经营模式之外,陆续出现了国建民营和民建民营的展馆建设经营模式。一是展馆越建越大,设施越来越"现代化",因而投资规模越来越大,政府负担越来越重;二是一些城市的展馆建成后,展馆的国有资产并未真正纳入规范化管理的轨道,资产的保值增值的责任没有明确;三是展馆的所有者与展馆经营者之间的关系模糊,二者的责权利关系理得不顺。这些问题是会展场馆管理中需要重视和逐步解决的问题。

一、关于会展场馆的投资和建设

在一些国家,部分展览场馆也由政府投资建设,带有一定的公共产品的性质。特别是一些国家的博物馆、美术馆等更具有这种性质,因此,一般是由地方政府投资建设并由政府委托的机构进行经营管理,这些展馆一般不以盈利为目的,而主要是为市民提供公共服务。而有一些国家的场馆虽由政府投资建设,产权归政府所有,但是委托或授权商业机构从事经营,与经营者有明确的经营责任和义务的规定,这类场馆以盈利为目的;还有一些场馆是由民间机构和私人机构投资建设并经营管理,以盈利为目的。应该说,在我国今后的会展业发展和展馆的投资建设中,这几种模式都是可以选择的。

(1) 公建公营型场馆。场馆主要由政府出资,公共产品的性质和色彩更多一些,如一些博物馆等。这部分场馆主要为市民服务,为其提供精神方面的享受,由政府委托或授权的机构经营,以维持盈亏平衡为经营目标,不以盈利为目的。随着经济发展和地方财政收入的增加,这部分公共产品会有所增加。但是,在我国经济发展的现阶段,这种场馆的数量以及投资建设应是有限的,而且不能相互攀比规模和档次,其规模应根据城市的规模和现实需要适当建设。

(2) 公建私营型场馆。场馆建设由政府立项,投入一部分资金,并且在规划土地和其他政策上予以相应支持,但在投资方面引入其他投资主体共同投资建设,其大量投资并不全部压在政府身上;建成后的展馆归出资人共同所有,并根据出资额获得相应的资产回报。其经营按照规范的商业运作方式,由资产所有者决定经营管理者人选。这类场馆以盈利为目的。

(3) 私建私营型场馆。场馆由民营机构和私人机构(包括中资和外资、中外合资)投资,并由其经营或委托管理机构进行商业运作。这种方式产权关系清晰、责权利明确,是完全按市场化方式运作的。

总之,今后各地兴建会展场馆,应尽量避免全部由政府投资建设的方式,而是采取多种模式建设场馆。但是需要强调的是,不管是谁投资建设展馆,其规划都必须由政府来主持,不能由企业任意所为。一个城市应按照会展经济发展的客观要求、区位状况、产业发展现状以及其他多种条件综合考虑会展的规模,并据此规划展馆的建设。

目前我国多数国有展馆与其经营机构的产权关系是不清晰的,展馆的所有者和经营者之间的责权利关系也不甚明确。事实上,国家投资建设的展馆其所有权应归政府所有,这应是无疑的。这部分资产具体应由政府部门指定的资产管理机构管理(今后一般归地方国资委管理)。而展馆的经营应是由资产管理部门委托或授权展馆经营公司经营,展馆经营公司与展馆的所有者之间应是通过委托经营或授权经营方式建立起来的关系。在委托或授权期间,应根据双方在委托或授权书中的具体约定,由展馆经营公司负责经营展馆,吸引办展资源,使展馆经营效益最大化。作为展馆的所有者,则是通过对展馆的委托经营得到更多的资产回报,使这部分国有资产能够在收回投资的基础上不断保值和增值。

明确展馆经营机构与展馆所有者之间关系的意义在于,这会促使展馆经营机构的市场定位更为明确。该机构的主营业务就是经营展览场馆,不断积累其经营管理和市场拓展的经验,使展馆经营效益最大化。因此,在未来的会展市场竞争中,就要考虑自身的核心竞争能力。

二、会展场馆管理体制的创新

(一) 会展场馆的合作与发展

1. 会展场馆之间的合作联盟

(1) 加快会展场馆之间的合作联盟,是我国在新的形势下的必然选择。会展场馆之间的合作联盟,有助于扩大会展场馆的规模,实现规模经济。会展场馆之间的合作联盟有利于节约资金。会展场馆之间的合作联盟可以增强会展场馆的国际竞争力。

(2) 会展场馆之间的合作联盟要注意的问题。会展场馆之间的合作联盟是市场行为,而不是政府搞的"拉郎配";会展场馆之间的合作联盟不能片面追求规模扩张,而应注意核心竞争力的提高;会展场馆应该注意提高会展场馆之间合作联盟经营管理水平。

在上海 INTEX 与宁波国际会展中心的合作中,宁波国际会展中心不是单纯地提供出租场地服务,而是凭借自身主办展览会的丰富经验,从主办者的角度思考如何服务,使服务更加专业。举例来说,在申办展会过程当中,展馆的服务涵盖提供相关展会的市场调查报告;在申办成功后,其营销举措更可以帮助主办单位进行招展和组织当地的专业观众。这是利用当地资源优势的方法,同时也是提供个性化服务的一种方向。宁波国际会展中心的管理并不是生搬硬套上海的经验,而是与当地的实际情况相结合,然后形成一套适合于当地发展的管理模式,这套管理模式也适合其他相近的中等城市。这种模式的合作,同时也是一个取长补短、相互学习、相互支撑的过程。以上海成熟的管理经验,配之以宁波灵活的经营机制,并将其发扬光大,这种合作为宁波培养了一支专业的会展服务队伍,并协助宁波建立了一个会展销售网络。这种模式的特质,从这一成功体系中,充分得到了印证。

2. 会展场馆的对外合作

随着经济全球化的趋势不断增强,形成了世界经济从资源配置、生产到流通、消费的多层次和多形式的交织与融合,使全球经济形成了一个不可分割的有机整体。因此,会展场馆必须顺应世界的形势,积极加强对外合作,融合到世界会展场馆发展的大潮中去。衡量一个国家会展场馆的对外合作的程度,应该主要看其所举办的国际会议和重要国际会议的数量与比例及其所举办的国际展览和国际知名展览的数量与比例。要想使我国会展场馆更好地对外合作,就应该与国外的会展场馆合办会展,合理管理会展场馆,增强我国会展场馆的国际竞争力。会展场馆必须加大引进外资的力度。由于目前我国还不允许国外会展公司开办独资会展公司,因此国外会展公司的投资大都是与我国会展企业合资建设展览馆,设立合资展览公司,等等。

由德国汉诺威展览公司、慕尼黑展览公司以及杜塞尔多夫展览公司和浦东土地管理局合资建设的上海新国际博览中心,就是我国引进外资的一个典范。新国际博览中心在开业以来取得了良好的经济收益,并为上海会展业的发展带来了许多先进的管理理念和经验,这充分说明了场馆的国际合作对我国会展场馆的发展具有较强的带动作用。

(二) 会展场馆市场化

1. 市场化是我国会展场馆发展的必然趋势

市场化是会展场馆地位和作用变化的内在要求;市场化是解决会展场馆建设资金问题的主要方式;市场化是调整会展场馆结构的关键;市场化是提高会展场馆核心竞争力的唯一途径。上海新国际博览中心就是一个典型的例子。上海新国际展览中心从运营的实际情况来看,确实是中国效益最好的会展场馆之一。会展场馆引进外资不仅能缓解我国资金不足的瓶颈,更重要的是外资带来了相应的管理、技术和理念。

2. 会展场馆市场化道路的选择

（1）大力引进民营资本和外资，实现会展场馆的产权多元化和分散化。一是要完善资本市场，推动会展场馆的上市；二是要建立和完善职业经理人市场；三是保障资产评估的客观性和准确性。

（2）成立会展场馆管理公司，推行有效的会展场馆管理模式。

（3）在竞争中培育会展场馆核心竞争力。

（4）注重会展场馆的市场分工与协作。

（5）加强政府的宏观调控是会展场馆市场化的制度保障。

本章小结

会展场馆管理是由人去运营的，营造一个高效的组织，选择一个高效的团队是非常必要的，本章就是从组织结构入手的，围绕会展场馆的组织结构设计、人力资源的配备、人力资源的培训、考核、激励等环节阐述会展场馆管理团队的形成过程。

复习思考题

1. 简述会展场馆组织设计过程。
2. 简述会展场馆人力资源计划的主要内容。
3. 如何进行会展场馆人力资源的招聘？
4. 会展场馆人力资源的培训内容有哪些？
5. 如何进行会展场馆人力资源的考核？
6. 简述会展场馆人力资源激励的主要方法。

引申案例

香港会议展览中心投资与管理的启示[①]

香港会议展览中心（以下简称"会展中心"）于1988年11月开幕。自此以后，香港的贸易展览事业蒸蒸日上，奠定了香港亚洲区贸易活动中心的地位，会展中心也成为举足轻重的国际会议举办地点。

会展中心位于景致迷人、闻名中外的维多利亚港上。会展中心之业权由香港贸易发展局及香港特区政府共同拥有。特区政府委托香港贸易发展局负责会展中心的发展、设计及管理事宜。香港贸易发展局已与香港会议展览中心（管理）有限公司（以下简称"会展管理公司"）签订了会展中心的管理及营运协议。会展管理公司乃新创建集团有限公司的全资附属机构。

---

① 根据香港会议展览中心网页资料整理. http://www.hkcec.com.hk/cn/about-hkcec/company-information/.

会展管理公司拥有超过850名员工，通过提供一流的服务以及采用先进与创新的操作技术，致力使会展中心成为亚洲最佳展览及会议场馆，并以提供卓越服务及举办蜚声国际的会议展览项目而驰名国际。

自会展中心开幕以来，使用率不断上升，第一次扩建工程于1997年6月完成，主要场地总面积较前增加逾一倍。扩建后的会展中心令香港向21世纪亚洲贸易活动中心的地位迈进一步。

应会展中心现有及新客户对展览场地空间的需求，会展中心于2006年5月开展第二次扩建工程，并于2009年4月完成。扩建部分令会展中心增加19 400平方米的展览面积。

1988年会展中心开幕时的建筑成本为16亿港元（2.07亿美元），这个数字并不包括地价在内。于1997年完成的第一次扩建工程耗资48亿港元（6.2亿美元），包括填海工程费用。而于2009年落成的第二次扩建共耗资14亿港元（1.8亿美元）。

伴随我国会展业蓬勃发展，国内会展城市的场馆设施越建越多，如何找到一种成熟而有效的场馆运营模式已成为业内广泛关注的重要课题。由于会展场馆的准公益性特征，国内会展城市投资主体普遍延续"政府为主，民营为辅"的做法，但也由此产生了一系列问题，如完全的国有投资、国企经营使民营资本和外资进入会展中心的建设运营面临着巨大的进入壁垒。近年来，国内许多城市也有一部分民营资本开始投资会展场馆建设，但由于场馆投资主体、运营体制机制等因素不同，在场馆的经营管理方面都存在着较大的差异。但毋庸置疑的是，随着我国市场经济不断深化改革、扩大开放，会展场馆建设和运营的市场化已经是我国会展经济不可逆转的发展趋势。

应该说，中国香港模式在场馆建设方面为许多会展城市提供了一个很好的范本，即打破了会展场馆只能由政府全额投资的做法。目前这种模式广泛被各国接受，纷纷以各种形式引进外资或者民间资金建设场馆。问题的关键在于如何更加有效地遵循市场趋利性原理协调处理好政府与市场的关系，进一步激发包括民营资本在内的市场主体的内生动力，进而更好地服务于会展经济的先导作用发挥。

问题：

针对我国会展场馆投资与管理模式，你有什么好的建议和意见？对场馆输出和引进管理各有什么建议？

第六章

会展场馆营销管理

引 言

一次好的会展活动对于提升该馆的知名度有一定的好处,所以场馆方应该积极主动地联系会展公司,帮它们做好展会宣传和营销工作,这样就可以利用知名展会提高自己场馆的利用率和知名度。会展场馆营销的目的就是要把场馆产品销售出去。

学习要点

- 会展场馆的营销过程
- 会议中心的 4P 组合
- 展览中心的营销过程
- 展览中心的客户服务中心

引入案例

上海世博展览馆[①]

上海世博展览馆是一座设施先进、布局合理、节能环保、交通便捷、功能齐全的高规格、现代化、国际性会展场地。

顶级地域　助飞梦想

上海世博展览馆傲踞 2010 年上海世博会顶级核心区域,是成就一流展会盛事的至优选择。它毗邻黄浦江,位于世博轴西侧,紧临中国馆、世博中心、演艺中心、五星级酒店,是高规格、国际性现代服务业聚集区的重要组成部分。上海世博展览馆优越的区位,决定了其方便快捷的独特交通优势。它连接南浦大桥、卢浦大桥、打浦路隧道等过江要道和浦东上南路、耀华路主干线,坐拥数十条公交线路,轨道交通 7 号线、8 号线耀华路站直达展馆。

非凡空间　无限可能

上海世博展览馆是一个多功能的场馆,是一个可塑性极强的场馆,是一个可以任您驰骋的创意空间。上海世博展览馆占地 11.5 公顷,建筑面积 17.1 万平方米,地上建筑面积

[①] 根据 www.shexpocenter.com 整理.

9.3万平方米,由南、北入口大厅,中央大厅,一号、二号、三号展馆,贵宾接待区构成;地下建筑面积9.3万平方米,由四号展馆、五号展馆、会议区域、洽谈用房、设备区域与停车库等组成。室外3个广场(南广场、北广场和下沉广场)和2个卸货区(东卸货区和西卸货区)。10万平方米室内、外展览面积布局合理,功能齐全,相关空间自由组合,十分便于参观,能满足不同规模展会及活动需求。8万平方米室内展览面积分为5个展馆:最小展览单元面积7 000平方米,最大展览单元面积2.5万平方米,为亚洲最大无柱展览空间。10 000平方米的多功能中央大厅,空间可塑性强,秉承宾客至上理念,遮风挡雨的设计一站式连接各个展厅与功能区域,是相关展览、活动、仪式的优选场地。3 000平方米会议区域共有大、中、小11个会议室,最大可举行780人的高级别会议。9万多平方米的配套用房可用作高级办公区、商务服务区、餐饮区、设备区等。2万平方米的室外展场,与室内场地交相辉映。优雅、独特的下沉式广场,任你创意飞翔。地上、地下停车区拥有近1 500个停车位,物流便捷。

高级场馆　高端服务

上海世博展览馆秉承上海世博会永久性场馆高贵隽永风范,是集先进、前沿软硬件设施与优美环境于一体的国际展会活动的梦工场。客户至上的服务理念,渗透到高端服务的点点滴滴,相信我们的专业团队能与您共筑您的成功梦想。

大跨度无柱空间

亚洲最大的双向跨度无柱空间展馆,层高14米,面积2.5万平方米,十分有利于举办各类展览和活动。无论是对展示空间的需求还是对于设计理念的拓展,主办方都能在此得到淋漓尽致的发挥与演绎。

便于参观　可塑性强

10 000平方米的多功能中央大厅,别具一格的三层通透设计,一站式连接各个展厅与功能区域,便于观众风雨无虞地参观与休憩。齐全的设施与空间极大的可塑性,也使得中央大厅成为相关展览、活动、仪式的优选场地。

优雅　独特　创意飞翔

地下一层下沉式广场,结合开放式的透光和空间加高设计,规避了传统地下展厅层高低、物流不便等缺点,也是创意活动地点的好选择。

绿色　清洁　环保

作为亚洲一流绿色建筑的主题馆引领场馆节能环保新潮流。

第一节　会展场馆营销过程

会展场馆的活动由于参与主体的复杂性,要及早开展营销活动,而且要各个部门统一协调,做好方方面面的工作,包括和政府、媒体、参展商、海关等协调好关系。一份详细的书面计划能使人们更具前瞻性思维、明确目标,更好地利用各种资源,使营销职责明晰无误、工作有条不紊,且利于营销成果的评估。

一、市场调研

对会展中心所处的经营环境及在市场竞争中所处的位置进行评估,即会展市场的形势分析。一般来说市场资料能够从以下一些渠道获取。

政府统计数据和相关报告;行业发展报告、行业协会会刊;商会定期提供的更新资料;当地的报纸、杂志等媒体;社区活动。

初步收集信息工作完成后,要注意对这些市场信息去粗取精,筛选出"浓缩"的最有价值的信息来进行下一步的具体分析。

1. 自身设施和服务分析

对会展中心整体环境和施工质量进行严格的评价;对会议室逐一进行考察;准备一套现有的会议设备清单,列出设备的种类、数量以及具体位置;分析地理位置和交通状况;客观评价服务质量和声誉;最后假定自己是会展策划人,考虑设施和服务的水平。

2. 业务状况和趋势分析

以过去、现在和潜在的市场资料为线索,分析主要客源及其地理分布、分析各种客源所占的业务比例以及带来的利润、分析主要业务及其发展趋势等。

3. PEST 分析

PEST(宏观环境)分析,即从政治的(political)、经济的(economic)、社会的(social)和文化的以及技术的(technological)角度分析环境变化可能对会展中心业务和市场产生的影响。

(1) 政治。例如,世界处于不安定状态之中,反恐、安全应该列入头等重要的考虑范围。

(2) 经济。会展市场具有较强的弹性并依然保持着活力,但它极容易受到经济衰退的影响。欧美会展市场近年来有萎缩迹象,而经济发展迅速的亚洲成为会展业新的热土。

(3) 社会、文化。21世纪的会展将更具活力和参与性。重点将是相互沟通,而不是激烈的争辩;是网络与共享,而不是被动的倾听。这要求会展中心配备很多分组讨论用的会议室,完善各种休闲娱乐设施,为会展提供良好的交流氛围。

(4) 技术。越来越多的会展活动正借助电脑和媒体技术,采用交互式的方式。很多会展活动的注册也是通过网络完成的,还可利用网上调查工具向与会者或潜在与会者征求下次会展的意向。

电子邮件和互联网的使用已经成为会展组织者的非常实用的辅助工具;大型会议的组织者常常为每个会议建立一个专用网站,详细罗列会议地点和会议议程的信息,以及举办地中的休息和娱乐设施的信息等。许多网站都配备功能强大的搜索引擎,提供内容详尽的会议地点和其他服务提供商的名单。许多会议策划者在网上查找会议地点已经成为惯例。因此,会展中心必须重视网络营销。

4. 竞争分析

在给会展中心界定竞争对手的时候,业内往往认为是在周围地区提供相似会议设施和服务,并以接近的价格招徕相同的市场的会展中心。

竞争分析有利于会展中心明确自身在市场中的位置,并及时调整市场营销策略。

会展中心可以通过实地观察、从旅游管理部门和会展行业协会索取宣传品、查看黄页、查看连锁酒店的名录以及会议指南等方式获取信息,以分析竞争对手的营销重点和策略。

二、目标市场定位

会展中心实现合理定位,是制定市场营销战略的前提。通过目标市场定位,能切实保证物质产品适应市场的需求,并与竞争者的产品很好地区分开来;能切实保证会展中心的工作人员能够真实地了解会展组织者和与会人员的特殊要求,并不断提高满足这种要求的个人服务技能,从而让消费者重复光顾。

目标市场定位过程主要包括以下几个方面。

1. 市场细分

以会议为例,会议业务的来源主要是协会类还是公司类客户?国内还是国外客户?主要客户是什么人?大多数客户是具有成功策划和举办会议的丰富知识的专职会议组织者,还是经验不足的单次活动或非专职策划人?经常打交道的有哪些协会管理公司、会奖旅游经营机构或是非营利性机构的委员会?

2. 选择目标市场

会展中心应该有比较清晰的主导功能定位。在会展发达国家,一些国际性的品牌会展总是固定在某个或几个场馆举行,这样既便于会展中心和重要客户之间开展长期合作,又有利于培育会展品牌。会展中心必须在认真进行市场调研和需求预测基础上,选择自己合适的目标市场。

3. 实现定位

会展中心明确分析自身的竞争优、劣势和市场供求状况,在此基础上进行准确的目标市场定位。所谓定位(position),是指客户对会展中心的总体感受,即会展中心在客户心目中的形象或独特点。在定位过程中,首先,是要稳定和扩大已经获得的市场;其次,对细分市场进行深入分析;最后,逐步扩大市场份额。

无论是综合性还是专业性的会展活动都有其特定的目标受众,对于会展场馆市场来说,进行市场定位更为重要。会展场馆只有在进行市场细分和确定自己的目标市场后,才能针对自己的市场发展自己的营销组合。

以会议市场为例,会议可按规模、形式分为大会、讨论会、代表大会、论坛、讲座等15种之多。对于不同的会议类型营销的手段是不同的,如协会会议由于是会员自愿参加的,因此会议带有很大的不确定性,为了吸引会员来参加,在进行会议组织的时候,许多的协会团体会同时召开展览会,这样一方面可以增加会议的吸引力,另一方面可以降低会议的风险。而对于公司会议来说因为它是强迫参加的,所以没有人员变动的风险,会议服务公司只要在自己的服务水平方面和性价比方面大做文章就可以。对于国际组织和政府会议一定要安全第一,在此期间许多领导人会同时出现在某个地方,所以会议举办地安全被列为第一个要考虑的要素,这时的营销重点就转向了"安全"。

三、制订计划

1. 市场营销目标

根据会展市场调研结果确定总体目标,并就各个细分市场制定具体的目标。例如,哪个月的业务量需要提高?哪些方面需要更强有力的销售举措?开辟哪些新的细分市场可以提高营业收入?所有营销目标都要以书面的形式表达出来。

2. 制定行动方案

制定相应的行动方案,以确保企业目标的实现,这是市场营销计划的实质内容。每个细分市场和经营部门都应该有具体的行动方案。例如,对目标客户进行详细的记录,包括参展商的公司名称、地址、邮编、联系人、电话号码、传真等;确定市场营销的目标,并针对目标提出合理的营销组合策略。

3. 制定预算

为每个部门和细分市场制定具体的预算,并对会展中心营销活动提出一定的控制和规划方案。

四、评估和调整

由于会展市场上存在许多的不确定因素,因此随着外部环境的变化,要对会展中心市场营销计划作出调整,调整的前提首先是对市场营销计划作出准确的评估,然后再进行适当的调整。活动组织者应重点在以下几个方面考察。

(1) 营销活动是否起到了预先设想的作用:告知行为、影响潜在参展商参展、公司品牌或形象建立等。

(2) 营销活动对公司的销售额起到多大的影响作用(计划前后的销售额变动百分比)。

(3) 通过营销活动是否真正对之前确定的目标市场起到应有的作用(预定场地、主动和场馆方进行沟通)。

如果营销活动没有起到以上的作用,那么有可能外部市场环境已经发生了改变,那么会展中心市场营销计划也应作出相应的调整。

第二节　会议中心营销策略

如今拥有会议设施的酒店和会议中心越来越多,它们各具特色,都积极地参与市场竞争。要抓住会议生意,必须树立强烈的市场营销意识,制定合理的市场营销策略。

会议业属于服务业的范畴,由于会议中心产品的特点不同于有形产品,服务消费者也具有不同于有形产品消费者的行为特征,会议中心的营销策略显得更加复杂。会议业的市场营销组合构成要素包括 4P,也有人把传统的 4P 扩大到 7P,即加进了捆绑打包(packaging)销售、售后(post-sale)服务以及人(people)的要素。为了不致引起思维的混乱,我们仍按照 4P 框架来论述会议中心的营销策略组成。

一、会议中心产品策略

产品(product),既包括硬件因素,如会议室、客房、宴会厅、娱乐设施等,又包括软件因素,如服务、与会者的体验,还包括品牌、USP(独特卖点)等。由于会议是一种服务产品,销售策略中,要着重强调无形的利益。要重视向客户提供延伸服务的过程,包括活动的前期准备、活动期间和活动之后的服务,目标是自始至终让客户满意。

产品策略是市场营销组合的核心,也是其他几个策略的基础。

(一) 会议中心产品的特征

(1) 是有形设施和无形服务的结合。会议中心产品既有有形的场地和设施设备,又有服务这一无形产品。

(2) 具有不可储存性。如果会议场地没有在合适时间内销售出去,失去的收入无法弥补。

(3) 具有不可专利性。会议中心很难为自己设计的会议场地、服务方式等申请专利,因此会议中心的产品要不断创新,并要靠始终如一的卓越服务质量取胜。

(4) 品牌忠诚度低。人们开会时普遍存在一种求异的心理,换一个地方、换一个新环境常能给人以愉快的满足感,因此会议中心十分有必要采取关系营销手段来巩固客户关系,提升客户忠诚度。

(5) 高度依赖信息。会议中心的主要客户有相当一部分来自外地甚至外国,他们对会议目的地人生地疏,需要通过大众媒体了解会议场地的具体情况和市场口碑。因此,会议场地营销人员必须做好信息的传递工作。

综上,会议中心产品的这些特征,对会议营销工作提出了更高的要求,会议中心的每一位员工,都要有意识地尽力去推销会议设施和服务,以提高会议场地的利用率。

(二) 会议中心产品的生命周期

会议中心产品的生命周期是指从会议中心进入市场投入运营开始,直到被淘汰出市场为止的全部过程。与一般产品类似,典型的会议场地产品生命周期包括四个阶段:投入期、成长期、成熟期和衰退期。分析会议场地处在产品生命周期的哪一阶段,可以通过调查竞争对手数目、竞争产品数量、比较产品最初的销售量与当时销售量、比较竞争者产品与自身产品、确定市场占有率水平等手段来进行。不同生命周期的市场营销策略如下。

1. 产品投入期

会议中心产品的投入期,不管是会议策划人还是中间商都尚未完全了解新产品。因此,营销部门的主要任务是多做广告,让更多的客户了解产品,以最短的时间迅速进入和占领市场,为进入成长期打好基础。

2. 产品成长期

进入产品的成长期,会议中心的经营项目增多,设施和服务被市场广泛接受,利润额迅速增加。营销活动更重要的是要考虑竞争这个因素。在成长期,会议场地产品营销策略的主要内容如下。

（1）引进新的设施设备，改进服务质量，提升产品的附加值。

（2）从提高会议中心的知名度转为说服潜在客户预定和购买，进一步提高企业美誉度。

（3）进行深度市场细分，在针对不同客户的需求完善产品和服务的同时，开发新的销售渠道。

（4）在扩大出租面积、降低经营成本的基础上，选择适当时机降价，吸引客户，抵御竞争。

3. 产品成熟期

在成熟期，会议中心的产品已被绝大多数潜在客户所接受，但市场竞争日趋激烈，为了保持会议场地原有的市场份额，必须采取强有力的措施来延长产品的成熟期。

为了提高销量，会议场地应从提高会议设施的出租率和提高每次会议的场地使用面积两个层面入手，争夺竞争者的客户，开发会议场地的新用途。并采用市场营销组合改进策略，促进4P要素更加协调。

4. 产品衰退期

在衰退期，会议中心的大多数设施和服务已失去原有的吸引力，被更加适合客户需求的新产品所代替，销售额迅速下降，价格跌落。

这时应尽力抓住一部分落后客户的需求，延长产品的寿命。更重要的是，在产品成熟期时就要注意开始考虑产品改进方案，从而使产品生命周期再次循环，产生再生期。

如果企业确实进入了衰退期并做好了充分准备，则可以彻底淘汰原有产品，把资金投向新产品的开发中。

（三）产品创新策略

1. 设施创新

如今，许多会议地点耗费巨资开发一些硬件设施来形成竞争优势。在技术上进行投资，其重点是将目标对准客户希望从新技术中得到的利益。会议地点必须紧跟生活方式发展的潮流。例如，在国外，SPA（水疗）设施正变得越来越重要，面部护理早已经不再是女性的专属，而是高层经理人为辩论或演讲做准备、增加自信、确保平衡冷静的过程之一；还有无烟卧室、符合人体工程学的"智能"座椅也成为满足与会代表要求所必需的投资，因为它们可以帮助与会者保持清醒的头脑；还有不少会议中心注意到需要改善设施以满足残障人士的需要，修建轮椅通道等设施。

2. 服务创新

了解会议客人的真实需要，向客人提供他们需要的服务，是做好会议接待工作的基础。对会议接待服务进行科学的设计和创新是一项十分重要的工作。美国营销学家肖丝丹克（G. Lynn Shostack）认为新的服务体系开发应具备客观、精确、实事求是和便于操作4个方面的特点。对于新服务的开发，通常包括以下步骤：制定或检查企业的商业策略，确定新服务的开发策略，根据企业的新策略来筛选新服务构想方案，分析盈利可能性与方案可行性,测试新服务与其他营销因素的配合程度,正式推出新服务,市场反应评估。

3. 管理创新

采用新的激励手段,调动员工的积极性,主动为客户提供优质服务;通过制度创新,加强对设备的维护、保养工作,加强安全、卫生方面的管理等。

4. 形象创新

例如,注重会议中心对场馆进行生态化设计;大力倡导绿色营销理念,更加强调自身的生态特色和环保理念,以迎合客户和大众的环保需求心理;强化环境保护意识,更加注重节能降耗和三废处理。总之,会议中心需要用实际行动体现强烈的环保意识,用积极的绿色行动树立在公众心目中的良好形象。

二、会议中心定价策略

价格是会议中心各种设施和服务费用的不同组合,它是决定会议中心经济效益和市场份额的最重要因素之一。在营销组合中,价格是唯一能产生收入的因素。

(一) 定价目标

由于企业经营目标的多元化,会议场地定价的目标也是多种多样的。

(1) 利润导向,即会议场地定价时以下列一些因素为标准,如最大利润、满意利润、目标利润率、快速收回投资等。

(2) 销售导向,包括最大销售额、满意销售额、维持或争取市场份额、市场渗透率等。

(3) 竞争导向,与竞争对手的价格保持一致,或者拉开差距。

(4) 成本导向,即以盈亏平衡点目标为基础。

会议中心应首先明确定价目标,因为不同的定价目标所涉及的具体定价方法是不一样的。

(二) 影响定价的因素

确定了定价目标后,还要考虑会议中心的定价要受社会经济形势、国家政策法令等宏观因素和设施条件、服务水平等微观因素的影响。

1. 会议中心产品本身的因素

(1) 差异化程度。那些拥有市场上独一无二的会议设施的酒店或会议中心,在定价时有很大的自由支配权;反之,定价自由度就小。

(2) 产品声誉。声誉好的,定价就可能高一点;反之则低。

(3) 标准化程度。标准化程度越高的会议场地,价格变动的可能性一般越小。

2. 目标市场

针对的目标市场不同,定价也会有不同的规律。例如,协会类会议组织者能接受的价格一般相对较低。例如,由德国会议局曾经做过的一篇题为"德国会议市场"的调查报告中指出,公司类会议每个代表平均每日消费 224 欧元,而协会类会议代表为 96 欧元。

3. 竞争格局

这是指会议中心之间的产品竞争情况。竞争激烈,价格下跌;反之则升。

4. 宏观因素

这是指宏观环境对会议中心的定价影响。例如,经济环境好,市场活跃,定价则比较灵活;反之则要谨慎。

(三)定价策略

定价策略是指会议场馆为了在目标市场上实现自己的定价目标而使用的策略,目的是要构建一个合理、灵活的价格体系,实现营销目标。

1. 定价的打包方式

打包是不同的产品和价格组合方式。打包的适当与否是决定会议中心经营成败的要素。

会议中心常见的做法是给出一个整体报价,包括客房、会场和餐饮服务。有的会议中心对某些会议场地单独收费,收费情况通常为:×××元/半天,或×××元/整天,如果预订的客房或餐饮比较多,常常会免收场地费。

根据会议的安排。有些会议中心按照"住宿"和"白天"两种捆绑打包方式,分别定价。例如,住宿与会人员的消费定额包括单间客房、早餐、早茶和早点、午餐定额、午茶和午点、正餐定额、租用会议室和设备费用、完全占用酒店的保健和娱乐场所;白天与会人员的消费定额包括租用会议室的费用、早茶和早点、午餐定额。

有时,会议中心可采用与本地旅游景点捆绑打包,或与其他酒店捆绑打包等方式。

2. 收费项目细节问题

收费项目是否包括保险费、额外的水电费、销售税和客房税、额外电话费甚至小费,这些细节问题都要事先确定,在经过协商后把所有收费项目逐项列进合同是非常必要的。

3. 付款问题

付款问题包括是否需要缴纳定金,对迟到的与会者如何处置,接受哪些种类的货币,具体付款方式,是否可以延期支付,等等。

4. 折扣与让价策略

折扣与让价策略包括数量折扣、现金折扣、季节折扣和周末折扣、同业折扣。

1) 数量折扣

客户购买量越大,所享受的折扣就越大。实行数量折扣可以起到鼓励客户增加购买量,建立长期业务关系的作用。有一类是累计数量折扣,规定在一个时期内,当客户的购买总量超过一定数量时,按总量给予一定的折扣;另一类是非累计数量折扣,即客户一次性购买的数量或金额达到规定的要求时,就可得到某种折扣。

在会议业中,常见的数量折扣形式是会议价,即与会者通常付相同的价格,一般情况下,酒店或会议中心都把客房数量最多的房价定为团体价,而提供的客房结构不同。

会议中心把会议看成一种整体安排,有些与会者得到较好的客房,而另一些只能住差一点的房间,因而大部分会议中心力图按比例出售各类客房。但是,如果客源不足,而会议主办单位又要求较大折扣,会议中心便很可能同意按团体价收费,甚至就较低的价格收费。

2) 现金折扣

现金折扣也称付款期折扣,是对在约定付款期以现金付款或提前付款的客户,给予原定价格的一定折扣的定价方法。会议中心常在交易条款中注明"1/10,净价 30",其含义是若客户在成交后 10 天内付款,就享有 1% 的现金折扣,但最迟也必须在 30 天内付清全部欠款。采用该方法的目的是改善会议场地经营的资金周转情况,减少呆账损失,降低收款费用。

3) 季节折扣和周末折扣

会议中心通常在淡季给予客户一定的优惠折扣。国外还有一些会议中心在周末的收费比平时要低一些。这是由于会议中心产品的不可储存性,客观要求经营者想方设法去刺激淡季需求,折扣便是最直接、最有效的办法。

4) 同业折扣

同业折扣是会议中心给予中间商(如会议公司等)的价格优惠。加强与旅行社、会议公司等中间商的合作是会议中心营销的重要组成部分。

值得强调的是,采用折扣、佣金价格策略会使会议场地企业的平均价格下降,因此,会议场地经营者必须在事前仔细研究究竟应如何操作,并制订合理的计划。

(四) 有关价格的谈判要点

(1) 会议中心与会议主办方洽谈过程中有这样一些内容与定价有关:如接待活动的具体日期——周内还是周末?具体开会时间——一天的不同时间段是否可以出售给不同的客户?时间段与季节性——是否要提供折扣?与会人数、客房占有率——该笔业务的总价值有多大?该会议对其他被回绝的潜在业务的影响?该客户未来业务的可能性?等等。

(2) 在开始洽谈之前,会议中心的销售经理要做到:知晓会议地点的主要业务来源;了解市场分割与举办会议的客户的不同类型,以及活动的不同类型、目的、预算;把握会议市场以及地方、国家乃至国际整体经济的现状;了解会议地点的主要竞争对手;了解当地的重大活动如体育赛事、文化活动——这将对客房和多功能厅的需求产生影响。

(3) 经过初步洽谈,会议中心的销售经理要十分明确下列问题:客户评价将活动办好的最重要的因素是什么;是否具有较大的灵活性,如会议地点、会议日程、会议形式还有没有其他选择;客户是否会作出让步,如果会,他们期待什么回报;会议地点可以作出什么让步,才能做到既不会损失太大又能够让客户接受。

三、会议中心渠道策略

(一) 销售渠道

这是指会议设施和服务从会议中心向客户转移过程中所经过的通道或途径,是指取得这种产品与服务的所有权(使用权)或帮助所有权或使用权转移的组织和个人。要而言之,即出售或者代理会议设施的组织和个人。

（二）销售渠道的职能

对于会议中心而言,中间商的任务是将会议设施和专业服务加以组织并转移到客户手中,这些中间商主要包括批量出售会议设施的批发商、会议公司等,它们长期活跃于销售市场,能较准确地掌握特定市场的需求、客户对产品和服务的意见以及竞争者动态,因而能为会议中心提供有价值的信息。

销售渠道的具体职能有：销售,中间商与可能的客户接洽,明确客户的预订委托要求；购买,中间商在获得客户预订要求后,向会议中心作出预订；组合产品,将会议场地同航空公司、出租汽车、旅游景点等产品和服务组合出售；融资,负责筹集场地定金以及向客户提供信贷等所需的财务资金；信息沟通；促销；承担风险。

总的来说,中间商能使会议中心产品的销售渠道简化,缩短销售时间,提高销售效率。

（三）具体渠道

1. 利用目的地整体营销

大多数的会议地点都是与它们的所在地合作,与合适的举办地市场营销组织有着密切的关系,如与会议和观光局或会议办事处、区域或地区旅游委员会,以及国家旅游组织等。

2. 通过会议业行业协会

许多会议业行业协会中有很大一部分成员都是会议场地企业,一些国际性会议业行业协会往往对成员有很高的资质要求。对于一个会议中心来说,加入会议业行业协会无疑意味着自身品牌形象的极大提升,也意味着可以借助协会的巨大影响力和资源网络来更好地宣传自己。

3. 通过会议地点联合体

例如,Conference Center of Excellence(CCE),是英国规模最大的专业会议和培训类会议地点的联合体,成员共达30多家。其宗旨是合理配置市场营销资源,共同开发市场；共同从事公关活动；调查开发欧洲大陆市场的机会；共享信息和经验。

国际会议中心协会(Association International des Plalis de Congres,AIPC)于1958年成立于罗马,为非营利组织,截至2019年6月,有来自世界60多个国家和地区的185个国际会议中心会员。我国北京国际会议中心、杭州国际博览中心、珠海国际会展中心、漳州国际会展中心、香港会议和展览中心以及台北国际会议中心都是其会员。AIPC主要宗旨是：为联合全世界会议中心资源,通过会员间的交流,交换有关会议管理、会议技术、会议沟通以及会议新需求等信息,向会员提供有关会议管理和顾问服务；通过会员间主管的交流,提升会议硬件管理与营运、财务运作、组织与员工发展、行销与客户管理和环保诉求等相关议题的水准。协会在行业术语的释义方面、统计数据方面以及国际会议等其他方面起着非常重要的作用。①

4．通过市场营销联合体

国际市场中充满了激烈的竞争，那些想取得一席之地的组织必须采取一种长期的战略，要与其他组织（航空公司、国家旅游委员会和其他市场营销联合体）合伙经营，找到大量的财力和人力资源。对于会议地点来说，努力吸引海外商务活动，并与它们的所在地密切合作，或作为某个国际连锁或联合体的组成部分对外推销自己，这是非常重要的。

许多会议地点是市场营销联合体的成员，合伙进行市场营销活动。联合体能够提供实实在在的商业利益，如批量购买折扣、网络、标准和培训，还可以在客户心目中树立信任感。这类市场营销联合体主要有希尔顿、马里奥特、国内的锦江集团等酒店集团；Best Western Hotels 等组织。

5．利用专业网站

如 www.venuedirectory.com 这类网站，允许人们联机键入他们的会议地点检索标准，在几秒钟内给出会议地点的细节。然后，可以进一步查找有关会议地点的详细情况，包括照片，并可以对该会议地点进行"虚拟"旅游。有的甚至还可以将特殊的咨询要求甚至询价请求发送给列出的会议地点。

四、会议中心促销策略

会议中心促销（promotion）是采用多种沟通方式说服客户购买会议中心的产品，与客户建立关系的过程。促销策略是各种不同的促销活动的有机组合。

（一）促销材料

会议中心向外界提供的促销材料中应该强调设施和服务方面一切突出的优势，强调能给会议组织者带来的利益。最好附有清晰的会议室平面图，并保证数据的准确性。比例图上应该标明会议室的尺寸、天花板高度、各种最常用布局下的客容量，还有门、窗、柱子、电梯、电源插口和阻碍物等细节。

（二）促销手段

1．人员推销

由于具有当面交流、便于建立关系和直接成交等优点，人员推销成为会议场地促销中最常用的一种手段。在得知某组织或企业要在当地举行会议的信息后，酒店或会议中心通常就会派销售人员前往拜会会议组织者。推销人员应注意以下几点：善于察言观色；谈论客户感兴趣的话题；备好酒店会议设施或会议中心的各种宣传资料、照片、幻灯片甚至电视宣传片等，抓住时机向客户展示；强调接待会议的经验；可向客户展示举行这些会议的照片和到会的重要人物名录等；采用连续促销；除了认真履行合同条款之外，还应该继续保持与客户的联系。

---

① www.aipc.org．

如果会议组织方前来会议中心进行现场考察,通过人员促销能够很好地向潜在客户展示会议地点的优势。促销人员的职责是尽可能多地从潜在客户那里挖掘信息。这时要注意做好周密细致的准备和策划工作。

首先,通过聆听和提问来了解诸如日期、数字、会议室布局、食宿要求等细节。

然后,进行第二轮的提问,了解活动的性质、客户最注重的问题、最终活动要达到的效果。例如,了解参加活动的都是些什么人,由此可以了解到与会者的消费能力和潜在销售机会;他们搭乘何种交通工具来参加活动,由此可以了解到停车场的重要性;宴会的正式程度如何,由此可以了解到是否需要主持人、娱乐项目、菜单能否提价;等等。

明确所有上述问题,就可以知道客户需要什么、重视什么,并且可以接受他们的要求,出售产品的过程就可以顺理成章地进行了。例如,如果与会者乘车前来,就向他们销售免费停车场;如果团队建设非常重要,就向他们销售会议、宴会、娱乐、食宿等,使整个活动的方方面面可以在统一的范围内进行,不必把与会者分开;如果他们所带的设备比较沉重,就向他们销售便于运送的通道;如果需要专业服务,向他们销售个性化的一会一办的服务方式。总之,促销时,基于客户的需要而强调会议地点的优势,将会议地点的相关设施功能转为有益的服务这一点非常重要,牢记"对客户有什么好处"这个信条。

对于会议中心的营销人员来说,需要与会议组织者建立良好的关系,要让他们感觉到你的会议地点就是为他们量身定做的。但是如果你认为他们的观点或计划有不合理之处,或者可以做得更好,可以提出建议,常常有别的方案是组织者没有想到的,这是发挥你专业才能的时候;要保持诚信,不要轻易许诺无法做到的事情。

2. 内部促销

利用内部的各种宣传资料和员工的营业推广,加强员工对会议中心各种设施和服务的了解,强化他们、特别是一线员工的促销意识,使每位员工都成为会议中心的促销员。

准备足够的小册子,并精心设计、印刷精美,使之具有吸引力,以激发客人阅读的欲望,进而对会议设施和服务留下较深刻的印象。

3. 广告

广告的投向主要包括:①会议行业出版物;②名录和宣传册;③特定行业刊物,如国际性行业协会编的会员名录;④《经理人》杂志等;⑤网站;⑥CD和DVD。

4. 贸易展示会

专门针对会议组织者和会议策划者的贸易展示会与展览会,参展的展商有会议地点和举办地、会议服务提供者、中介机构、交通运输公司和贸易杂志社。可以利用这种展会接触潜在的客户。

5. 营业推广

营业推广,是指会议开展的各种短期的、鼓励性的、非连续性的、灵活的促销活动,与广告配合常常会收到更佳的效果。对客户的营业推广是为了刺激客户的购买欲望,鼓励重复购买,对中间商的营业推广是为了激发中间商的销售热情,对推销人员的营业推广则是为了鼓励销售人员积极工作,努力开拓市场。其具体手段有以下几种。

(1)价格优惠。在淡季或特殊时期推出优惠价格项目。

（2）退款和折让。给予未得到满意服务的客户全部或部分退款和折让。

（3）优先照顾。对重要客户、会议场地俱乐部成员、长期客户等特殊客户群体提供特殊服务,如优先预定权、特别礼品和支票兑换现金的特权等,能培养这些客户的消费忠诚。

（4）红利。通过财务销售分红的形式,将自身经营状况与中间商的利益紧密地联系在一起。

（5）赠送礼品。向会议策划人和中间商赠送特别礼品,是加强与客户之间感情交流和联系的有效途径。

6．公共关系

这里的公共关系主要是指利用各种媒介发布重大新闻或是对会议中心的硬件设施、特色服务等进行有利宣传,而会议中心并不为此付费,即人们通常所说的"软广告"。

公关活动的重要职能就是通过各种传播手段,与其内、外部公众进行信息沟通和情感交流,疏通与各方面的关系,使各类公众理解企业的经营宗旨和行为,从而为企业的经营和发展扫除障碍,争取支持,创造良好的内、外部环境,扩展和美化企业的社会声誉,提高企业的经济效益。

公关活动的对象包括以下两类。

一类是客户、外部的协作者、竞争者、政府主管部门、新闻界以及社区公众等,其中,客户是主要公关对象。常用的公关活动方式有以下几种。

（1）新闻宣传。争取一切机会和新闻媒体建立联系,及时将具有报道价值的信息提供给有关新闻媒介。下列事项可作为新闻报道的内容：开业典礼,周年纪念；企业在经营方面取得的突出成就和经营管理经验；企业员工具有社会公众影响的杰出表现；名人（如外国总统、首相、影星、球星）下榻与惠顾的历史；来自显赫人物或机关团体的赞誉等。这些都是有价值的新闻题材。

（2）听取或处理公众意见。

（3）赞助和支持社会各项公益活动。

另一类是企业内部的员工。建立企业内部良好的员工关系,增强企业的凝聚力,是会议场地经营成败的关键,也是会议中心内部公共关系的重要职能。常用的活动方式主要有：出版企业内部刊物；利用员工宣传栏；搞好员工生日聚会；组织各种员工喜爱的文体活动,丰富员工的业余生活；注重情感投资,增强员工对企业的忠诚度；等等。

第三节　展览中心营销过程

展览中心的营销过程与一般商品的营销过程应该是一样的,也是首先要给自己的展览中心进行市场定位,即确定它的市场功能；其次进行广告宣传,即让目标受众认识并接受；最后就是要进行具体的营销,包括采用一些具体的营销策略和方式,将自己的展览中心成功地销售出去。

一、展览中心的市场定位

企业目标市场定位是企业对目标消费者或者目标消费市场的选择。影响企业目标市场定位的因素主要有三方面：行业竞争状况、目标市场细分、展馆的内部属性。对于展览中心营销来说主要是了解当前国内及展览中心所在地的竞争情况,本展览中心的自身特点和适合举办展览的种类,以及目标细分市场的特点。

(一)行业竞争状况

在进行展馆营销的时候,展览中心一定要对当地及邻近省市的展馆情况做市场调查。目前,北京、上海等城市会展需求旺盛,展馆供不应求,表现出"一馆难求"的态势,许多的展览由于展览中心的档期排不过来,只好排到展览淡季举行,而展览中心也由于过度使用,连折旧恢复的时间都没有。而相当一部分城市展馆使用率十分低下,展览中心面积在不断地增加,但是却没有展览举办,呈现出"僧多粥少"的局面,大量的展览中心处于尴尬的空置状态。

与此同时,中国会展业陷入产出徘徊不前的尴尬境地,尽管展览面积已超过德国,但每年直接会展收入仅相当于德国会展业收入的近1/4。中国会展业收入远远低于西方会展业发达国家的水平,使行业发展缺乏后劲。

这种状况迫使展览中心一定要认清自己的处境,对自己周围的展馆的区位、面积、特征做一个详细的调查。为以后的定价和营销方式打好基础。

(二)目标市场细分

目标市场是企业根据本身条件和外在因素在市场细分后所选定的细分市场,即企业营销活动的对象。要正确地确定目标市场,使市场细分的结果对本企业有效,把特定客户群体转变为本企业的营销对象,把未满足的需求转变为本企业的盈利机会,就要仔细调查该细分市场的优势与劣势,分析是否具有比较利益。如果本企业经营此项业务的优势多于劣势,能得到比其他企业更多的利益,就可以将此细分市场作为目标市场;反之,该项业务绝不是本企业应该经营的。

展览中心的目标市场应该是各办展机构、各政府组织和一些特殊团体,但最终都会以展览的形式落实。由于办展机构有不同的档次,反映到对展览中心的要求上也不相同。展览中心应该根据自己的展馆特点确定自己的目标市场,如果是展览面积2万平方米以下,设备条件一般的展馆就不应该将自己的目标市场定位在规模很大的国际展,这样即使勉强有一两次营销成功了,也会由于很多方面达不到办展要求,引起参展商怨声载道,对展馆的形象造成不必要的负面影响。

(三)展馆的内部属性

展览中心市场营销的实质其实就是寻找适合自己的展览会,然后根据展览会顺藤摸瓜找到举办展览会的办展机构,向它们介绍和推销自己的展馆。"适合自己的展览会"并不是想当然地想出来的,而是要综合考虑展览馆的设施条件、服务条件、地理位置等。例如,一个小型的多层展览馆并不适合举办一个大型的设备展,它或许更加适合举办宠物展、艺术展及一些高级别的珠宝展。因为这样的展览不需要很大的空间,同时一般展览不受欢迎的多层结构在这里也许会很受欢迎,因为一些艺术展和珠宝展对于灯光的运用要求很高,多层结构的灯光如果运用得好,将会大大地提升展览效果,使展览的布局更加错落有致。

展览中心要对自己的一些技术参数作出详细的研究,并且了解目前国际上一些展览所要求的展馆条件,这样就能大致锁定适合自己的展览,然后和办展机构沟通。展馆要尽量地在满足硬件条件的基础上,提高自己的软件水平,如保安工作、服务工作及和参展商的沟通工作等。

二、展览中心的定价

场馆的价格是包括投资成本、消费价格、交通费用等在内的各类价格的总和。场馆价格是影响场馆销售的重要因素,而且价格的高低关系到场馆销售收入的多少。

（一）影响会展场馆定价的因素

场地出租价格是场馆收入的一个重要来源,单位租赁价格的高低直接影响着场馆经营的收益,因此对于场馆租赁价格的确定要认真研究、科学决策。定价原则是场馆营销管理的一个核心问题。以展馆为例,由于展位的位置和类型不同,展位的价格差异很大。同样面积的展位价格之差可能达数倍以上。造成展位价格差异的原因是展位预估人流量的不同,具体来说表现在以下几点。

1. 展位所在楼层

一楼的展位相对于二楼、三楼的展位要贵些,因为越到高层,人流量越少,价格也就相对便宜,所以一般情况下,会展场馆都是低层建筑,甚至只有一层(除地下停车场外)。

2. 与出入口的距离

出入口是人流必经之处,因此在同一楼层中,面对出入口或电梯口的位置对吸引客户注意力较为有利。但也有研究表明,客户看到的第一个展台的成交量不及位于中间的展台,因为买家往往在第一家询价,而后再与后面的展台比较价格和品质,就像歌唱比赛中第一个上场的演员比较难获得冠军一样。

3. 展位类型

展位类型也会影响价格,开面越多,面对的客户也就越多,因此价格也就越高。孤岛形展位最贵,因为它的四面均面向人流,能吸引四面八方的客户。而周边展位因背靠建筑物外墙,人流经过的数量较少,因此价格相对便宜。

4. 展位所处位置

虽然在展览场馆里有足够的照明,但一般来说较光亮的展位更容易吸引参展商,而一些偏僻的角落则不容易引起人们的注意,如展览厅的拐角、楼梯的侧位等地方。如果展览现场搭有表演舞台或主席台,则靠近舞台的位置更受欢迎。

（二）会展场馆的定价方法

一般来说,单位租赁价格的确定可以采用以下 4 种方法。

1. 投资收益率定价法

单位租赁价格＝(总成本＋投资额×投资收益率)÷(总收费面积×

投资回收年数×每年的平均出租天数)＋
单位面积的变动成本

这种定价方法将场馆的投资考虑其中,由于场馆的投资巨大,因此采用这种方法的定价自然会比较高,但这种定价对场馆投资方最为有利。

2. 变动成本加成定价法

单位租赁价格＝(变动成本＋变动成本×利润率)÷(总收费面积×每年的平均出租天数)

该定价法没有考虑场馆投资方的利益,这可能是由于场馆的投资方往往是政府,会展中心或会议中心可以作为公共设施,因此不需要收回投资。

3. 行业价格定价法

行业价格定价法是参照会展行业中其他会展场馆的定价而确定自己的价格。对比其他会展场馆,对自己的场馆规模、地理位置、知名度及美誉度、服务条件等方面进行综合评价,从而确定给出的价格。

4. 理解价值定价法

理解价值定价法是指场馆方根据主(承)办方对场地出租价格的接受程度来制定场馆租金的定价方法,这其实是一种以活动举办方的需求为导向的定价方法。场馆理解价值定价法最为普遍的是对不同的展会活动以及不同的举办时间采取不同的定价。例如,对于高附加值产品的展会活动,如车展,由于参观人数众多,产品附加值高,会展活动的规格也较高,可为展会活动带来较高的影响力和经济利益,因此对于这类会展活动的场地出租价格可以高一些。众所周知,会展活动具有一定的周期性,每年的 4 月、5 月、9 月、10 月是会展活动的高峰期,在这个时期,场馆的租金会随着需求的增加而增加;而对于展览淡季,场馆的租金也会随之下降。

会展场馆定价方法是场馆企业为实现其定价目标所采取的具体方法,可以归纳为成本导向、需求导向和竞争导向三类。

1. 成本导向定价法

以营销产品的成本为主要依据制定价格的方法统称为成本导向定价法,这是比较简单,且使用相当广泛的一种定价方法。

1) 总成本定价法

总成本定价法包括成本加成定价法和目标利润定价法。

(1) 成本加成定价法:按产品单位成本加上一定比例的毛利定出销售价。其计算公式为

$$P = c \times (1 + r)$$

式中,P 为商品的单价;c 为商品的单位总成本;r 为商品的加成率。

(2) 目标利润定价法:根据场馆企业总成本和预期销售量,确定一个目标利润率,并以此作为定价的标准。其计算公式为

单位商品价格＝总成本×(1＋目标利润率)÷预计销量

2) 边际成本定价法

展览产品的边际成本是指展览会增加一个展位时所带来的总成本的增加。边际成本

定价要充分考虑展览会的规模效应,并且在展位增加所引起的追加成本的基础上制定价格。

2. 需求导向定价法

需求导向定价法是指根据市场需求状况和消费者对产品的感觉差异来确定价格的定价方法。它包括以下3种方法。

(1) 认知导向定价法。它是根据消费者对场馆企业提供的产品价值的主观评判来制定价格的一种定价方法。

(2) 逆向定价法。它是指依据消费者能够接受的最终销售价格,考虑中间商的成本及正常利润后,逆向推算出中间商的批发价和场馆企业的价格的一种定价方法。其计算公式为

$$场馆价格 = 市场可零售价格 \times (1-批零差率) \times (1-进销差率)$$

(3) 习惯定价法。它是指会展场馆按照会展市场长期以来形成的习惯价格定价的一种方法。

3. 竞争导向定价法

竞争导向定价法是企业通过研究竞争对手的生产条件、服务状况、价格水平等因素,依据自身的竞争实力,参考成本和供求状况来确定商品价格,以市场上竞争者的类似产品的价格作为本企业产品定价的参照系的一种定价方法。竞争导向定价法主要包括以下3种。

(1) 随行就市定价法。在垄断竞争和完全竞争的市场结构条件下,任何一家企业都无法凭借自己的实力在市场上取得绝对的定价优势,为了避免竞争特别是价格竞争带来的损失,大多数企业都采用随行就市定价法,即将本企业某产品价格保持在市场平均价格水平上,利用这样的价格来获得平均报酬。此外,采用随行就市定价法,企业就不必去全面了解消费者对不同价差的反应,也不会引起价格波动。

(2) 产品差别定价法。产品差别定价法是指企业通过不同营销努力,使同种同质的产品在消费者心目中树立起不同的产品形象,进而根据自身特点,选取低于或高于竞争者的价格作为本企业产品价格。因此,产品差别定价法是一种进攻性的定价方法。

(3) 密封投标定价法。在国内外,许多大宗商品、原材料、成套设备和建筑工程项目的买卖与承包,以及出售小型企业等,往往采用发包人招标、承包人投标的方式来选择承包者,确定最终承包价格。一般来说,招标方只有一个,处于相对垄断地位,而投标方有多个,处于相互竞争地位。标的物的价格由参与投标的各个企业在相互独立的条件下来确定。在买方招标的所有投标者中,报价最低的投标者通常中标,它的报价就是承包价格。

三、展览中心的宣传

展览中心的宣传就是让目标市场认识并接受自己的展馆,在展览中心刚刚落成阶段,持续而有效的宣传工作是非常有必要的。现在的宣传方式和宣传手段是多种多样的,常见的有电视、广播、互联网、行业杂志报纸、户外广告等形式。在这里我们以上海新国际博览中心为例说明展馆宣传常用的形式。

上海新国际博览中心利用电视的高覆盖性、接受度强等特点,在上海及全国各主要的经济频道做自己的广告,在短短的时间内,告知观众展馆的投资方、地理位置、优点及展馆的网址。可以注意到,它所做的广告是很有目的性的,首先它所选择的是国内的经济频道,而不是所有的电台,这样既节约了广告费用,又把自己的信息传递给了自己的目标客户;同时广告的内容简短清晰,广告语气采用一种很有磁性的男中音,这对观众来说有一种很好的说服作用,也代表了一种权威性;并且在简短的话语中将自己的主要信息传播出去,不会显得烦冗。

值得注意的是,国内各地的会展中心大多数是以政府的形象工程建设起来的,它的规模和水平与一个地区的经济发展程度和国际化程度有一定的关系。所以上海新国际博览中心利用浦东在国际上的影响力和新国际博览中心对于浦东区政府的意义,将它纳入浦东的一项旅游活动。目前,登录上海千景旅游网站就可以看到新国际博览中心作为一个旅游景点被广大的游客所接受,在网页上标明它的地理位置、交通、所属地区、联系电话、邻近的旅游景点、一些技术参数、概况及最佳的旅游时间,还有一些不同视角所拍的图片。展览中心与旅游网站、旅游公司联合也是展览中心宣传自己的一种方式,而且这种方式也值得国内其他的展览中心效仿和学习。

地铁广告和汽车广告也是新国际博览中心采用的一种宣传自己的方式,交通广告在所有的广告形式中属于成本较低的一种,但是不要小看这种广告形式。在地铁较为集中的空间内,没有任何娱乐活动,所以乘客的视觉将处于相对集中和放松状态。反复的滚动播出的广告及新闻,比起其他的户外广告形式来讲,更容易吸引目标对象的注意力,而且价格相对便宜,也不失为一种好的宣传方式。

互联网技术的迅猛发展,给展览业带来了新的发展契机。已经有很多的展览中心在国际互联网上注册了自己的网址,以更广泛和快捷的方式营销自己的场馆。借助于互联网的跨时空、覆盖全球、以多媒体形式双向传送信息和信息实时更新等特点,将展览馆的特点传递给目标受众,而且还具有一定的广告功能,这正是展馆网上营销者所追求的特质。

在互联网搜索引擎中,只要键入 www.sniec.net,就很容易进入上海新国际博览中心的网页。默认的文字是英文,非常方便国际办展机构的访问。主页上有场馆介绍、会展设施和相关运营信息、展会日程和相关商旅信息,以及会展活动和设施剪影等多种信息。每一个下拉菜单中又有很多选项,满足各种类型的访问者浏览。最具特色的是线上展馆全面表现展会进行时的展馆状况,访问者不仅可以感受展会现场盛况,还能清楚了解自身位置和观看方向,并能听到该展馆的详细讲解和说明,宣传感染力很强。

四、展览中心的促销

在做好以上工作后,展览中心就可以根据上面锁定的目标客户选择各种各样的促销方式,一般展馆常用的促销方式是价格促销。

现在许多展览中心为了吸引办展机构到此办展,都采取各种各样的促销价格。一般来讲,会议展览中心的使用率如果达到30%就是正常的,达到40%就是高的,50%以上就非常高了。展览活动还有阶段性,不同时期活动多少差别很大。这就要求展馆将人力、物力各种资源,根据不同阶段的特点进行匹配。由于淡旺季的差别,很多展览馆将餐饮、保洁、安全等业务采用委托外派的方式,以避免不必要的亏损。

制定合理的定价标准。场馆收费,不同的定价策略采用不同的标准。一种是统一定价,不论场地、活动性质和对象有什么不同,都执行同样的价格标准;另一种是根据周期性、旺淡季不同,收费标准有所不同,展馆还会根据当地的展览经济情况、展馆自己的条件和办展时间不同情况采取一些适当的优惠价格。例如当地的展览业如果不是很繁荣,为了避免展馆长期处于空置状态,展馆就可以降低每平方米的展览租金或者可以采取购买到一定的展览面积就可以整体优惠百分之几的条件;在展览淡季为了吸引参展商参展,也可以适当地降低自己的价格,总之要千方百计地降低展馆的空置率;还有一种是根据不同的项目和活动的性质来确定不同的收费标准。每一个展馆应根据自己不同的建馆背景和布局,采用合理的定价策略和标准。

五、客户服务中心

由于一个城市大的展览中心只有一两家,客户到某一个城市举办展会,对场馆的选择余地很小。这就是会展这个服务行业的特殊性。正因为没有什么选择余地,客户来办展览,对展馆服务的要求就特别高,展览中心的服务往往很难满足要求,造成客户投诉很多。尤其是展览旺季。展览中心要谨慎处理租用者之间的竞争,面对不同客户,安排处理好各个租期间的关系,以免失去客户的信任。另外,很多展览中心自己也办展,作为办展单位与本展馆的客户之间又形成了竞争关系,这种情况在国内尤其多见,处理好这个关系也很重要。

一个管理好、做得成功的展览中心起码应该是在达到其建馆目的的基础上,通过提供卓越的服务,以先进的经营管理水平,在自身运作上求得经济效益的平衡,并实现其社会效益。为了适应新时期、新形势下会展产业的发展要求,大力开拓展馆新的经济增长点,进一步提高展馆的市场竞争力、运作效率和服务质量,展览中心建立客户服务中心很有必要。

客户服务中心就是一个处理客户关系,以提供高效服务为目的的现场办事机构。

(一)组建展馆客户服务中心的目的

当今现代化的企业管理,实质上一半是高科技(包括在硬件上和软件上实现网络化、信息化),另一半是高效率的管理制度(包括我们服务行业的服务手段和流程)。看似简单的美国麦当劳快餐连锁经营,却拥有25 000多项高科技成果,单是技术专利就有上百项。一本600多页的麦当劳操作流程手册,里面几乎每一句话都包含了一项科技成果,其专业技术水平之高,让人叹为观止!因此,展览中心要想在当今展览业激烈的市场竞争环境中求生存、拓空间,树立国际品牌,就必须提高管理制度和服务手段的科技含量,优化服务流程,也就是从根本上改变经营模式和服务理念,才能立于列强而不败。

组建客户服务中心可以有效简化办事程序,提高办事效率,避免多头联系。这意味着建立展馆统一的"一站式"的对外服务和形象窗口,将展馆过去被动的配合式服务职能,逐步转变成以客户为中心的主动式服务职能。通过客户服务中心,可以做到以下几点。

(1)公布展馆信息:在客户服务中心公布服务指南、服务项目价格表、展馆各职能部门的业务简介、联系电话、客户服务中心的职能介绍、业务流程、服务人员名单和服务热线,并制作成宣传小册子,摆放在资料架上,方便客户索取阅读,让客户对展馆有全方位的了解和熟悉。

(2) 规范业务:将办理业务的各种申请单、派工单制作成统一标准的格式化单据(凭证),方便客户填写;服务员在办理每一笔业务后,都需在客户填写的单据上签字和盖日期章,以方便任务的落实和跟踪(参照银行的业务办理制度)。

(3) 公开优惠措施:将展馆的所有服务项目的优惠价格和优惠条件,统一对外公布;其目的之一是体现公平、公正、公开的办事原则;其目的之二是减少业务办理时受人为干预的影响。

总之,展览中心是展览行业的"百货公司",陈列和出售各种各样最新的、最专业的"商品",而展览服务,如展览信息、展览评估、展览策划等,名副其实地成为展览业发展的高起点的支持与服务平台。

(二) 客户服务中心的服务功能

1. 按服务性质划分为整体服务和网点服务

整体服务指在客户中心受理客户(主办单位为主)所有的、全方位的展览服务,如展馆租赁、会务预定、广告预定、餐饮预定、展前的工作部署、消防报建、其他物业服务项目的申办以及特殊的展览相关服务的申办;支援和配合现场服务处做好展览期间的租赁服务;受理客户对服务的投诉和给客户提供业务咨询。

网点服务指在展览期间,现场(网点分布在各展馆的序厅)受理客户(参展商为主)所有的、全方位的展览服务,如展览工程服务、网络及通信服务、物业、各种租赁、展具租赁及其他特殊的展览相关服务的受理;协助主办单位做好现场协调工作;受理客户对现场服务的投诉和给客户提供业务咨询。

2. 按服务内容划分为专业展览服务和相关的配套服务

专业展览服务,是指凡与展览有直接关系的服务,如展览咨询、展览评估、展览工程、展览广告、展具租赁、会务服务、展品报关、储运和网络、通信、水电、清洁、保安、设施保障等物业配套管理服务。

相关的配套服务,是指与展览有间接关系的配套服务,如商务服务、餐饮服务、银行交易、邮政服务、医疗服务和必需的公共设施服务。

(三) 客户服务中心的服务手段

客户服务中心的服务手段应该是全方位的、多层次的、高效率的服务手段。

(1) 全方位的服务手段:提供全面的直接或间接涉及展览与会议有关的所有服务,包括知识型服务和体力密集型服务。

(2) 多层次的服务手段:包括现场服务、预约服务、上门服务、售后服务等。

(3) 高效率的服务手段:包括快速的信息传递,如运用先进的网络通信、移动通信和展馆的有线通信等工作,将信息有效快速地传送到各项业务的主体部门。

(四)客户服务中心的服务标准

客户服务中心的服务采取双重标准,即服务限时标准和客户满意度标准。

(1)服务限时标准:针对专业展览要求,制定一套服务的限时完成标准,来考核服务执行者的工作效率的管理制度;按在一般情况和条件下完成每一项展览服务所需要的平均时间,来制定该服务项目的"限时标准"。例如,展览工程服务中的租赁陈列柜一项,从服务执行者接到派工单,到陈列柜装配完毕送达客户的展位签字接收为止,所需要的时间总和,就是该服务项目的"标准完成时间"。

(2)客户满意度标准:由客户对中心所提供的"某专项服务",包括效率、质量、服务态度、工作人员素质等方面,进行一个整体的评分,这将作为中心对服务质量评估的另一标准。

(五)客户服务中心的场所设计

客户服务中心是给客户提供咨询和办理有关业务的场所,因此,在设计布局时应首先考虑以下几个因素。

(1)与展览中心的整体形象相协调,工作人员应统一着装,统一使用文明、专业的语言(并配置外语译员)。

(2)办公场所的布局应参照外资银行、星级酒店的营业大厅(大堂)来设计,工作人员应采取敞开式办公。

(3)统一对外的服务窗口仅设置一个(可多人上岗),为客户申办的所有展览项目服务;其他的职能部门应在客户服务中心设置联络处,及时为客户提供专业咨询。

本章小结

在激烈的市场竞争中,会展场馆需要针对目标市场,制订合理的营销计划,以成功地销售自己的产品。本章分别从会议中心和展览中心两个方面,结合市场营销的基本原理,分析了其产品、定价、渠道以及促销策略。

复习思考题

1. 简述会展场馆的营销过程。
2. 会议中心的主要销售渠道有哪些?
3. 会议中心的产品创新策略有哪些?
4. 展览中心产品如何定价?具体定价方法有哪些?
5. 如何做好展馆宣传和促销?
6. 为何要组建展馆的客户服务中心?

引申案例

上海展览中心——可持续发展道路[①]

上海展览中心前身是中苏友好大厦,1955 年 3 月建成,主体建筑为典型的俄罗斯风格。先后被评为"上海市十佳建筑""建国 50 周年上海十大金奖经典建筑"。20 世纪 60 年代至今称为上海展览馆,随着上海市展览业的发展和一批大型现代展览场馆的建设,原有展览会纷纷转到其他展览馆举办,上海展览中心昔日的辉煌已经不复存在,并且一度还面临着生存困境。

场馆经营者根据展览经营的需要,对整个设备设施进行了更新改造。更新全部中央空调,各个场馆增加了新风系统;新增和更换了 17 台电梯;对供配电系统做了调整、增容,室内照明系统和泛光照明设备全部更新换代;更换全部通信电缆,提高了通信质量;改造了电影放映系统和舞美及灯光系统;更新了会议音响。友谊会堂咖啡厅、宴会厅等主要会场新装投影、数字扩声系统等现代化会议设备。整个场馆新装了消防报警自动控制系统、BA 系统、安保监控系统、应急广播系统、计算机网络系统等。供水排水系统及会议用厨房设施亦都做了改造。此外,对全部外墙进行了清洗、修补、平色和保护,恢复其本来面目。建筑的柱、廊、顶、线脚、地面和门、窗的数百种装饰也进行了整修。结合地下管道设施改造和环境整治,对 15 000 多平方米的 6 大块室外广场和四周道路重新翻造,调整绿化布局,增添了新的树种和花草。大修改造后的展览中心,总体布局上较好实现了"南展北会"的新格局,场馆使用和服务的功能更加合理完善,设备设施按现代化、智能化的要求有了很大的提升。

改造后的上海展览中心根据自身的特色,进行市场定位,最后将自己的业务范围分为三块:会议接待、展览接待以及商务楼出租。在展览方面确立了以"小型展""精品展"作为自己的市场主营方向,上海展览中心通过 2007 年上海国际艺术精品展览会(SFJAF)再次走到媒体面前吸引众人的眼光,俄罗斯风格的建筑和艺术精品互相辉映,相得益彰,为其在承接精品展举办的道路上又加了浓重的一笔。

上海国际艺术精品展览会于 2007 年 10 月 12 日至 21 日在上海市中心的上海展览中心举行,为期 10 天的展览首次在中国全方位展示国际顶级艺术精品,所有参展的艺术品都来自世界各地,体现了各个不同时期的历史与文化。

本次展会的参展作品包括雷诺阿、毕加索等著名大师作品在内的许多名作精品(包括绘画、雕塑、家具、银器、珠宝及其他古董)。参展的 58 个参展商分别来自比利时、加拿大、中国、法国、德国、意大利、日本、韩国、摩纳哥、荷兰、俄罗斯、西班牙、瑞士、英国和美国,全球 60 余家顶尖画廊出席,所有参展作品均由博物馆研究员及世界知名专家组成的审查小组严密审查,以确保其品质符合上海国际艺术精品展览会的水准。

作为首次在上海举办的国际艺术精品展,本次展览会处处体现着"尊贵"气息。

[①] 胡平. 会展案例[M]. 上海:华东师范大学出版社,2010:70,有改动。

(1) 每天上午 11 点至中午 12 点，上海国际艺术精品展览会只对贵宾观众及买家开放。为体现宾客们的尊贵，主办方精选了著名的东、西方料理大厨，为宾客们准备了雅致的正餐，宾客们还能享受到丽嘉酒店的专业服务。

(2) 展览会的重头戏是由中国富人榜胡润百富组织的慈善晚宴。10 月 17 日在展厅内举行的大型慈善晚宴，设置 588 个座席，由主办方、上海慈善基金会和胡润百富组织共同组织，高级生活管理公司提供贵宾服务，不仅为国内外社会各界名流、参展商和收藏爱好者提供了聚会与交流的平台，更有艺术珍品与之相伴，气氛非常热烈。同时也为场馆方提高了知名度。

(3) 展览会由一个经验丰富的国际团队携手组织策划：尼克龙·莫里先生是位精于管理及国际金融的国际商人；马西明·伯克先生来自古董世家，代表伯克画廊活跃于国际艺术舞台并参与了众多艺术展会；邢晓舟是西方艺术博士，以其鲜活的精神和深厚的文化融贯东西。

同时上海国际艺术精品展览会分时段有偿向公众开放，票价定为 100 元/人次，200 元/人次（包括目录），不满 20 岁的观众 50 元/人次。不允许携带照相机、雨伞、背包或大袋子入场，真正达到了"精品"展览会的规格。

从上海展览中心的华丽转身背后，我们可以看到原来曾经辉煌过的展览中心，要想在展馆进入买方市场的情况下仍然可以分得一杯羹，必须得认清自己的优势和劣势，根据自身的特色进行市场定位，重新寻找自己的客户，并且把这个市场做精、做细。

问题：

会展场馆如何寻求可持续发展之路？上海展览中心的案例给你的最大启迪是什么？

第七章

会展场馆现场管理

引言

会展的现场是执行或实施展示、展出以及会议的各个环节的操作时段,包括场馆及其相关场所,如运输、拆卸场地等。对会展场馆现场进行良好有序的管理,是一次成功会展顺利展开的保证。会展场馆的现场管理是指在会展场馆经营活动中检查、监督,确定会展活动进展情况,对实际工作与计划工作所出现的偏差加以纠正,从而确保整个会展计划及目标实现的过程。

学习要点

- 会展场馆现场管理的概念和内涵
- 会展场馆现场管理的基本原则
- 展览场馆现场控制的主要内容
- 会议场馆现场控制的主要内容

引入案例

上海国际会议中心[1]

上海国际会议中心地处陆家嘴金融贸易中心,毗邻东方明珠电视塔,与外滩万国建筑群隔江相望,交通设施方便快捷,地理位置得天独厚,于1999年8月落成并正式对外营业。总建筑面积11万平方米,素以举办大型国际会议、商务论坛而蜚声海内外。

1999年8月,上海国际会议中心和上海东浩国际商务有限公司共同组建了上海国际会议展览有限公司。公司在上海国际会议中心内经营全国一流水准的会议、展览场地,为客户在会议厅、展览场地方面提供优质服务的同时,也提供会议、展览的整体筹划咨询、人员接待安排及会场布置、设计、施工等服务,形成会议策划、会场设施、会务服务三位一体的配套业务,全方位、综合性地为社会提供专业的会务服务。它出色地完成过"财富"全球论坛、APEC领导人峰会及系列会议、第35届亚洲发展银行年会、APEC第五次电信部长会议、联合国亚太经社会第60届会议、全球扶贫大会、世界工程师大会、第24届世界港口大会、第22届世界法律大会、第28届世界软件工程大会、上海合作组织成员国元首理事

---

[1] 胡平. 会展案例[M]. 上海:华东师范大学出版社,2010:140,有改动.

会会议以及非洲开发银行集团理事会年会等国内外重要会议及政要接待任务,受到各方赞誉。

(一)硬件服务

上海国际会议中心拥有多种规模和类型的会议室并配以先进完善的会议设施,可满足绝大多数客户的需求。上海厅面积达到 4 400 平方米,为目前国内最大无柱型多功能厅。此外,酒店另设有 28 个大小不等、风格迥异的多功能会议厅,均备有最先进的高科技影音系统及同声传译设备,如 1+10 同传系统及飞利浦 DCN(数据通信网络)会议系统和主席发言机、A/V 传送现场电视信号通道、音频信号合成系统和多媒体演示控制系统、影像/电脑强光三枪投影机、影像/电脑强光投影机、实物投影机、幻影机、幻灯机、幻灯视频转换器、彩色多频系统电视机、多频系统放映机、镭射笔等。

(二)软件服务

与硬件服务相配套,上海国际会议中心的会议软件服务主要包括以下几方面。

(1) 接待外国经贸代表团。作为外经贸委指定接待单位,自 1999 年以来上海国际会议中心不仅协助接待了数十个部长级外国经贸代表团,还为沃尔玛、西门子、美国 CEO CLUB 等跨国公司的总裁级代表团提供了日程设计和 VIP(贵宾)接待服务。

(2) 组织中外企业洽谈会。由于与各大专业行业协会及各开发区保持着密切的合作关系,上海国际会议中心能够根据外国经贸代表团的需求,为其组织中方对口企业参加经贸洽谈会。

(3) 提供会议管理及配套服务。上海国际会议中心拥有优秀的策划力量和出色的活动现场驾驭能力,承办各种规模的国际会议和活动,提供场地洽谈、会场布置、代表接待、各类翻译、会议设备支持、现场管理等服务。与外经贸委的多年合作使上海国际会议中心积累了大型会议和活动的管理经验。

(4) 会展项目的整体策划咨询。会展项目的整体策划咨询包括国际会议报批、会议议程设计、演讲者邀请、听众邀请、政府公关、媒体公关。

(5) 会展项目的管理。会展项目包括与会人员的专业接待安排、现场背景的设计施工协调、会展期间的现场跟踪服务、会场布置、设备支持、资料制作和会议翻译。

(6) 会外活动。会外活动包括活动策划、交通服务和导游服务。

会议场馆已经从场地出租的物业管理形态走向场地服务的专业化管理形态,哪一个管理者率先转型,哪一个就能率先抢得市场先机,特别是对于众多酒店经营者来说,这一转型是又一次市场细分的结果。

第一节 场馆现场管理概述

会展的品质主要体现在会展的服务质量上。提高会展现场的管理,不仅能为主办方带来更高的回报率,也能为参会者带来更多心理、感官及其他方面的满足,有助于提高会展的品质,树立会展的品牌。正是基于种种优点,为适应会展业的发展趋势,提高展会现场管理水平成为各主办方争相研究的问题。会展的展览场馆和会议场馆在现场管理上还是有很大区别的。

一、会展场馆现场管理的重要性

一个展览会从筹备到开展,其周期至少为1年,而作为展览重点的展示往往只有3~5天。可以说,展会现场是展览会的关键之所在,而展会现场管理则是重中之重。展会现场管理是展览计划的具体落实和办展水平的直接反映,因而备受主办单位的重视。同时,展会现场管理、控制和协调的内容十分庞杂,事无巨细。如果处理不当,任何一件小事都有可能发展成大问题,继而影响整个展会的效果。由于展览会现场管理业务的多元性与复杂性,主办单位已经越来越倾向于把现场管理的诸多业务"外包"给专业性的会展服务公司。一方面,主办单位通过服务外包达到了降低成本、提高效益的目的;另一方面,服务外包也使得各种专业性的展览服务企业发展起来,譬如展台设计、展台搭建、展具租赁、展品运输、广告印刷、安保清洁、法律咨询、现场服务、餐饮服务等。尽管越来越多的业务已经外包,但会展场馆仍具有许多不可替代的工作和作用。

虽然只是详细描述了展览馆,但是会议场地也是异曲同工,现场管理同样不可或缺。只是在本节的描述中,为了把现场讲得清晰一些,以展览现场为例。

二、会展场馆现场管理的概念和内涵

(一)会展场馆现场管理的概念

会展场馆现场管理,首先要明确的是一个"现场"的界定。现场应是执行或实施展示、展出各个环节的操作时段,地点以被主办方开始启用后的场馆为主,也包括其他相关涉及的场所,如运输、拆卸货物的场地等。

从广义上来说,会展场馆现场管理是展览主办方、场地方、参展方等各方面对会展场馆现场实施的总体管理,时间上从布展到开展,直至撤展结束。

从狭义上来说,会展场馆现场管理是场馆方从进场布置的第一天到撤馆结束的这段时间内,对包括参展商、搭建商、运输商等各类服务商在内的各实施单位在现场按原有计划进行有序工作的协调、监督和管理,以及对参展商、观众在现场所发生的一切需求所进行的协调、服务和管理。

由于现场管理集中在这个特定的时间段,并且是一个不长的时间段,因此各种事务显得集中、众多和烦琐。但是,正因为如此,现场管理更为重要,是一次会展能否举办成功的举足轻重的部分。

(二)会展场馆现场管理的内涵

会展场馆现场管理涉及执行者、执行范围和实施对象等内容。

1. 会展场馆现场管理的执行者

会展场馆现场管理需要一个总的指挥,场馆方可以设立专门的现场营运部门,并指派专人负责实施现场管理。由营运经理带领一个团队来共同完成展览现场复杂、烦琐的各项工作。营运经理还要负责和公司内部的其他部门、公司外部的合作单位协调、沟通,可谓是会展场馆现场的关键人物。

2. 会展场馆现场管理的执行范围

会展场馆现场管理有一定的执行范围,从时间上来看,局限于一个特定的时段,从进馆布展到最后展览结束;从空间上来说,展览的现场管理局限于一个特定的区域,它应该是展览方案的各个环节得以实施所要占用的空间,包括场馆等相关场所。

3. 会展场馆现场管理的实施对象

会展场馆现场管理主要是服务主办方等一系列服务对象。对主办方而言,现场管理最重要的是为参展商服务,而观众是参展商的上帝,因此也要为观众服务好,在观众中,又分为专业观众和非专业观众,专业观众是潜在的客户目标,意义更加重大。

此外,会展场馆现场管理还涉及主办方的合作方和其他服务供应商。合作方包括搭建商、运输商,其他服务供应商主要有餐饮公司、花草供应商、会务服务公司、礼仪公司和户外广告供应商等。

三、会展场馆现场管理的基本原则

尽管会展场馆现场管理可能出现的问题千头万绪,现场管理有着非常强的实践性,但是实际操作过程中仍有一定的规则可循。在实践过程中仍然可以用如下的理论和原则来指导。

1. 系统性原则

按照系统论来说,任何系统都是一个有机的整体,它不是各个部分的机械组合或简单相加,系统的整体加工功能是各要素在孤立状态下所没有的特质。系统中各要素不是孤立地存在着,每个要素在系统中都处于一定的位置上,起着特定的作用。要素之间的相互关联构成了一个不可分割的整体。要把所研究和处理的对象,当作一个系统,分析系统的结构和功能。研究系统、要素、环境三者的相互关系和变动的规律性,以优化系统观点看问题。

展览也是一项系统工程。在展览实施阶段中对各项活动的计划、组织和控制,对展览资源如场地、人力、物力和财力的合理配置与优化调用,以及对项目进度的计划和控制,也就是对整个展览工程系统的管理。此处的关键是要将整个现场的控制工作作为一个系统来处理,从整个展览成功的全局出发,处理好关键节点的工作,以确保全局的成功。

2. 不确定性原则

在展览的现场管理中,各种问题的出现可谓复杂纷呈,各种意外的事件往往层出不穷,因此,现场的管理和服务呈不确定性特征。要应对这些没有规律可循的临时状况,可参照不确定性理论的以下几个方面,以不变应万变,来帮助克服一些干扰因素。不确定性分析可分为4个层次:前景清晰明确、前景有几种可能、前景有一定的变化范围和前景不明。

应付这4个层次的情况,战略态度和行动是非常重要的。主办方在面对不确定因素时可以选择塑造、适应或者保存实力,而且可以采取多种行动方式或组合。

同时,努力在不确定因素里找出尽量确定的因素,确保在一些决定点上不出差错。这个意思是说,要找到保证目标成功的关键因素,并利用它影响和掌控全局。好比在战争中,很多因素都是变数,但地形(如山川、河流的高度和走向)是不会改变的,我方的技术装备也是不大会改变的。充分利用这两点至少可以使获得胜利有一半的保证。在组织展览上,展馆的条件也是不变的,努力保证自身公司的服务质量到位、照顾好重点客户和观众以及几个关键节点和时间段的工作,如开幕前一天和开幕、闭幕当天的工作,胜算就会多一些。同时针对关键环节的运作,如开幕式,必要时要进行预演,至少管理者应亲临现场做形象性的预演,想象自己就是观众或参展商,预估他们在到达展览场地后将会遇到什么问题,如果有预演,则更有保证。

3. 预案原则

预案原则是指要有预案和预备力量。战役最后胜负的决定因素是谁手中握有强大的预备队。办展览也要有充分的预案准备和备用支援服务人员,以备不测。要找出可能出现的问题,并做到穷极的分析。在现场管理体系中,可以设定各种各样详尽的检查表、进度表、预定单据等图表,随时进行审核和确认。这些表格看似乏味烦琐,但是当你亲身进入展览现场并要为展览活动承担责任时,就会发现它的价值,因为它们至少可以保证你在现场少犯错误。正如德国军事家克劳塞维茨所说的那样:精密分析最重要的就是分析每一件事物直到其基本因素,直到无可争论的真理为止。精密分析的结果可以促使你准备周全,并准备几套预案,到危机来临时,不至于手足无措,可以马上应变,并赢得宝贵的时间。从某种角度而言,展览现场的管理控制实际上是一个"挑剔"问题的过程。

具体实施会展场馆现场管理,可参考以下要点。

(1) 尽量利用服务链外包服务。诸如礼宾、运输、装修、印刷、户外广告、观众登记和保卫等,可请专业公司外包服务,这样不仅可以节约人力和精力,还可获得高素质、专业化的服务。但是,必须事先提出具体的目标和进度要求,并进行监控。

(2) 对于必须由场馆方自己处理的事务,应尽量指定专人在专门时间负责专项工作,以简化组织结构、明确分工、分清职责、责任到人。所谓的简化,其实也意味着排除干扰、减少出错率,相反地,复杂化可能导致误解和出错。

(3) 对于重点工作,可实行双重核查(double check)制度,如会刊、现场赠阅的宣传资料的文字核查工作等。

(4) 有些重要环节,负责人应及早提出工作中应注意和可能出现的问题,并实行实时督察。

(5) 要重视对临时人员的短期培训。临时员工包括外请的兼职人员,也包括本公司内部被临时抽调到现场的员工。要重视对这些临时人员的培训,他们也是以场馆方代表的身份出现在展览现场的。同时,一个企业的活力不仅体现在现有员工的专业能力上,也体现在对临时员工的快速培训、明确规定工作职责,以及骨干员工的带动作用上。

第二节 展览场馆现场管理

按照展览项目的一般流程,其管理的现场实施可以分为3个基本阶段:布展阶段、开展阶段和撤展阶段。这期间的现场管理,以开幕前一天的下午到晚上的布展、开幕日当天上午的开幕式和展览最后一天的撤展工作最为关键。这3个阶段的工作若顺利完成,可以说,现场管理的工作就完成了一大半。

一、布展阶段的场馆管理

(一)展台搭建的管理

在布展期间,场馆企业主要的管理对象是主场搭建商和主场运输商的工作,场馆企业要督促和协调它们之间的相互配合,以保证布展的顺利。通常布展的时间是3天左右,最短的可能只有1天。要在这么短的时间内完成繁重的搭建任务,除了要求搭建技术的科学化以外,更重要的是场馆企业监控好整体工作的进程,以及配合和协调好相关事宜。

参展商报到之前,场馆企业应督促主场搭建商(承建商)做好以下两项工作:①按图纸做好展台区域的地线划分工作、标明展台号;②按图纸搭好现场服务办公的场所,如组委会办公室,或主办方、主场搭建商和主场运输商等联合办公地点等,提前安排好各单位人员、各种资料和器材到位。

展台搭建结束,交付时的管理工作可按展台类型的不同分为两种。

(1)标准展台。场馆企业应督促主场搭建商在规定期限内交付标摊,并验收是否符合要求。例如,展台尺寸是否正确、楣板上的公司中英文名称是否正确、展台号是否正确、展台内的家具是否如数就位等。

(2)特装展台。由于特殊装修展台的工程比较复杂,对水、电、气方面有较高要求,因此,要特别督促搭建方规范施工。同时,将现场实际情况与提前收集的展台施工图对照,核对其搭建高度、用电量等。所有施工人员必须具备相应的上岗证书,如高空作业证、电工证等。

(二)参展商布展的管理

参展商应先行报到,再按照要求开始布展。为使报到工作能顺利、快速、有效地进行,场馆企业可按参展商的不同类型,事先对参展商报到时间的先后顺序作出不同的安排。表7-1可供参阅。

表 7-1 场馆布展顺序表

参展商类型		报到顺序	早到(一般指参展商报到开始的第一天上午)	晚到(一般指参展商报到开始的第一天下午)
按搭建标准分类	特装展台的参展商		√	
	标准展台的参展商			√
按展品类型分类	有大型展品的参展商(如机器)		√	
	无大型展品的参展商			√

其中,表内"早到""晚到"还可以细化成更具体的时间,便于掌控报到进度和统计。

参展商报到接待工作是场馆企业对参展商进行现场服务的"第一印象工程",一定要引起场馆企业各现场工作人员的重视,热情、周到、细致的报到接待服务是良好的开端。

在区分了报到时间段后，相对来讲每个时间段内的服务对象和工作重点就比较明确了。现在，许多国外展览的先进做法在国内也普遍得到推广，如参展商报到中多使用了展前报到登记，在现场参展商只要凭相应确认文件（传真、E-mail 或者预登记二维码等）就可以领到标有展台号、公司名称、姓名、职务或照片的参展证了。在领参展证的同时，场馆企业应将展览期间的所有告知性文件、通知、注意事项或其他资料一并交与参展商，一般统一归入《参展商手册》，协助其了解展览相关的各类服务信息和规定。这样，就可以降低参展商咨询同类简单问题的频率，也可体现场馆企业的服务水平。

一般来讲，所有的参展商都应在规定的时间内完成布展，但是，由于个别参展商自身的参展经验不足，或展品未能按时到达展台等多种原因，经常会有一部分参展商无法在规定时间内完成布展工作。因此，为了不影响整个展览的如期进行，和其他后续工作的及时跟进，需要有专门人员负责告知参展商布展的具体时间节点，并尽可能督促其在该时间内完成布展。同时，根据布展的实际情况，在闭馆时间到来前应尽快决定当晚是否需要向场馆申请加班，和由谁来提出申请。

不过，即便是已经将告知和督促的工作做得非常细致了，总还会有个别参展商在开幕式当天上午才匆匆赶到，或者其展品刚刚到达场馆，需要安排运输。考虑到参展商当时的急切心情，现场营运组最好是在开展前一天提前计划好第二天一早展商、展品进出的临时通道，并要求主场搭建商、主场运输商、场馆方的工作人员提前就位，协助参展商。

此外，在参展商布置结束后、闭馆之前的另一项重要工作就是全场的过道地毯铺设工作和全场的保洁工作。这两项工作都是提升大会形象的重要工作。有时需用不同颜色的过道地毯或字母、箭头嵌入的方式，这样做可以很清楚地达到展会分区和路线指示的作用，便于参展商和观众快速获得或找到各自的目标。

（三）现场保洁和保安工作的管理

1. 展览现场保洁工作

展览现场的保洁分别由场馆方、主场搭建商和特装搭建商分工负责。其中，展览场地内公共区域的清洁工作由场馆方负责，如通道、厕所、餐厅等。展台内的清洁按"谁搭建，谁负责保洁"的原则来分工，即标准展台内的清洁由主场搭建商负责，特装展台内的清洁由特装搭建商负责。当然，在开展期间，应督促参展商自觉保持展台内的清洁，并将垃圾倒入指定的垃圾桶内。特装展台应在撤展时将展台内的装修垃圾清理带走，不能将垃圾随意遗置在展馆内及展馆外围区域，该项工序一般也由特装搭建商负责。若在布展前向场馆方交纳了清洁押金，则在清理完毕后可到场馆方设置的现场服务台或其他相关管理部门进行确认并领还清洁押金。为避免因手续繁多而引起参展商不满，有的主办方会统一向场馆方支付清洁押金，并取得主场搭建商的现场协助。

最初国内的展览并不设置清洁押金，但随着特装搭建市场的壮大，许多不按规范操作的特装搭建商给展馆制造了不必要的麻烦，最为恶劣的就是不清运搭建垃圾，甚至根本不来做展台拆除工作。如今，展览日益频繁，布展时间的压力越来越大，各展馆在前一个展览结束后的清洁工作越来越紧张，往往是全部场地的清洁工作还未结束，局部场地的下一个展览的进馆工作就开始紧锣密鼓地进行了。在上海就曾发生过这样的事件，某大型国际通信展中多个非主场搭建商负责的特装展台无人拆除,场地方因事先没有准备根本联系不到特装搭建商,而紧接着的大型全国消费品展进馆在即,最后场地方花了很大的一笔拆除和清运费用才勉强解决问题。总结经验,场地方得出结论,造成特装展台无人拆除的原因主要是特装展台多为木结构,在拆除中易损坏又不便保存,大多为一次性使用,展览结束后只能当废料卖,不像标准展台的材料可以循环使用,所以特装搭建商不愿为之支付额外的人工费、运输费。作为场地方,也没有必要设置多余的人员、预算和时间来处理特装展台,从当前实际情况来看,清洁押金的做法也不失为一个解决特装搭建垃圾的有效手段。

当然,所有这些规定,场馆企业应及早告知参展商,并督促其执行,若出现问题,应及时调解。

2. 对所有搭建商、运输商的安全管理

现场管理人员要预先掌握搭建商、运输商的工作计划表,全程监督其工作进度和顺序,控制好现场的布展节奏。特别是要督促这两类公司在现场严格实行安全操作。这个"安全"包含着3层意思。

(1) 消防安全。每个场馆都会有相应的消防管理要求,现场管理人员在提前将这些要求悉数告知搭建商、运输商的基础上,在现场还需协助场馆、消防驻场馆专员、保安人员一起监督,所用材料、机械都要符合消防规定,事关安危,马虎不得。

(2) 人身安全。要分别告诫上述两类公司,在搬运装修材料或运输展品时要特别注意自己和他人的人身安全,对危险操作行为要及时制止和纠正。有必要的话,还应预先做好保险等相关事宜。

(3) 展品安全。展品是展台的灵魂,主办方要督促运输商、搭建商在作业过程中注意保护,如有损坏,按照提前制定的责任书向保险公司申报。

实际上,无论之前做了多少准备工作,开展的前一天始终都会是现场最为忙碌的一天。许多预留的问题必须在这天得到落实和解决,并且达到预期的效果。因此,营运组在开展前一天(参展商布展的最后一天)必须分工明确、分头落实各个管理事项。在开展前一天必须仔细确认大会的各项指示牌是否放置在准确的位置、图样是否清晰、指示方位是否正确。这些指示牌有观众登记的系列指示牌(售票处、专业观众登记处、非专业观众登记处、换证处等)、展区分布图(或称展位图)、大会服务的各类指示图(主办、搭建、运输、餐饮等)、会议安排表和会议地点指示牌等。

二、开展阶段的场馆管理

(一) 开幕式的管理

开幕式是开展的重要标志。俗话说,良好的开端是成功的一半。所以,主办方应不厌其烦地和有关部门,包括礼仪公司、场馆方、交警和保安公司等,进行一一确认和衔接工作。

开幕式的筹备工作主要包括领导名单、开幕嘉宾入场名单、会场布置、礼仪、现场乐队、主持稿、讲话稿、新闻统发稿、翻译人员、表演、剪彩道具(托盘、彩球、剪刀)、气球、鲜花和充气拱门等。

开幕式主要是为了扩大展览影响。现场虽然要制造气氛,但也不是越豪华越好,也不是每一个展览都一定要举行开幕仪式。目前的趋势是开幕式的程序朝简约化方向发展,既减轻政府领导人的公共活动负担,也提倡环保、节约办展,将财力和精力主要用于对客户与行业的服务上。例如,有一些展览的开幕式以向社会捐款的方式开幕,还有一个著名的房地产展览以请建筑民工集体上主席台以感谢他们对房地产的贡献来开幕,这些都是立意新颖又节约环保的好办法。

开幕式的主要目的是让政府、行业、新闻界和社会了解展览。因此,在开幕式中应该不失时机地开展新闻采访,并在参观时向政府官员和业内人士介绍本展览的新技术与重点展台。

总之,开幕式是展览进入开展阶段的重要标志,也是展览给社会大众的第一印象。正因为如此,一定要保证开幕式的万无一失。场馆企业一定要在前一天做好周密的安排和仔细的确认,在开幕的这一天要提前到场,并派专人再核查一遍所有的设备和设施。其中主要是对现场音响进行调试。场馆企业需要在开幕式进行过程中全程监督,并随时准备处理突发事件。

1. 展会开幕现场

展会开幕现场需要布置好开幕背板、门楼或展会横幅,并在背板上写上展会名称,开放时间,展会的主办、承办、协办等办展单位的名称,等等。布置好现场空飘气球和现场广告牌,还要按表演的需要布置好表演的场地。开幕式现场要布置得庄严隆重,气氛营造要符合展会定位的需要。

2. 展馆序幕大厅

展馆序幕大厅要布置好展馆、展区和展位分布平面图、各服务网点分布图、各参展企业及展位号一览表及名录牌、展会简介牌、展区参观路线指示牌、展会宣传推广海报、展会相关活动告示牌等。

3. 展会各展馆

展会各展馆搭建各参展企业的展位,布置好各展馆的展位分布平面图、各服务网点分布图、各参展企业及展位号一览表及名录牌,这样有利于观众参展。

（二）观众登记的管理

观众登记处的主要任务之一就是维护展览会入口的良好秩序,确保每一位观众都能畅通、便捷地进入展览会现场。为了提高工作效率,将预先登记的观众和现场注册的观众分开,并进一步将现场注册的观众分为两类,即有名片的和无名片的,前者只需凭名片在观众登记处办好相关手续就可以换取胸卡;后者则要在主办方人员的指导下填写登记表,然后在登记处办理手续。

观众登记的管理:①预登记,②现场登记,③信息收集,④导引与通道维护,⑤告知观众展会日程,⑥现场服务管理(商务中心、问讯处、紧急事务处理等),⑦应急处理小组。

参展观众的统计：①依据观众办理登记手续的数量进行统计，②根据门票进行统计，③参展商的客户统计。

观众包括专业观众和普通观众。其中，专业观众既是参展商的上帝，也很可能是潜在的参展商。因此，做好观众登记工作是非常重要的。为了更好地了解观众结构，就需要掌握观众精确的数据，以下规则可供参考。

（1）观众注册和登记处应有显著标志，便于观众及时找到并办理现场注册手续。注册也可分为网上登记和现场登记两种，网上预先注册，要有明确说明到现场后该以何种方式来确认；直接现场注册则需在现场有明确标注，安排专人指引、咨询和维持秩序。

（2）为避免排队拥挤，要有足够的登记台和填表台。例如使用电脑登记，则登记台还应更多，因为电脑登记较费时间。媒体记者和贵宾应有专门入口、登记台和接待室。也可使用观众胸卡，对观众进行现场照相并制作于胸卡之上，这种方式也需要多准备些人力，以避免人多拥挤。

（3）若展览只对专业人士开放，则必须在招展手册、登记表和入口处明确注明。同时要提前告知观众，必须出示自己的身份证明，如名片等。同时，要告诫登记和保安人员只允许专业人士入场，不得有例外（如儿童、邻近展馆的其他展会观众不得入场）。观众在参观时必须佩戴相关证件，2018年中国国际进口博览会要求观众必须携带证件通过人脸识别系统，"人证统一"方可入场参观。

（4）观众登记信息的及时收集、汇总。为确保观众所登记的信息确实有效，工作人员必须确认所有观众全部填写所有表格内容（一人一表），有时仅仅索要名片是不够的。当天登记的数据要在闭馆后送到主办方现场办公室，并录入电脑。一部分登记人员在下午观众登记高峰过后可以转为清点工作，这样可以加快晚上最后清点的速度。同时要在电脑中事先设定相应统计程序以帮助最后清点统计，更可为每日现场发布的展览会信息的宣传刊物提供数据。

（5）注意现场观众数量的控制工作。一般认为一个展览最佳的观众容量为通道净面积每平方米每小时1人。考虑到参展商的展台目前大部分为开放式的，所以这一容量是比较理想的商业交流环境。但是，对于一些热门展会，如车展，大量入场人员可能会造成严重拥挤，甚至酿成事故，所以，必须在入口处给予流量控制。当然，若入口处人员太多也会造成等候人员的情绪不满甚至冲突，所以应视实际情况来分时、分段控制人流，以确保进、出相对平衡。

（三）新闻中心的管理

新闻中心的设立对于宣传展览极为重要，这是有效推广和宣传展览的一个良好方式。很多展览都会在现场开辟一定的区域作为展览新闻中心，供媒体记者使用。中心一般都配有可供休息和工作的桌椅、电脑、网络、打印和传真等设备，还有茶水和糕点等，并配备2～3名工作人员负责媒体工作。同时，新闻中心还提供一些介绍此次展览的宣传资料、刊物、手册等。一般，新闻中心只为媒体记者使用，其他人员不得随意进入。

（四）知识产权纠纷的处理工作

对于日益尖锐的知识产权纠纷，场馆企业和主办方应在现场设立专门办公室，并聘请专职律师咨询。作为展览主办方，在知识产权保护方面应该坚持以下基本原则。

（1）要坚决反对利用展览侵犯知识产权。这是一个基本的态度。

（2）用证据讲话。投诉方必须是该知识产权的法定所有者，同时其知识产权必须是经过国家正式批准注册和有效的。必须提供相关证据文件的复印本，同时，应提供符合法律申诉要求的对方侵权的具体证据，并需承担（如败诉）将承担的相应法律和赔偿责任。

（3）被告方如有异议，有申辩的权利，但是也必须提供足够说明其无辜的证据。如无法提供相应证据，则应该暂时撤下有疑问的展品，以求暂时和解。

（4）由于知识产权涉及高科技和复杂的法律问题，在短期的展览中不可能求得最终解决（除非明显地侵犯著名商标的显著行为），最多在展览期间暂时处理（如暂时撤下展品），双方都应在展后诉诸法律解决。

（五）现场数据收集的管理工作

除了观众信息的登记外，来自参展商的数据也是对场馆企业的管理起关键作用的重要信息。一般来说，很多主办方都会在开展期间，对参展商做定时（每天闭馆前收）的问卷调查，收集当天交易的情况，如当日接待专业观众数、达成意向情况、当日成交额等，并在开展的最后一天做有关参展商对本届展览的评价和是否有下届参展意向的问卷调查。这种现场问卷调查的内容设计一般要求简单、明了，便于参展商作答。可想而知，如果在现场紧张而繁忙的展示过程中，面对一份项目繁多、评判标准模糊的问卷，参展商要么放弃填写，要么胡乱应付，那么收集到的问卷可能根本无法反映现场的实际情况，毫无意义。

但是，场馆方也可以针对性地设计自己的调查问卷，做自己的调研分析，以提高自身的管理水平。事实上，目前最可行的做法是委托调查公司或展览行业协会这类专业的评估机构，参与到展览现场的参展商、观众信息的调查、收集、汇总、统计、评估工作中来，以充分显示出第三方认证的公平、公正。

三、撤展阶段的场馆管理

1. 撤展会议的主持工作

撤展会议（撤馆会议）一般放在撤展前一天的上午召开，这样，可以在当日下午就把有关情况以书面形式通知各个展商，以便其安排第二天的撤展工作。撤展会议是场馆企业在现场召开的重要会议之一。

一般，撤展会议的出席方包括主办方、主场搭建商、主场运输商、场馆方、安保公司、保洁公司、交警等。如有必要，还应请大展团的代表或以大型机械为展品的参展商一同出席撤展会议，商讨撤展的各个环节、明确各单位的职责。

撤展会议要决定撤展的具体时间，依次为停止观众登记的时间、停止观众入场的时间、观众清场的时间、断电（水、气、电话、网络）的时间、开出门证的时间、开启货物通道（卷帘门、货梯）的时间、铲车（吊车）进入的时间、闭馆的时间。有需要延长使用电脑、电话等设备的地方,应划出该区域的范围,明确延长用电、用电话的时间。

在撤展会议上,要求主场搭建商、主场运输商拿出具体的撤展计划。特别是物流顺序和时间计划,这是直接影响到撤展秩序和安全等的重要因素。

会议结束后,场馆企业要立即将撤展的要求以书面形式发到各个展台,并要求参展商签收,把具体的撤展开始和结束的时间、断电的时间、开出门证的时间和地点等具体事项通知参展商。同时,务必要告诫参展商不要私自提前撤展。

2. 撤展进行中的管理工作

撤展要求协调一致。但是,可能会有客户违反统一安排,自己先撤,这很不利于统一指挥。所以,必须控制好运输机力和车辆以及出门证的发放。如果参展商没有运输的机器和出门的许可,则一定会听从统一安排。当然,对有特殊要求的参展商,可安排他们事先撤离。总之,在坚持撤展会议决定的大前提下,可适当考虑灵活处理。

撤展中,要注意是否有需要当夜加班撤展的参展商;要检查展馆设施是否有损坏,并及时处理。

3. 结算和整理等工作

在全场断电后,查看展馆的电表读数以便结账。核对并确认现场费用的清单,约定时间或当场结清费用。将主办方的所有现场资料和设备等整理后运输。

四、场馆现场综合服务管理

场馆企业和主办方在开展的现场,主要起到一个协调的作用,同时要在现场提供完善的服务。所以,现场要关注的方面远不止以上的这些,还有一些其他方面同样需要投注人力、物力。一般可视展览规模,以适当的范围为单位在醒目位置设多个现场办公室,现场咨询台等亦属于这类范畴。咨询台的设立,主要是为了及时解决现场发生的问题,回答展商、观众的咨询。该处的工作人员应了解展览各个环节,能够自主解决问题,或能够联系到相关负责人解决问题。其工作要求快速、准确。不主张用临时人员,以免引起不必要的投诉,有损展览的形象。除上文提到过的几项管理工作以外,还需关注如下方面。

1. 现场会议的管理工作

一般,研讨会等现场专题会议是以参展商个别预定为主的,主办方的职责只是按参展商的会议布置要求来调配会议室、落实布置形式和设施设备等,全部费用都由参展商承担。而此类现场会议的规模虽然不大,其形式却是多样的,有对观众开放的,有只针对邀请嘉宾的,有重点向媒体发布的,也有提供小茶点的,总之,各有不同。因此,在开展前要做好详细的各类会议日程表、会议要求订单等,才可保证会议秩序。

主办方实际上是现场会议服务的总承包商,负责将参展商的要求同具体提供单位(如广告公司、场馆方、餐饮公司等)协调和落实。在开展后,应由营运组中的专人负责每天和各个会议主持方(参展商)确认、移交、结算,并在现场应对可能发生的临时问题。

2. 现场噪声、治安失窃案件的处理工作

现场的表演噪声被视为展览的一大污染,同时也会被其他参展商投诉和批评。但是,

安排表演的参展商一般都是大客户。因此,事先要约定好表演音量的分贝数,同时要有分贝表以便现场交涉。若参展商违背事先的约定,首先要通过协商等友好方式来解决。也可以先提出警告,实在不听劝阻的,只能采取临时断电的惩罚措施。

展览期间容易失窃的物品除了钱包外,还有手机、笔记本电脑、数码相机、机票、身份证和护照等。其中以遗失个人护照最为麻烦。应告诫参展商个人证件应存放在酒店内,同时注意贵重用品的保管。有条件的主办方也可采取贵重物品事先登记加贴特制的条形码等措施,这样,贵重物品出门要经仪器检查,相对较安全。同时,更要加派流动巡视人员,或请求当地警方的现场协助。

3. 现场广告管理

在一次大型会展活动中,主办单位获取广告收入的渠道很多,如展览快讯、会展会刊、户外广告牌、气球、标语等,但无论采取什么样的广告载体,会展主办单位都必须指定明确、统一的广告政策,做到对所有参展商一视同仁。

4. 现场交通、物流管理

对现场物流和交通的控制是展览活动全面控制的至关重要的部分。会展是一个庞大的系统工程,从组展到展品运输、展台搭建,直到撤展,任何一环脱节,会展都无法顺利进行。

在整个流程中,展品、宣传资料以及展具、道具等相关设备的运输是一项重要工作,而且专业性很强。一般委托运输公司来负责展品运输工作。要在展品运输方式、撤展运输、现场联络点、线路规划、对展品抵达时间的掌握、撤展管理与撤展物品监控、紧急事件处理等方面做好功课。

5. 现场餐饮管理

会展现场的餐饮服务要根据会展主办单位和场馆之间所签订的协议内容而定,指定餐饮服务商,提供现场餐饮服务。

6. 现场证件制作管理

为了便于会展现场管理,同时出于统计的需要,我们对展览会实行证件管理,即拥有会展主办单位认可的证件才能进入场馆。证件制作一般分成6种,分别发放给参展商、专业观众、工作人员(包括主办机构、承办机构和协办机构的相关工作人员)、筹(撤)展人员、媒体记者及与会嘉宾(包括领导和讲演嘉宾)。场馆方要加强对证件的监督管理。

7. 现场设备管理

加强供电、给水、排水、空调的管理;确保各类电梯使用安全,保持消防通道畅通,消防栓完好;通信畅通;网络和信息使用便捷;除火灾广播外,其他广播应由主办方和会展场馆共同审核后决定是否播放及播放次数,以免影响整体展会。

第三节 会议场馆现场管理

会议现场管理涵盖了许多方面的活动,其具体内容可能会根据会议的性质、规模等的不同而有所区别。但几项最重要的活动,如注册、餐饮等是几乎所有的会议现场管理都会涉及的。从根本而言，会议现场管理的成败取决于一个完备的会议计划过程，也就是说会议计划是会议现场管理的基础。但会议现场管理由于本身的复杂性，也对整个会议成功与否起着至关重要的作用。本节就会议现场管理的几个最重要的方面进行详细的介绍。

一、会场布置

（一）开（闭）幕式会场布置

大型会议在分组会议之前通常都会有开幕式或者全体会议，开幕式的时间可长可短，根据各个会议具体情况而异。开幕式的会场布置通常采用剧院式，因为这种方式能最大限度地容纳所有的与会代表。开幕式会场的布置工作主要包括背景台、主席台、会议代表席等。

1. 背景台

背景台上最主要的物件是会议的标志，这个标志过去通常采用横幅的形式，而现在比较流行的是背景板。背景板主要由3部分内容组成：会议的Logo和相关组织的Logo或者会徽，会议的中英文名称、缩写和会议的举办时间与地点，会议的主办方。会议背景板的设计要注意和以往向代表寄送的会议通知书的设计与色调相吻合，并且尽量简洁，不要使用过多的颜色和过于烦琐的设计。背景板是电视报道中最醒目的一幕，也是与会代表经常会选择留影的场所，因此作用相当重要。横幅的设计和制作就相对简单，我国的会议通常采用红色的横幅，横幅上的字多采用白色。字的内容也相对简单，就是会议的中英文名称，一般情况下采用中文在上，英文在下的方式。

2. 主席台

主席台的布置根据不同会议的需要会有所不同，但最常用的形式还是在主席台的中央摆放长条桌，桌子的长度根据就座主席台的人数而定。长条桌上通常要摆放鲜花、茶杯或矿泉水、桌签、纸和笔、话筒等。会议主持人一般坐在长条桌的一侧，面前摆放话筒。另外，长条桌上对应每把椅子还应该摆放桌签，即就座主席台上的人员姓名。国内会议使用中文，国际会议则需要使用英文标注，也可以同时使用中英文，采取中文在上、英文在下的方式。主席台右侧摆放讲台一个，有时候两侧均有讲台，供主持人或翻译以及演讲者同时使用。

3. 会议代表席

会议开幕式由于参加的人数较多，通常采用剧院式或教室式的会议室，代表区域主要分为贵宾席、代表席和记者席。贵宾席通常摆放在会场前几排，有时会在贵宾席处加上长条桌，以摆放贵宾的桌签、饮料、鲜花等，并在入口处用醒目的标示注明贵宾席的位置。代表席则根据代表的数量安放座椅，根据会议厅面积和代表人数尽量将行距安排得宽松一些，同时注意留出过道的位置。如果会议参加的记者比较多，还需要为他们安排专门的记者席，以避免他们在场内走动给会议带来的影响。文字记者通常安排在靠后的席位，摄影记者则允许他们在前排两侧工作。

闭幕式由于参加的人数会比开幕式少很多,因此会场主要沿用开幕式的会场布置,只是根据参加贵宾和代表数量的变化适当调整座椅数量。闭幕式中如果有下届会议的主办方介绍相关情况的话会显得相对重要,因为这是会议主办者吸引代表参加下届会议的非常好的机会,有时候下届会议主办方还会采取专门的招待会形式来宣传和推广下届会议的主题。

（二）会议室布置类型

现代会议的一个重要趋势就是强调沟通,因此大型会议在开幕式全体会议结束以后都会举行分组会议,以避免信息的单向流动。由于各种分组会议的规格和要求相去甚远,会议室的布置就必须具备相当大的灵活性,使其能满足不同会议对空间、技术支持和现场服务的要求。会议室的空间大小直接决定了其容纳会议的规模,但会议室的接待能力绝不仅仅取决于空间因素。其他许多条件如会议室形状、视听设备、注册场地甚至独立的衣帽间等,都可能对会议室具体接待能力造成很大的影响。不过会议代表的人数仍然是选择会议室的首要考虑。以下是几种主要的会议室场地布置,各自的优缺点以及适应的会议类型。

1. 剧场型

剧场型会议室,顾名思义,像一个剧场,前面是主席台,台下是听众,如图7-1所示。

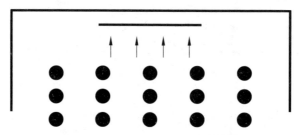

图7-1 剧场型会议室示意图

剧场型会议室的优势是能容纳大型团体会议,充分利用会议室空间。劣势是不便于现场记笔记,会议室后部可视性较差。其一般适应于大型讲座式的会议、开（闭）幕式的会议和全体会议。

2. 教室型

教室型会议室如同学生上课的教室,有讲台、课桌和座椅,如图7-2所示。

教室型会议室的优势是人均空间较大,有利于做笔记;劣势是会议室后部可视性较差。其一般适应于需要做笔记的小型讲座和演示会。

3. 公司会议型

公司型会议室一般采用"回"字形或"凹"字形的位置布局,如图7-3所示。

公司会议型会议室的优势是鼓励互动与沟通。劣势是人均占用面积过大,难以使用视听设备。其一般适应于公司会议、管理会议、小型分组讨论。

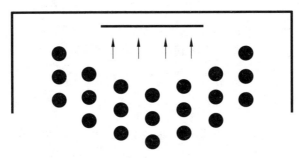

图 7-2　教室型会议室示意图

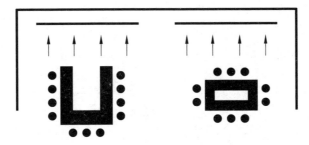

图 7-3　公司会议型会议室示意图

4. 宴会型

宴会型会议室一般是利用圆桌围坐,同时设立主席台,如图 7-4 所示。

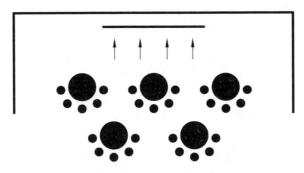

图 7-4　宴会型会议室示意图

宴会型会议室的优势是当分组讨论时代表不用换房间,可以舒适地随时取用食物和饮料;劣势是人均占用面积大,视听设备使用困难。其一般适应于宴会式会议、研讨会、圆桌讨论会等。

会议室类型以及会议室布置地选择如前所述,首先取决于会议的规模和性质,但会议场所本身的计划和安排也是重要的影响因素。因此会议室的安排既要符合组织者的要求,又要最大限度地满足会议场所综合调配以及统筹使用所有会议室的需要。

二、会议现场管理检查清单

会议现场管理需要考虑的事情很多,需要的设施也比较繁杂,恐怕很难一下把所有事项都记住。以下列举的是各种会议注册和现场所用主要物品及设施清单,可以帮助会议主办方做好现场管理工作。当然不同会议可能根据自己的性质和要求对该清单进行一定的增减,但一定要在每次会议开始之前列出适合本次会议的检查清单,以避免由于一个小疏忽而破坏其他方面都很理想的会议。

（一）注册现场用品清单

注册现场用品清单要求列出报到的日期与时间、登记卡的内容和数量、桌子、椅子的形状、尺寸和数量、水杯、信纸、笔、废纸篓、告示牌、标志牌的数量和尺寸、电话、验钞机、点钞机、POS（销售终端）机、文件箱、保险箱、缴费政策规定、收取支票和退款的规定、登记卡和证章上的信息资料、各种票价和相关规定、VIP客人接待程序、会议日程和其他材料、注册结束时检查资金。

（二）会议现场管理清单

会议现场管理清单要求提供楼层示意图、会议室指路牌；每次会议的正确日程、时间以及租用的房间；总办公室房间安排；每次会议的座位数量、座位布置图、演讲台位置、主持台位置；需安排或交错安排的会议所需讲台大小，必须方便运输和电梯使用；每次会议所需设备（核对设备与设施明细表）；检查房间是否开门、相应的工作人员是否到场；座位的类型是否与预定的一致；冷气或暖气设备正常运作；扩音系统操作（麦克风型号、数量）、录音设备操作；照明，包括集中照明、全场照明、灯光助理；聚光灯下的演讲台、演讲词提示机；水杯、演讲台上的饮用水；铅笔、便签簿、纸；标志牌、旗帜、横幅；与预订一致的鲜花与植物；如会议室临时变更，需要张贴的醒目通知；现场的速记员、同声翻译员、摄影师等。

三、会议现场注册

无论是什么规模的会议,布置好现场以后的任务都是迎接代表的到来。代表一旦到达现场,他们要做的第一件事就是向组织者注册报到。注册能否快捷方便地进行,是会议给代表留下的第一印象,所以显得格外重要。然而许多会议,尤其是大型国际会议的注册工作,常常会面临因代表在短时间内大量到达造成较长等候而引起的不满,因此高效率的注册工作需要组织者精心的安排和现场有序的调控才能得以实现,而绝不仅仅是签字报到如此简单。当会议涉及住宿和其他社交活动安排的时候,注册对整个会议过程的控制作用就更加明显。总体而言,会议现场注册应注重以下几个方面的内容：清晰的注册分类,明确的注册标示和及时的数据处理。

（一）清晰的注册分类

为了避免注册区域出现过长的排队现象,最行之有效的方法就是对代表按其注册的性质进行分类处理,这其中最主要的分类方法是将注册台分为3类：已经进行预注册的代表注册台、现场直接注册的代表注册台、社交和旅游活动注册台。

1. 预注册

网络技术的发展深刻地影响着会议管理的整个过程,尤其是对会议现场注册的程序。

大型会议通常都会设立专门的网站,与会代表可以在网站上按照指示非常轻松地进行注册、付费、预订住宿等一系列活动。因此会议注册现场应该安排专门的区域为已经预注册(pre-register)过的代表做最后的确认以及发放资料等活动。由于现代会议的大部分代表都已经进行过预注册,因此为他们现场登记的区域应该尽量安排得比较大,以避免排队情况的出现。对于已经预注册并缴费的与会代表,通常只需要核对预注册时登记的基本情况、核对交费情况、发放与会资料、代表签字几个环节,所以工作相对简单,可以安排志愿者或者其他非专业人员来承担。另一种在预注册时可能遇到的情况则较为麻烦,就是与会代表的费用可能已经缴纳,但主办方由于各种原因还没有收到,如信用卡被拒付,或者支票到账日期问题等,这时就需要耐心地解释并根据具体情况加以处理。在应付各种预注册付费出现问题的情况时,通常就需要由对注册工作有相当经验的工作人员来负责处理。

2. 现场注册

对没有进行过预注册或者进行预注册登记但还没有缴费的与会代表的注册工作则相对复杂,需要有专门的会务以及财务人员来负责,尤其是应对国际会议代表时。首先工作人员必须相当熟悉注册程序,能够引导与会代表现场填写各种表格。其次负责国际与会代表现场注册(on-site register)的工作人员还应该有较强的外语表达能力,从而保证注册程序能够顺利进行。最后由于国际与会代表支付费用的方式可能比较复杂,工作人员还需要熟悉各种信用卡、支票或者汇票等不同的支付方式。现场注册虽然涉及的代表会比预注册的代表数量少许多,但由于其复杂程度远远高于预注册的,因此对负责此项活动的工作人员的综合素质要求相当高。现场注册的程序通常包括:填写注册表格、交纳相关费用、现场制作胸卡、发放与会资料、代表签字确认等。

3. 社交和旅游活动注册

与会代表在会议期间或者会议前后可能会参加一些旅游或者社交活动,因此需要在注册处专门设立一个柜台为他们提供这方面的服务。一些国际与会代表还很有可能带他们的家属同往,他们在旅游或者社交方面的需求会更多,会议主办方就必须根据会前的预计安排相应的服务。如果家属的数量较多而且参加旅游的愿望也比较强烈,则需要安排专门的旅游服务商如旅行社等为他们提供现场服务。由于与会代表的安排可能随时会有变动,因此旅游和社交活动(tour and social activity)的注册柜台需要一直服务到会议结束代表们完全离开为止。其他社交活动如宴会、演出等,也需要由代表到注册台登记,以确定最终参加人数,便于主办方安排。

(二)明确的注册标示

与会代表进入会议场所以后要能够迅速地找到注册台,就需要有明确的注册标示进行引导。注册标示对在大型会议中心里召开的会议尤为重要,因为通常会议中心都会有几个会议同时举行,模糊的标示会给代表寻找注册台带来很大的困扰。如果在饭店召开的话,也需要在大堂设立明确的标示引导代表选择正确的通向注册台的路径。由于会议召开前已经给代表发过数次相关资料,而这些资料上通常都会有会议的Logo,因此代表对Logo应该已经相当熟悉。主办方要做的就是在标示的醒目位置突出Logo,同时注明会议名称、届数、举办日期、主办方等主要信息,使代表能一目了然地发现目标,从而顺利地找到注册台。如果遇到特大型会议注册代表人数很多,为使注册工作有序进行,组织者会根据与会代表名字的英文字母采取分区注册的方式。这时候就需要在非常醒目的位置标明,如"A到F为姓名首字母的代表请到1区注册",以避免代表在长时间等待以后才发现自己站到了错误的区域。必要的时候可以安排1名工作人员进行注册引导工作,以避免由于代表自身粗心而造成不必要的时间上的浪费。

(三)及时的数据处理

由于各种不同的原因,常常会出现与会代表注册了却没能出席,发言人晚于预定时间到达,宴会参加人数少于预定人数,购买了旅行服务却不能成行等各种情况,因此会议的一切安排都必须以现场实际注册的情况为最后的依据。现场登记的各种数据要及时地传送到会议管理组,会议管理组将注册台提供的数据进行处理后,再传送给会务组、旅游组、交通组、宴会组等其他直接相关部门,使它们可以根据实际情况对事先的安排进行调整。例如,安排旅游观光的车辆、导游、用餐;大会发言情况要根据实际到场的发言人具体调整,某些发言提前或者推后;有VIP代表到达时间改变的,应另外安排接机、住宿等相关事宜。最后对有些已经交费参加会议或者其他旅游社交活动后又取消的代表,还要根据现场登记的数据进行退款或者其他方式的处理。

四、会议餐饮

会议餐饮是会议现场管理的重要组成部分,也是会议场所的主要收入来源之一。由于会议期间需要向代表提供多次餐饮服务,而且通常部分餐饮服务的价格是涵盖在参会费用里的,因此餐饮服务水平也会相当大程度地影响代表对整个会议服务的满意程度。会议餐饮服务涉及的面比较广,从菜单的制定、服务的类型、服务人员的选择到计费方式以及某些客人的餐饮禁忌都必须考虑到,而所有这些服务又必须切合会议本身的性质、与会代表的偏好、会议餐饮预算等方面的特点,因此会议餐饮的管理是比较复杂的。

1. 会议餐饮的类型

会议餐饮类型的选择取决于会议组织者的需要,当然也跟会议场所本身的资源有着密切的关系。会议餐饮主要分为以下几种类型。

(1)早餐。会议早餐服务主要的对象是各种公司会议。因为时间安排比较紧张,于是早餐被用作管理人员和员工,或者会议代表之间又一种交换意见的场所。会议早餐服务已经成为会议业中的一种最新趋势。

(2)茶歇。茶歇的主要功能是使与会代表能在紧张的会议间隙得到一些放松,同时也给他们提供了和其他代表沟通的机会。茶歇通常安排在早上和下午会议的中间,一般会持续15~45分钟。

(3)午餐。午餐通常会提供相对比较简单的食物,这也是所有代表能共聚一堂的最佳机会。因为有的代表可能晚到,没能参加开幕式,有的代表可能选择不用晚餐。

(4)晚宴。晚宴一般是会议服务的重点,因此在菜单、服务方式等方面的选择也会相对困难。但一次成功的晚宴能为会议增色不少,也会在会议代表心目中留下深刻的印象。

(5) 招待会。招待会通常在会议开始阶段或者正式的晚宴开始之前。多数招待会都只提供饮料和点心。由于招待会也是代表之间沟通的很好机会,因此提供的食物和饮料都要便于代表四处走动。

(6) 室外餐饮服务。有些会议会组织室外的餐饮,原因可能是便于观看表演或者想给会议代表一些惊喜。通常室外的餐饮提供的都是晚宴,但现在越来越多的茶歇、烧烤等活动都被安排在室外举行。室外的餐饮活动需要格外考虑天气、食物运输、场地、费用等因素,操作会比室内餐饮更加复杂。

2. 会议餐饮的服务类型

餐饮服务类型主要取决于餐饮本身的种类,因为每一种服务类型都有自身的特点和适用范围。餐饮服务的类型有很多种,但在会议餐饮中应用的主要有自助式和餐桌服务式两种。自助式能够营造一种轻松的气氛,可以使代表之间有更多机会进行交流,同时交流的面不局限在同一餐桌,另外主办方也不需要提供很多服务人员。餐桌服务式使代表用餐更为舒适,也便于组织者安排发言或者表演节目,但必须提供更多高素质的服务人员。餐饮服务类型的选择应该跟会议的主体及目标相契合,在很多情况下还需要满足赞助商的需要,尤其是晚宴这种场合通常赞助商会有较高的参与度。

3. 菜单的选择

菜单的选择需要考虑到以下因素:食物成本、代表的需要、客户的要求、营养搭配、季节以及菜单给人的整体印象。另外,清淡、健康和低脂这样的趋势也是不能忽视的。与会代表一般倾向于需要小分量的食物,但取用的次数较多,尤其在自助式餐饮里,更要注意每份食物的数量不要太多,以使代表有更多机会起身获得其他交流的机会。但总体而言菜单的选择主要取决于与会代表的数量和会议场所的设施。

通常情况下,会议场所会向会议主办方提供一系列的餐饮类型和菜单以备选择,这就需要主办方根据与会代表的具体情况以及会议的主题从中选择最合适的。但有时主办方对餐饮缺乏深入的了解,使得菜单的选择变得非常困难。以下几点建议可能会给会议主办方提供一些帮助。首先,具体菜单的选择会受制于餐饮和菜系类型的选择,而代表的人数可能会使某些菜系无法得到供应;其次,就应该考虑具体的每一道菜,包括菜的颜色、质材和烹饪方式都需要被考虑到,以避免出现的菜全是同一种颜色或者用同一种方式烹调的情况;再次,还必须考虑味重的菜和清淡的菜相搭配,素食者和穆斯林及其他有饮食禁忌的情况也必须考虑到;最后,就是健康饮食的趋势也应该被越来越多地反映在菜单上。

4. 员工

如果没有合格的员工来提供服务,任何餐饮类型或者菜单选择都是空谈。此处"员工"指的是主办方的工作人员,其作用要区别于会议场地方配备的餐饮服务员,因为会议餐饮不同于一般意义上的请客吃饭,经常带有契合会议主题的附带交流,是在正式会议场合之外有特殊增值服务性质的重要活动。主办方是"导演",与会代表是"主角",会议场地方餐饮服务员至多是"临时工作人员"。一旦餐饮类型和菜单已经决定下来,员工就应该被有序地分配到各个岗位,同时,在开始工作之前他们都应该对整个会议有一些基本的了解,如会议的主题、与会代表的组成、席位的分配等,以便作出正确快捷的引导。在选择员工时应该主要考虑以下几点：员工的业务能力,员工的宴会服务经验,客人的数量,餐饮的类型和风格,宴会的时间,主管人员。只有对以上因素进行通盘考虑以后才能够制订出合适的员工计划。最后在服务过程中随时保持沟通,使出现的问题能得到及时解决。

5. 酒水饮料

酒水和饮料以及食物一起组成完整的宴会,但有时酒水和饮料也会在会议餐饮中单独扮演角色。酒水和饮料服务的主要类型有以下几种。

（1）鸡尾酒招待会：这是最常见的招待会形式。

（2）接待室酒会：通常是赞助商招待自己的客人时使用专门的套间做接待室,用酒会的形式来做一些沟通和交谈。

（3）餐桌酒水服务：和食物一起构成宴会。

（4）特别的酒水和饮料服务：专门的酒类品尝会,或者酒水饮料的产品发布会。

6. 餐饮定价

食物通常采取人数定价方式,根据代表的数量和事先统一的菜单来定价。茶歇时提供的咖啡或者饮料可能根据取用的数量来计价,如××元/升,但也可能为了方便起见就按照人数定价。如果会议的规模比较小则按照人数定价后,可能场所还会收取额外的人工或者房间布置费用。当餐饮费没有被包含在会费里面时,会议场地方可以采取将菜单分成从经济型到豪华型几个类别在注册时供客人选择。如果是自由点菜的 a la carte 式菜单,则需要在每道菜下面注明其价格。无论哪种定价方式,菜单的价格都必须涵盖一定的利润、食物成本、工资以及其他固定和变动成本。具体的定价方案还必须跟场所的整个经营策略相一致,如一些小型的会议场所为了吸引公司或者其他组织的将来的会议,有可能会采取低价餐饮的策略。另外,餐饮的定价还跟供应商等其他利益相关者有着密切的关系。对与会代表而言,酒水饮料的付费可能有以下几种方式。

（1）免费畅饮,与会代表无限量获取酒水饮料,会议主办方或者赞助商在结束后支付所有费用。

（2）现金支付,即与会代表购买饮料,现场支付现金。这种支付方式的最大问题就是可能形成排队,因为服务员工需要在每位客人身上花费较多时间。

（3）代金券支付,与会代表预先从主办方或者场所处购买酒水代金券后再当现金使用,这可有效地避免排队现象,同时也可以使主办方向重要代表提供免费代金券。

（4）自助式,与会代表自己取用酒水饮料,会议场所通过前后库存数量的变化来向主办方收取费用。

酒水饮料服务和定价是会议中最容易引起代表不满的地方,因此定价方式应该提前用书面的方式得到确认,以免引起任何纠纷。

对会议主办方而言,其向会议场所支付酒水饮料的方式会根据每次会议或者召开地点不同而大相径庭,但总体而言有以下几种重要的支付方式。

（1）以每杯饮料为单位付费：在免费畅饮和现金支付两种方式中可以使用,主办方可以根据会议代表的潜在消费能力或者他们向场所支付的其他会务费用要求比较好的折扣价格。

（2）以每瓶饮料为单位付费：在免费畅饮和自助型中经常使用，即消费前后分别清点酒水饮料的瓶数，以差额来付费。

（3）按人数付费：通常在招待会中和食物一起计算。

（4）按每小时付费：按代表的消费小时数来付费，不过通常从第二小时以后逐渐便宜，这取决于安排这项活动时间的长短。

（5）按整体消费时间付费：按整体消费时间段付费，价格水平取决于与会代表的数量和主办方要求提供的酒水饮料的种类。

本章小结

会展场馆的现场管理是会展品质体现的关键点，也是对会展场馆企业评价的重要标准，展览中心和会议中心有各自的现场管理的要求，本章从控制的角度分别介绍了会展场馆现场管理的内容。

复习思考题

1. 简述会展场馆现场管理的重要性。
2. 简述会展场馆现场管理的基本原则。
3. 简述会展场馆现场管理的主要内容。
4. 如何理解会展场馆现场管理的"不确定性"？

引申案例

德国新慕尼黑博览中心[①]

新慕尼黑博览中心建成于1998年，是建筑业中的一个经典之作。新慕尼黑博览中心拥有超大面积的展示空间，其中室内部分为160 000平方米，室外部分为280 000平方米，是世界上最先进的展览中心之一，特别是为大型机械和大型交通运输工具的展示提供了宽敞的舞台。中心内有大片绿地和供参展商及观众休息、娱乐的场所且拥有6 500个座位。展览中心的西端还精心建造了优美的绿化地带和湖泊。新建成的展馆有以下优点。

（1）无支柱式展馆建筑为展览设计提供最大限度的自由。

（2）整个博览会场地具有易拆分的高度灵活性，可服务于同时举行或重叠举办的博览会。

（3）不同的展区设施同样一流。

（4）每个场馆地下都铺设了密集的高科技通信线缆系统，使馆内摊位与外界更为直

---

① 根据 http://baike.baidu.com/view/2552214.htm 整理。

观的联系和交流成为可能。

（5）对全部展览场内的人员流动有全面的调控系统。

（6）在东、西入口处的地下各有一个运输系统，配合主车道旁的两条支线及容量为13 000辆的停车场，使博览会的物品及人员运输实现高效。现代化交通网络使展商和观众都能享受到最方便高效的交通便利。

（7）展馆无障碍的人性化设计使布展和参观变得更为轻松方便。

（8）广泛而周到的服务（如旅行社、商务中心、外汇兑换、饭店服务等），为展商和观众提供了一个轻松的商务环境。

由于新慕尼黑博览中心构造的合理性和功能的完备性，建馆以来，已经成功地举办了包括Bauma、ISPO（国际体育用品博览会）、Electronica等在内的大量国际性大型博览会。新慕尼黑博览中心已成了展示先进技术、交流最新成果的理想选择之一。

问题：

从现场控制管理的角度，你认为德国新慕尼黑博览中心有哪些值得肯定的地方？

第八章

会展场馆危机与安全管理

引言

如果说"危机"一词对许多会展场馆经营管理者来说还不够熟悉的话,那么对"非典""展商投诉""亏损""破产""商业窃密"和"新闻曝光"等一定不会陌生。事实上,上述这些词汇就是对会展场馆在经营活动中所面临危机的描述。

学习要点

- 会展场馆危机的特征和类型及影响
- 会展场馆危机处理的原则和过程
- 会展场馆危机预防的措施
- 会展场馆危机的处理与恢复
- 会展场馆安全管理

引入案例

上海世贸商城——第四届上海国际珠宝展失窃[①]

1. 上海世贸商城简介

上海世贸商城位于上海虹桥经济技术开发区的黄金地段,南靠延安高架桥,北临扬子江万丽大酒店、喜来登太平洋大酒店,距上海虹桥机场约10分钟车程,具有得天独厚的地理位置。上海世贸商城建筑面积为28万平方米,总投资额3亿美元,由几位海外华人共同投资兴建,是上海市政府十大"重点工程"中的唯一外商投资项目,1994年破土动工,1999年年底正式对外开放。上海世贸商城由常年展贸中心、上海世贸展馆、上海世贸大厦三大主体建筑构成,是一个集展示、交易、办公、资讯于一体的超级交易市场,为国内外商家及专业买主提供一流的、国际级的设施和服务。

上海世贸商城是上海市五大展览场馆之一,拥有37 000多平方米的展览场地与多功能会议中心,每年举办上百场国际国内短期展览会和大型会议。上海世贸商城将以其一流的展馆设施,为各类商品的展示交易、进出口和国内批销,提供一个理想的国际商务

[①] 根据 http://www.shanghaimart.com/aboutus/index.asp 整理. 胡平. 会展案例[M]. 上海:华东师范大学出版社,2010:167.

平台。

一层：为占地6 200平方米的大型展馆。

二层：拥有9间大小不等的会议室，可举办新闻发布、专题讲座、研讨会等各种专业会议，也可配合七楼多功能厅，作为大型国际会议的专题分会场，更是配合展览举办各种专业技术交流会的首选。

三层：分为东、西两展厅，展览总面积为5 400平方米。其中，东厅占地3 800平方米，西厅占地1 600平方米，可根据实际需要分馆展览。

四层：占地8 200平方米，是大型展览的理想场地。

七层：占地1 800平方米的多功能展厅，拥有完美的音响和灯光组合，是大型会议、年会庆典、新闻发布及时装show的最佳场地。

2. 第四届上海国际珠宝展失窃案

作为中国大陆地区珠宝消费最主要城市的上海，随着其国际性珠宝展规模的扩大，似乎也正成为跨国大盗们新的目标。2004年5月13日，上海世贸商城北侧一楼的展厅，第四届上海国际珠宝展开展的第一天，价值69万美元的成品钻石不翼而飞。据当事人描述，失窃不过在短短几分钟内，"再回头，装钻石的背包就不见了。"

没有任何暴力手段，没有任何高科技工具的介入，只是最为常见的群体盗窃作案时"声东击西"的手法，一群人锁定目标后分工，或者伪装看珠宝，或者借口索要名片与工作人员攀谈，把柜台围住后，隔断周围其他人的视线，伺机作案。涉案的盗窃群体多达25人，分别来自哥伦比亚、委内瑞拉、墨西哥、哥斯达黎加、智利、秘鲁等国。

跨国团体为什么会选择上海作案的解释，似乎也同样简单，他们手头有世界各地珠宝展的信息，能够从哪里入境就选择到哪里作案。但此次盗窃，传递出的另一个信息是上海作为中国大陆最主要珠宝消费城市之一，规模逐年扩大的珠宝展已经为国际大盗们所关注。这群人"并非单一作案，还涉及多起案件"。

第一节 会展场馆危机管理概述

社会在不断地前进，情况在不断地变化，我们生活在一个错综复杂、充满变数的世界里，社会、企业或个人随时都可能遭遇危机。可以说，危机无处不在，危机无时不有。危机就是使一个组织的运营、生存、发展、生机受到不良影响和严重影响的非常状态。一个企业能否生存，就看它应对危机的能力，可以说，应对危机是一个企业生存的底线。危机管理与时下讲得很多的品牌管理、企业战略、营销策略一样，对于企业的发展起着举足轻重的作用。

一、危机的内涵与特征

1. 危机的内涵

危机的定义有很多，站在不同的角度、不同的领域，采用不同的思维方式，对危机的认识、理解便会不同。在危机研究过程中，专家、学者们给危机赋予各种各样的定义。Otto Lerbinger将危机定义为：导致一个企业组织陷入争议并危及未来获利、成长甚至生存的事件。杰弗里·R.卡波尼格罗(Jerffery R. Caponigro)在《危机顾问》中对企业危机进行了界定：危机是指能够潜在地给企业的声誉或信用造成负面影响的事件或活动。典型的情况是失去控制,或很快将要失去控制。

目前,较为被广泛认可的定义是：危机是指干扰事和物自然流程的任何事件,而且相对应的组织和个人如果对其缺乏及时的认识与正确的处理,必将对组织和个人造成一定的危害。简言之,就是打破了平衡,中断了正常运转。

根据各种定义,我们可以将危机的基本内涵界定为：各种紧急的、意外发生的,对人员、组织和其他资源有重大损害或潜在重大损害的突发事件。

2. 危机的特征

一般认为,危机具有突发性、危害性、紧迫性、普遍性和双重性等特征。

(1) 突发性。对企业危机于什么时间、什么地点,以什么样的方式爆发,爆发的程度如何等情况,人们往往是始料未及的,难以准确地把握。它反映了企业危机在很大程度上具有偶然性和随机性。

危机的突发性具有两重含义：一是指企业遭受外部环境突然出现的变化或内部因素长期积累到一定程度而爆发形成的危机,由于平时人们对于这些因素的细微变化熟视无睹,因此感到突然。二是指危机爆发的征兆或诱因使人们的感官或知觉难以企及。它从人们能够感觉到爆发所延续的时间很短,但破坏性很大,使得管理者措手不及,并因此蒙受重大损失。

(2) 危害性。危机的危害性是指危机事件会对人员、组织和其他资源造成各种各样的直接与间接的损害。危机越是严重,其危害范围和破坏力就越大,所造成的损失也就越惨重。

这种危害不仅表现为人员、财产的损失,组织或环境的破坏,而且体现在危机事件对社会心理和个人心理的破坏性冲击。就像旅游目的地突发的政治危机和社会危机,如政变、疫情、大范围的强烈地震、战争等,在给国家的生产与发展及人民的正常生活带来巨大破坏作用的同时,也对旅游业的发展造成严重的阻碍和破坏。企业内部发生的财务危机、人事危机等同样会给企业带来损失和破坏。

(3) 紧迫性。危机的发生尽管存在先兆,但由于危机的发生通常出乎社会秩序或人们的心理惯性运行,才会形成某种程度上的危险性。因此,危机事实上具有一定的不可预见性。危机一旦发生,便要求决策者在有限的时间内采取处理行动,要求企业对危机作出快速反应和处置,任何犹豫和延迟都会给企业带来更大的损失,这体现出了危机的紧迫性。有些企业走向困境甚至垮台,可能只有一夜的时间。

(4) 普遍性。"只有不做事的人和企业,才可能会永远不犯错误",企业在运营过程中,必然会面临危机,危机普遍地存在于企业成长的始终。美国著名咨询顾问史蒂文·芬克说："企业经营者应该深刻认识到,危机就像死亡和纳税一样难以避免,必须为危机做好计划,充分准备,才能与命运周旋。"任何企业都不可能永远存在、永远正确,这是企业发展的规律。企业在经营和发展过程中遇到危机是一种正常与普遍现象。

(5) 双重性。双重性是指企业面临的危机既会给企业带来损失,但同时也有可能给企业带来某种机会或收益,即危机之中也孕育着机遇。汉语"危机"这两个字就分别代表着"危险"和"机遇"两层意思。危机的双重性说明,对待危机不应该仅仅是消极地回避,更不应该惧怕,要敢于去面对危机,善于利用危机。

3. 危机的生命周期

企业是有生命周期的,它也有"生老病死"。企业危机也有寿命周期,危机从其自身发展来说,一般有酝酿期(也称潜伏期)、爆发期、扩散蔓延期、减弱消失期。人们遇见的每种危机一般都是按以上4个阶段依次显现。

(1)酝酿期。酝酿期即潜伏期。这往往是风险不断增强的阶段。当然,酝酿期的某些特征会给危机管理提供警报,使企业采取有效的措施;但如果在这个阶段风险被完全忽略,就会导致危机的爆发。

(2)爆发期。爆发期是指事情发展到此阶段,就再也没有挽回的机会,其影响已经由风险转化为显形的危机。

(3)扩散蔓延期。这一时期危机的影响程度会不断增强,同时在这个时期企业会有针对性地进行自我分析,分析企业毛病出在什么地方,并采取补救措施,来减弱危机带来的不良影响。

(4)减弱消失期。这是危机发生的最后时期,是处理危机的人员找到解决危机最直接最迅速的方法,危机对企业的影响逐渐减弱,直至转危为安。

二、会展场馆危机的特点和类型

(一)会展场馆危机的特点

会展包括会议和展览这两大类活动形式,它们的最基本特点是多数人在特定的时间和空间里的集中活动。会展场馆危机除具有上述危机的一般特征以外,根据会展场馆行业的特殊性,往往还具有如下特点。

1. 敏感性强,易受多种因素影响

会议、展览都是一项系统工程,具有较为复杂的结构,往往由许多相关的行业企业、机构、部门和人群参与其中。展览会的场馆方、主办方、承办方、协办方、搭建商、运输商、参展商、专业观众、普通观众、公安、消防、餐饮、广告等许多相对独立的而又相互依赖的部门组成联合体,使得会展在筹备与举办过程中遇到的风险或遭遇危机的可能性更加不可预测和不可控制,而一旦某个环节出现较大的问题,就会影响展会的顺利举行,故对于上述各类因素的敏感性都很强,相应地脆弱性亦强,更易出现危机事件。

2. 扩散性强,社会影响面广

相比其他企业活动,会展项目的参与者人数较多,群体人员的风险度比单个人员的风险度高。毕竟,相对于实物产品来说,人具有较强的流动性,这极大地增加了管理难度,风险更大,稍有不慎,就会产生危机。而在经济全球化的今天,任何细小的不安因素,都可能造成会展企业的"蝴蝶效应",使企业遭受极大的损失。

由于会展场馆的规模和社会影响大,媒体关注度亦高,在会展举办过程中,会不断有媒体要求采访,及时将展会信息传递给大众,故若发生危机事件,必将对公众产生较大的

负面影响。会展场馆对于相关产业具有较大的拉动作用,会展危机亦不可避免地波及这些相关产业。因此,会展场馆危机的发生,可能引起较大的社会反响。

(二)会展场馆危机的类型

企业的经营环境复杂多变,市场竞争也日益激烈,导致不确定因素层出不穷,随时可能遇到突如其来的危机,如自然灾害、恐怖事件、环境污染、政治冲突、经济萎缩、市场疲软、意外事故、管理失误等,可以说,我们本身就生活在一个充满危机的世界里,会展场馆企业经营过程中,经常可能遇到的危机主要有如下几种。

1. 突发事件危机

此类危机是指由难以预料的突发事件引起的会展危机。特别是由于企业的外部环境突然变化,如国家宏观经济政策调整、金融风暴、流行病("非典"、禽流感)、严重的自然灾害(地震、飓风)、恐怖事件、战争等经济、政治、社会、自然、军事等方面难以预料的变故,严重影响原定的会展项目的如期举办。会展组织者措手不及,常因受制于主客观条件,难以正确应对这种变化。例如,2003年突如其来的"非典"对于我国会展业的重创,至今还让人们心有余悸。又如,2005年8月29日,"卡特里娜"飓风袭击美国南部沿海,导致许多城市,包括新奥尔良地区100多万平方米的巨大的展览场地成为一片汪洋。当人们面对着一片汪洋唏嘘之时,会展人士则深切地感受到,这场灾难破坏的不仅仅是新奥尔良的爵士音乐节和海上油井,众多的展会因此不得不宣布取消、另寻他处,或者延期举行。新奥尔良地区的会议中心和酒店原定举办各类会议333场,占路易斯安那州总数的92%,其中118场是原计划在9月5日到11月15日举行的。参观者每年在该市的会议开销为13亿美元,所以仅此一项就造成3亿美元的损失。空前的灾难让会议和展会的组织者们面临着两难的选择,是取消、推迟,还是重选地址,这是个非常棘手的问题。另觅场地并不是一件轻松的事。飓风过后,展馆和其他被毁设施的修复工作,因受灾城市水电供应的问题一度受阻。展会取消,公司一时没有生意可做,收入自然下降。

此外,还有公共安全事故(如波兰卡多维斯展览馆倒塌事件、密云灯会踩踏惨剧、展会珠宝失窃案)等突发事件,使场馆方猝不及防,穷于应付,常会危及展会的举办。

2. 营销危机

会展场馆营销危机主要表现为:营销策略不当(如在广告、公关等方面的成本控制),服务质量未能达到原定的最低目标;某些大客户流失,失去亮点和吸引力,导致更多的客户和观众流失,利润不断下滑;由于销售指标落空,销售人员提成几乎成了梦想,销售队伍人心涣散,渠道陷于瘫痪;场馆企业的市场竞争能力逐渐减弱,随后陷入被动防守的局面。营销体系的衰退会很快波及场馆企业的调研、策划、管理、财务、人事部门等乃至整个管理系统,而后可能引发人事和财务危机等连锁反应。

3. 人力资源危机

会展场馆的人力资源危机主要表现为频繁的人才流动,优秀人才甚至项目团队的离职,以及企业高层人事震荡,等等。之所以称之为危机,是因为这样的人事变动常常意味着企业人力资本投资的丧失,核心技术与机密(如客户数据库、策划方案、信息管理系统软件)的外泄,企业员工士气的低落,企业凝聚力和竞争力的削弱,进而导致会展市场的缩减。会展场馆企业的核心竞争力就在于人才,人力资源危机若不引起重视,无疑会给场馆企业发展带来极大的负面影响,甚至可能诱发场馆企业其他危机。

4. 财务危机

会展场馆的财务行为包括制定预算、筹资、投资、资金使用、资金回收等,在这些财务活动环节中不管哪一个环节出现问题,都可能带来企业财务危机。很多场馆都是负债经营,一旦不能招徕更多的展览会,将立刻陷入困境,其高昂的成本也得不到任何补偿和回报,若企业无法寻找到合适的融资渠道,将会导致场馆企业资金断流,财务难以为继,最后酿成场馆企业运行危机。

5. 法律危机

场馆企业和相关的企业都是一个契约关系,这里面的合同意识、契约精神都非常重要,一旦某个环节出现问题就特别容易出现纠纷和危机。甚至,有时参展商和展会组织方因此陷入法律危机,场馆方如应对不当,则可能引发经营危机、信用危机等严重后果。

三、会展场馆危机的处理原则

会展场馆危机管理就是指会展场馆管理者运用组织所能支配的资源,对场馆所处的环境进行监测、分析,从而对会展场馆活动的危机进行防范和处理,以减少危机发生和降低危害程度的活动过程。

危机管理属于场馆战略管理的一部分,其要点是分析场馆危机产生的原因和过程,探讨场馆预防和化解危机的手段与对策。如何预防危机,妥善处理危机,并将危机转化为转机,是场馆危机管理的主要内容。其具体内容包括:危机意识的树立、预警系统的建设、员工培训,危机的识别与调查、危机处理策略的制定、危机处理机构的建立,与媒体、消费者和公众的沟通,事后总结与教训的吸取等。

危机管理的目的就是力图识别、预测潜在危机,预先推出各种应急计划,在危机未发生时预防危机的发生;而在危机真的发生时,采取措施减少危机所造成的损害,尽可能地阻止危机的发展,尽量将损失最小化,并尽早从危机中恢复过来。会展场馆危机处理的原则有以下几条。

1. 预防为主的原则

危机管理的精髓在于预防,在于未雨绸缪,防患于未然。无论何种危机,预防与控制都是成本最低、损失最小的方法。因为在危机爆发后,往往只能尽可能减少损失,很难挽回危机造成的重大危害。如果在危机出现之前,就预先警觉并进行控制,便能以最小的成本化解危机。正如有些危机管理专家所倡导的:"使用少量钱预防,而不是花大量钱治疗。"因此,在危机4个阶段的管理中,应该在第一阶段,即危机的酝酿期就发现危机隐患并进行消除。

2. 积极主动的原则

"好事不出门,坏事传千里",当会展场馆出现危机时,消息会不胫而走,成为社会舆论的焦点。其间,流言蜚语也会甚嚣尘上。如不及时有效地对社会舆论进行引导,危机的负面影响将会快速膨胀,增加危机的处理难度。因此,必须积极主动地采取各种措施,引导社会舆论向着有利于自己的一方流动,赢得社会公众的理解,为深入平息、妥善处理危机营造良好的舆论空间。

3. 公众利益至上的原则

在危机管理过程中,应当将公众的利益置于首位,会展场馆从危机预防、爆发到危机化解应更多地关注公众(包括客户、观众、利益相关者等)的利益,而不仅仅是会展场馆的短期利益,要拿出实际行动表明会展场馆解决危机的诚意,尽量为受到危机影响的公众弥补损失,这样有利于维护会展的品牌及会展场馆的形象,也有利于会展场馆的长远利益。

4. 以诚相待的原则

这是妥善解决危机的最根本原则。以诚相待是处理危机的基础。任何组织在处理危机过程中,都必须坚持实事求是,要高度重视做好信息的传递发布,并在组织内外部进行积极、坦诚、有效的沟通公关,充分体现出组织在危机应对中的社会责任感,从而为妥善处理危机创造良好的氛围和环境。对于处于危机风波中的会展场馆来说,最大的致命伤便是失信于民,一旦媒体和公众得知会展场馆在撒谎,新的危机又会马上产生,接着会产生一系列连锁反应,进一步加重危机的负面作用,以致给会展场馆造成不可挽回的损失。

5. 快速反应原则

从危机事件本身特点来看,危机事件爆发的突发性和极强的扩散性决定了危机应对必须迅速、果断。危机的发展具有周期性:酝酿期、爆发期、扩散蔓延期和减弱消失期。与之相对应,危机的破坏性往往随着时间的推移而呈非线性爆炸式增长。因此,越早发现危机并迅速反应、控制事态,越有利于危机的妥善解决和降低各方利益损失。会展场馆内部对于危机事件必须保持高度警觉,早发现、早通报,便于高层尽快掌握了解真相、作出决策。绝对不可推诿扯皮,贻误战机。在对外沟通方面,快速反应原则显得更为重要,及早向外界发布信息既体现出组织对危机事件的快速反应姿态,又可以平息因信息不透明而产生的虚假谣言,赢得公众信任。

6. 协调统一的原则

危机发生前,应将危机预防作为会展场馆战略管理的重要组成部分,统一部署,使全体员工参与危机预防。把会展场馆平时管理和危机预防结合起来,及早发现危机的端倪,防患未然,从而将事件控制在酝酿、萌芽状态。危机发生后,决策者必须加强对指挥调度权的掌握,做到上下左右都协调一致地行动,决不允许出现"杂音"和"小动作",这样才能稳住阵脚,化险为夷,扭转危机所带来的被动局面。

四、会展场馆危机的处理过程

一般来说,危机管理被定为 PPRR 模式。PPRR 模式指危机管理的 4 个阶段的工作:危机前的预防(prevention)、危机前的准备(preparation)、危机爆发时的应对(response)和危机结束期的恢复(recovery)。实际操作中,人们常从时间上划分,将危机预防和准备的工作合并为一个阶段,称事前管理,则危机管理的过程一般可分为以下 3 个阶段。

1. 场馆危机预防

场馆危机预防（事前管理）可以说是场馆企业危机管理中最重要的一环。它是指在危机发生前采取措施，防止危机的爆发，在危机管理中成效最大，正所谓防患于未然。虽然说任何企业都可能遇到危机，但是这并非说危机不可预防。而事实上，几乎所有的危机都是可以通过预防来化解的。这主要是因为事先的预防工作做得越充分，不仅能在第一时间发现危机的存在，同时也可以借助各种事先制订的应急预案开展目的明确的危机应对工作，进而将各种损失减少到最低限度。

场馆危机预防系统包括：场馆危机管理意识的培养；场馆危机管理体制的建立；场馆危机管理资源的保障；场馆危机管理人员的培训，进行场馆危机处理模拟训练；场馆与大众媒体建立良好关系；等等。

2. 场馆危机处理

场馆危机处理（事中管理）是指在危机爆发后，为减少危机的危害，按照危机处理计划或应对决策，对危机采取直接处理措施和策略。危机处理是场馆危机管理的主要环节。一旦场馆企业发生危机事件，危机处理就显得极为重要，因为它事关场馆企业的生死存亡。

这些措施和策略包括：场馆危机信息的获取及评估，场馆危机处理机构的建立和运作，确定场馆发言人进行信息发布和沟通，场馆危机处理计划的制订，场馆危机处理计划的实施，场馆危机事件的全面评估，等等。

3. 场馆危机恢复管理

场馆危机恢复管理（事后管理）是场馆企业危机管理的最后一个环节，是在场馆危机处理完毕之后，为恢复平常时期的状态而进行的一系列活动。特别是需要根据场馆企业从危机处理过程中总结出来的经验和教训，改进场馆企业经营管理活动，以备后患。其主要内容是对场馆企业存在的问题进行解决和对场馆企业积累的经验进行推广，具体包括调查、评估、整改等阶段。场馆危机恢复管理的时间长短需根据场馆危机及危害程度而定，原则上是尽可能缩短。

场馆危机恢复管理工作做得好，除了有助于相关人员及时总结经验，以防在今后的危机应对工作中再犯类似的错误之外，还可能发现新的机遇，从而把原来的坏事变成好事，体现大多数类型的危机都具有的"危"和"机"双重性。

第二节 会展场馆危机的预防

古人云：居安思危，思则有备，有备无患。又曰：凡事预则立，不预则废。英国危机管理专家迈克尔·里杰斯特认为，预防是解决危机的最好方法。通过危机的预防措施，企业管理者可以寻找和发现产生危机的各种诱因，并采取相应的措施，在最大程度上将这些危机诱因在爆发前进行彻底或部分清除，从而避免危机的爆发，或者至少可以降低危机的危害程度。在这个阶段解决危机花费的成本相对较小而且作用也最大。因此，危机管理重在预防，会展场馆危机管理也不例外。

会展场馆预防危机的措施主要有：强化场馆危机意识；建立场馆危机预警系统，进行场馆危机信息收集分析和风险评估；成立场馆危机预防小组；制订场馆危机应变计划，进行场馆人员培训及危机模拟训练；等。

一、强化场馆危机意识

企业危机重在防范，防范危机的突破口在哪里？就在于危机意识。对于企业组织来说，没有危机意识，单纯的"硬性危机防预体系"是无力的，超前的、无形的、全面的危机意识才是场馆危机防范中最坚固的防线。大量的企业案例证明，企业与企业在危机应对方面的差异，很大程度上取决于企业危机意识的差异。

这里所说的"危机意识"，是特指防范与应对企业危机内涵层的思维意识。世界500强企业中，能坚持做上十年的企业为数不多，在市场竞争激烈的现代社会，企业家心中强烈的危机感是无可名状的。或许正是因为有了这种危机感，有了这种冷静的冬天意识，他们才能带领企业渡过一个又一个难关，让企业生存得久一点，再久一点。

1. 全面认识场馆危机

要想充分运用危机意识来防范和应对场馆企业危机，首先要全面认识危机，充分把握危机的规律性，我们可对场馆企业危机进行较为全面的分析与认识。对于场馆企业危机来说，它也并非是孤立存在的，而是与场馆企业内部管理和外部经营环境相关联的，场馆企业管理中存在的大大小小的各类问题与缺陷，都可能导致场馆企业危机的发生。外部因素导致场馆企业危机的情况主要有：国家政策法规的调整、宏观经济因素的变化、政治事件、信誉危机、行业危机、供应链危机、各类社会危机、自然灾害及各类意外事件等。"生于忧患，死于安乐"，先人的教诲是我们最好的向导，对于场馆企业危机管理，任何"断章取义""杀鸡取卵"的做法都是注定要失败的。

2. 场馆危机有可利用性

对于危机来说，它同样存在相互矛盾的两方面：一方面，它在不同程度上会导致场馆企业品牌形象受损，甚至导致企业亏损、倒闭、破产等不良后果；另一方面，危机同样存在可被企业借势的有利因素，危机就是"危险"和"机会"的统一体。这里所说的"可利用的危机"，并非仅限于场馆企业本身的危机，还包括各类外部危机。例如，行业危机、产业链危机、供应链危机、竞争对手的经营危机、各类社会危机、意外事件及与本场馆经营相关联的危机等。

在市场竞争中，危机总是与场馆企业如影相随，危机也并非只是突如其来的冲撞与剧烈的变化，场馆企业最大的危机是看不到危机，体会不到各种压力的存在。看得到的现实危机并不可怕，可怕的是那种处在缓慢变化中还没有被察觉的潜伏危机。在经营过程中，场馆企业愈是感到有压力，愈说明正在积极争取竞争主动权。场馆企业一旦感受到压力的存在，就应该采取积极有力的应对措施，及时予以消除、化解。否则，就会引发一连串问题，使场馆企业经营陷入恶性循环，这种事态积累到一定的程度，最终不可避免地要爆发灾难性危机。场馆企业感到压力，证明了场馆企业在某方面存在与竞争不相适应的地方，为场馆企业改进和提升自身素质提供了动力，指明了方向。明智的场馆经营者往往以此为契机,审视和反思自己,主动寻找差距,千方百计消除、化解压力,提升经营管理水平,提升综合竞争力。这是一个循环往复、不断克服困难、不断获得进步的过程,这种思想、习惯、氛围和行为的养成,就是场馆企业生存的核心,也是场馆企业的核心竞争力。

3. 居危思进,全员参与

面对危机,场馆企业要善于居危思进。所谓"居危",就是要看到市场竞争的激烈性和残酷性,进一步增强紧迫感和危机感,要识危机、知危机;所谓"思进",就是要有"置之死地而后生"的经营胆略,要主动出击,想方设法变危机为良机,变危机为商机。

强化危机意识,首先,会展场馆高层必须带头;其次,还要做到全员树立危机意识。只有企业上下都树立危机意识,才能在危机到来时各尽其力。普通员工对危机意识的树立,也能降低平时经营管理中潜在危机发生的概率。

二、建立场馆危机预警系统

会展场馆危机管理重在事先预防,提前做好应对准备,这就要有健全的危机预警系统,能够对可能出现的危机事件进行评价、预测,提前发出警报,以便制订应对方案。

会展场馆危机预警系统致力于从根本上防止危机的形成、爆发,是一种对企业危机进行超前管理的系统。预警系统是指对预警对象、预警范围、预警指标和预警的信息进行分析和研究,及时发现和识别潜在的或现实的危机因素,以便采取预防措施、减少危机发生的突然和意外性。危机预警系统主要起到评估预警信息、发出危机警报、防患于未然的作用。

会展场馆危机预警系统具有监视和预测两方面的功能。监视是指不断地对可能引起危机的各种要素和征兆进行监视,亦即灵敏、准确地收集可能引发会展场馆企业危机的内、外部经营管理信息,及时对其分析和处理。预测是指对未来可能发生的危机类型及其危害程度作出合理的估计,并在必要时发出危机警报。

与此两方面功能相对应,会展危机预警系统包括会展场馆危机信息收集与分析、会展风险管理和危机预测(风险分析)两大部分。

(一)会展场馆危机信息收集与分析

信息是场馆危机管理的关键,也是会展场馆危机预警系统有效运行的前提。根据会展场馆运作特点,需要对场馆企业外部环境信息及内部管理信息进行收集、整理和分析。

1. 会展场馆外部信息的收集

会展场馆企业外部信息的收集范围十分广泛,包括政治、经济、政策、金融、科技、市场、相关产业、竞争对手、客户等方面的信息。这是由会展行业特点决定的,因为国家的政治方针或经济政策,甚至国际政治、经济都可能影响一个展览会或专业论坛项目的得失成败。

会展场馆外部信息来源的另一个重要方面是客户的信息,包括参展商、专业观众、参会者、供应商等方面的信息。应尽可能收集、保存及更新客户数据库,并通过这些详细的资料,在与客户保持良好关系的同时,与客户经常进行沟通,收集反馈信息。有些会展场馆企业对于客户的投诉与建议似乎并不重视,事实上,很多会展危机的爆发是有先兆的,而客户的投诉与反馈是会展场馆企业应特别关注的一个环节。

2. 会展场馆内部信息的收集

内部信息指场馆内各会展项目的运行状况。会展场馆企业内部的项目运行中出现的各种问题也可能是引发危机的因素,如会展项目市场调研是否认真、主题定位是否准确、市场营销策略是否有效、经营观念是否滞后、合作伙伴是否可靠、后勤保障是否落实、企业员工队伍是否稳定,甚至合同规章是否合法等。例如,某会展企业员工普遍对于薪水待遇不满,时有怨言或牢骚,企业高层对此类危机信号并未引起注意,最后,一批项目管理骨干同时跳槽,引发了人力资源危机,进而危及该公司主办的展览项目,引起经营危机。

3. 信息的分析与评估

危机预警系统的作用不仅仅是收集有关的信息,还需要对信息进行整理和分析,因为杂乱无章的信息对于管理者的决策是毫无意义的。但是,也并非内、外环境中的任何风吹草动都需要实时监测,有些只需做一般性的了解。危机预警系统的管理者要集中精力分析那些对企业发展有重大或潜在重大影响的外部环境信息,从而敏锐地察觉环境的各种变化,以保证能及时获得会展场馆企业危机的先兆信息,有效地采取措施,趋利避害。同时,要重点收集和分析能灵敏、准确地反映会展场馆企业运行的经营和财务信息,以便能及时识别、评价会展企业经营中的薄弱环节,观察、捕捉到会展危机出现前的征兆性信息,及早进行必要的防范。

(二) 会展风险管理和危机预测

科学预测是危机管理的前提,会展场馆危机预警系统应该准确及时地预测企业所面临的会展场馆危机的类型与发展的趋势,为会展场馆企业进行危机管理提供科学的依据。为此,会展场馆预警系统还要能对会展企业经营方面的风险进行识别、分析和评估,此项功能称为风险管理。

通俗地说,风险就是发生不幸事件的概率。对于企业而言,风险就是因各种无法预料的不确定因素的影响,而使企业蒙受损失的可能性。

人们在一切社会经济活动中,都面临着种种风险。从总体上看,风险是一种客观存在,是不可避免的,而且在一定的条件下还存在某些规律性。因此,人们只能把风险缩减到最小的程度,而不可能将其完全消除。这就要求人们主动认识风险,积极管理风险,有效控制风险,把风险减至最小的程度,以保证各项社会经济活动的正常运行。

所谓风险管理,就是指企业对风险进行识别、分析、评价,并在此基础上有效地处置风险,以最低成本实现最大安全保障的科学方法,是人们对潜在的、意外的损失进行识别、评估、预防和控制的过程。

风险管理与危机管理既有联系,又有区别。它们都是动态的管理过程,都蕴含着威胁和机遇的不确定性。但风险仅仅是一种发生危机事件的可能性,风险不等于危机。风险如不能预测、识别,或不能抵御、规避,则风险变为现实,演变为危机;危机管理失败,将使危机扩大并进而演化为灾难。这是它们的内在联系。在会展场馆运行过程中,成功的风险管理可以防止和减少潜在危机,它是处理危机的有效处方。风险管理是危机管理的一部分。

会展场馆风险按来源可分为社会环境风险、竞争风险、营销风险、人事风险、管理风险、财务风险等。识别风险的方法一般有头脑风暴法和情境分析法。

(1) 头脑风暴法。头脑风暴法是由会展场馆管理的相关人员共同参与,自由地尽可能多地列举出可能的风险,再进行分类和整理,得出会展场馆企业风险列表。

(2) 情境分析法。情境分析法是根据会展场馆进行的各种因素,包括内在的和外在的因素,根据一定的规则和场馆管理者的经验,推想出该会展场馆可能遇到的风险,从而得出会展场馆企业风险列表。

此外,还有德尔菲法等,一般通过统计分析和计算机的应用来实现。

会展场馆的有些风险是可以通过情境分析法得到的,如营销风险、财务风险、竞争风险、管理风险、安全风险等。但也有很多是难以预期的,如关键岗位人员跳槽、客户数据库等商业机密泄露等,很难用情境分析法来得到,因此必须结合头脑风暴法,并且在进行风险识别时一定要请相关部门人员参与。

会展场馆风险分析就是通过对已掌握的一些风险信息进行分析和预测,判断可能发生的危机种类,这个过程通常称为风险分析。分析方法有指标法、类比法等多种定性和定量的方法,视具体分析对象而定。一般地,进行会展场馆风险分析时,需要了解会展行业常规性的危机事件,会展企业的属性(展览、会议、场馆、设计搭建、运输等),企业历史上遭遇过什么危机,行业内或类似的企业发生过何种危机,等等,根据历史上危机的征兆建立风险分析的指标体系,或者进行类比。

就具体的会展场馆而言,可能引起危机的环节,如会展项目定位、市场环境、营销策略、财务状况、人员及设施故障等,都需要一一加以梳理分析,从而准确地预测会展场馆企业或项目所面临的各种风险和机遇。

最后,对已经确认的每种风险,根据威胁的大小程度及发生的概率进行评价,建立各种风险管理的优先次序,以有限的资源、时间和资金来防范或规避最严重的一种或几种风险,并制订相应的会展场馆危机预处理方案,以确保危机到来时,能够处于主动地位。这种方式通常称为风险评价。

风险的应对策略不外乎以下几种:规避风险、转移风险、接受风险、减少风险等。

(1) 规避风险。规避风险是指当会展项目风险引发潜在危机的可能性极大,并会带来严重的后果,且无法转移时,通过部分地改变项目或者放弃项目来规避风险。部分改变项目包括通过修改项目目标、项目范围、项目计划等方式来回避风险的威胁。例如,对于很可能不守信用的服务商或资质不够的会展搭建商,拒绝与其进行业务往来。

(2) 转移风险。转移风险即将会展风险或潜在的损失与后果转由其他组织或个人承担。在会展场馆经营管理中,常用的方法有购买保险、业务分包、租赁经营、免除责任的协议等,也可用合作、合资的方法举办会展,虽然企业也会为此付出一定代价,但若发生重大事故,可以转移若干损失,使企业免遭灭顶之灾。

(3) 接受风险。对于会展场馆经营管理者来说,有些是无法回避、无法转移,或无法全部转移的风险,将这些项目接受下来,其主要工作是如何减少损失,以及将有可能引发危机的风险向有利的方向转化。

（4）减少风险。减少风险主要有两方面意思：一是控制风险因素，减少风险的发生；二是控制风险发生的概率和降低风险损害程度。减少风险的一般方法有：进行充分调研和准确的预测，准备多个实施方案进行优选，及时与政府部门沟通获取政策信息，等等。另外，还需要针对不同类型的风险采取不同的方法，如对于财务风险，可在财务上预先作出安排，提留各种风险准备金，以消除财务危机发生所造成的资金周转困难。

三、建立场馆危机预控系统

建立场馆危机预控系统的目的就是对可能发生的潜在危机，预先研究讨论，制订出应变的行动计划。有效的危机处理预案应建立在危机预警的基础上，确定各类会展危机处理的优先级别，以及相应处理方法与程序；成立危机管理小组；进行人员培训和危机处理模拟训练；等等。

1. 组建"虚拟的"场馆危机管理小组

组建专门的机构是有效应对危机事件的关键。组织化程度的高低，决定着整合资源的能力，最终决定了处理危机事件的效果。该机构平时并不经常活动，只是定期召开会议，因而被称为"虚拟的"机构，该机构的主要任务是：考察场馆或会展项目的内部环境和外部环境，预测场馆变化趋势，分析可能出现的危机，制订相应的危机预防方案和危机处理预案。该机构成员应由本场馆市场调研、营销、项目管理、财务、人力资源等部门的会展管理人员和专业人员兼任，其负责人应是场馆或项目的主要负责人，或在场馆内有影响力、号召力的人物。机构人数并不需要很多，六七名或三四名均可，视场馆或会展项目团队情况而定，故常称"小组"。小组成员应具有较好的心理素质与较强的分析、判断、决策和沟通能力，能在危机到来时，处变不惊、统揽全局，决策迅速果断，办事严谨细致，从而有效地化解危机。

2. 制订场馆危机预案

危机预案即危机应急处理计划。因为危机属于非常态事件，场馆组织不能只依靠现有的常规与制度来应付，必须事先拟定危机事件的处理程序与应对计划；又因为危机的发生具有突发性和紧迫性的特点，为了保证危机应急决策和措施的正确性，应事先制订科学而周密的危机应变措施和计划，避免因一项危机事件处置不当而引发其他危机的连锁反应。

危机预案应具体、明确，具有针对性。预案包含的内容很多：分析各类会展危机的特点、表现，提出应采取的措施和所需资源；人员组织和协调、岗位职责、工作流程及相关人员资料、对外联络的名单及资料；危机的预防、危机处理步骤、危机沟通或公关的策略和行动计划、财务及法律事宜、危机事件记录要求等。总之，从人员到组织，从沟通到具体操作，尽可能详细说明。

要制订完整而实用的危机预案，关键是要对潜在危机进行系统分析、罗列与分类。对于每种可能性、危害性较大的危机都应有处理方案；对于每种类型的危机处理预案又应分为几种处理方案，分别说明其利弊得失，以便在危机发生时能迅速作出抉择。其中，一个有效的方法是制定危机管理手册,将危机管理的指导思想、组织机构与职责分工、计划、制度、危机的类型与识别,危机处理的原则、方法、程序、措施等详尽列入其内。

建立危机管理的资源保障体系是会展危机预案的重要内容。会展场馆应建立起全面的资源保障体系,如突发事件引起的财务危机的应对措施、客户数据库或其他重要信息的安全和泄密补救措施、关键岗位的人才储备机制等。

3. 开展人员培训,进行场馆危机管理的模拟训练

有针对性地开展人员培训,提高管理层和员工应对危机事件的能力,至关重要。

危机管理培训内容包括危机管理意识、相关知识(如危机管理手册的讲解,危机处理原则、策略或方法,危机预案的内容,等等)、心理承受能力、各种应急处理方式等。

危机管理不仅是场馆最高管理层或某些职能部门,如公关部门的事情,而且应成为每个职能部门和每位员工共同面临的课题。在最高管理层具备危机意识的基础上,场馆要善于将这种危机意识向所有的员工灌输,使每位员工都具备居安思危的思想,提高员工对危机发生的警惕性,使危机管理能够落实到每位员工的实际行动中,做到防微杜渐、临危不乱。

培训形式应灵活多样、讲究实效,可以采用讲授、小组讨论、实战模拟演练等方式,而且要做到因人而异。例如,会展营销和公关人员,需要重点进行危机沟通能力的培训,因为他们需要在危机处理期间回应客户与媒体的询问和采访。

其中,模拟训练可以培养员工在危机情境下处理问题的实际能力。例如,公关人员可以演练在会展危机爆发后,如何应付媒体记者的采访,如何答复各种猜测、指责与问题,如何掌控负面新闻所造成的被动局面及主要信息的沟通、发言人的语气态度等。此外,实战演练中还有可能发现原定危机预案中的不周之处,从而有利于改进与完善危机处理预案。

通过培训,可以使参训人员增强心理素质,了解危机处理的整体方案和本人所担负的具体责任,掌握必须具备的知识与技能,增强危机处理的基本功,以使他们在危机发生时能临危不乱、从容应对。

通过培训和模拟训练,也有助于将危机防范措施落实到岗位。要根据不同的工作岗位,制定相应的防危规章制度或操作规则,通过短期培训、专题讲座、实际工作养成等途径,使每个岗位的人员都能按"游戏规则"运行,规避危机风险出现。例如,就展览会展位搭建的现场管理环节来说,由于中国很多展会组织方并没有对参展商的展位尤其是特装展位做细化管理规定,参展商之间围板互用、相互给对方造成恶劣影响的事情屡见不鲜。还有的参展商为了节省成本,使用一些不合格的材料,甚至引起安全事故。虽然可能责任在搭建商,但展会组织方、场馆方,至少也应负有监管不力的责任,事实上也会影响场馆方的声誉和利益。

第三节 会展场馆危机的处理与恢复

这是危机管理的事中及事后阶段。在危机事中管理阶段,危机已经冲破各道预防防线而爆发。此时,会展场馆应在最短的时间内扭转被动局面,为此,必须迅速、准确地识别

危机,快速建立和运转危机处理组织机构,制定危机处理策略,实施危机处理方案。

在危机事后管理阶段,一方面,应采取措施消除危机给会展项目和场馆的消极影响;另一方面,需对危机管理的经验教训进行认真、系统的总结与评价,提出改进措施,从而把"危(险)"变成"机(会)",促进会展项目和场馆的健康发展。

一、会展场馆危机处理的一般步骤

(一)建立和健全会展危机管理机构,做好危机处理工作

当危机爆发时,在危机预防阶段建立的"虚拟"危机管理小组在得到充分授权的前提下,可以立即转变为专门的危机管理机构,代表场馆走到危机处理的第一线,行使危机管理职能、确定危机处理策略、制定处理方案、采取各种危机处理措施。在规模较小的会展场馆,危机管理小组成员不大可能全为专职,但必须至少有4人把主要精力投入会展危机处理事务。危机管理小组的规模也和危机的严重程度有关。

危机管理小组主要来自本场馆与危机处理相关的各个部门,这些人员应该对场馆及该会展项目比较了解,处理危机时能快速进入角色,但有时也需要聘请若干对于会展危机处理具有专门知识和经验的外部人员,如熟悉会展法律法规的律师。例如,上海新国际博览中心就常年聘有会展法律顾问,为许多展览会处理知识产权等法律纠纷,从而将一些会展危机消弭于萌芽状态,收到了很好的效果。

危机管理小组中,应包括决策、信息管理、公共关系、组织实施等几个职能部分。其中,决策部分是会展危机的主要管理者,负责制定会展危机的所有策略和计划;信息部分的人员则承担着会展危机信息的收集、分类、整理、评估和记录等任务;公共关系部分专门负责与公众和媒体进行沟通,包括为媒体提供例行的信息发布;组织实施部分的主要任务是将决策部分制定的策略和计划贯彻执行,进行会展危机的现场管理。

建立会展危机管理小组的目的是将会展场馆进行危机处理的各项具体任务集中在专门的部门内,并通过一定的组织结构将其与各部门联合起来,以达到对会展危机快速高效的反应与处理。因此,会展危机管理小组应独立于其他部门,并由会展场馆最高领导主管。此外,危机管理小组内部和与其他部门联系的组织结构上,层次应尽可能少些,尽量简单灵活。

(二)危机的识别和调查

1. 危机识别和实况调查

会展突发事件或事故发生以后,会展场馆危机管理的负责人,或者会展危机管理小组有关人员应于第一时间抵达现场,掌握已经显露出来的全部情况,包括事件发生的时间、地点、经过,事件的直接后果、当事人的反应等,据此判断该事件或事故是否属于危机事件,是否需要启动危机处理程序。

确认不同类型的会展危机,需要有不同的危机指标。例如,某珠宝展曾发生参展商声称成交量太少,联合起来向展览会组织方提出抗议,并要求赔偿的事件,此时,已可认为发生了会展经营危机。而后,当媒体将此问题加以报道,甚至冠以"骗展"的名称,公众议论

纷纷之时,则可以认为该会展项目和企业同时遭遇"信誉危机"或"品牌危机"。

2. 危机根源的调查

此类调查的目的是要找出危机产生的根源。例如,上述事件中参展商的聚众抗议,可能是招商工作不理想造成的,也可能是招展时承诺太多,使参展商期望值过高所致,甚至可能是因为现场服务欠缺,加上竞争对手暗中煽动的缘故,等等。

通过危机的调查,可以确认预想的危机是否是真的危机,也可以明确危机的性质、发生领域和根源,以便管理者有的放矢,把精力和资源用在最需要的地方。

(三) 危机处理策略的制定

当会展场馆面临危机事件时,不同的处理策略及相应的实施计划将给会展场馆带来截然不同的后果。成功的处理可能减轻或消解危机事件带给会展场馆的损失,还可能使这次危机成为会展场馆成长的好时机。

如果危机预控阶段的准备工作充分,危机类型在预测范围之内,危机处理策略和计划可以主要根据危机预案制定;如在预测范围之外,则需要根据该危机的具体情况与类型制定策略和处理计划。一般而言,会展危机的处理策略大致有以下几种。

1. 危机中止策略

如危机产生的根源在于会展场馆的内部管理或者其他可以控制的情形,则应立即实施危机中止策略,把大事化小,防止危机的进一步扩散。例如,某年中国华东进出口商品交易会(简称"华交会")上,一块展示板突然坠落,恰巧砸在一位外籍观众的头上,很明显,这是一个安全事故。展会组织方立即安抚受伤观众,同时进行事故原因调查,很快查清:此系江苏省某参展商的责任,是他们聘请的搭建商在展台搭建中用料不当。在组织方的协调下,该参展商赔偿给伤者人民币3万元,很快平息了此事,对于国内、外知名的"华交会"品牌声誉基本没有负面影响。

2. 危机隔离策略

由于会展行业易受媒体与公众关注的特点,会展危机一旦爆发,经常会从一个方面向其他领域蔓延,造成更多的运行环节失常,从而引发更大的危机。因此,我们应该及时对爆发的会展危机进行隔离,防止事态蔓延。

对于会展危机的隔离主要有信息隔离、人员隔离和事故隔离。信息隔离主要是把危机事件中对场馆或会展项目形象不利,或阻碍危机处理的不利信息,从场馆内部与公众隔离开来。许多惨痛的危机事件已经证明,危机信息的泛滥所带来的危机往往比危机事故本身更可怕。人员隔离主要是把涉及危机事件的人员职责和权力进行隔离,领导层和员工中哪些主要处理危机事件;哪些坚守原工作岗位,维持日常工作。人员隔离可以避免场馆员工因为职责不清而干扰危机处理,如场馆员工随意发表不负责任的言论,造成不良社会影响;也可以避免由于处理危机而影响会展项目或场馆的正常运转。事故隔离即对引发危机的事故本身进行隔离。例如,在某展会中部分参展商与组织方在管理现场发生纠纷时,危机处理小组应先请他们离开现场,到办公室解决纠纷,以维持整个展览会的正常进行。

3. 危机消除策略

危机消除策略则是需要会展危机管理小组根据既定的危机处理措施，对症下药，迅速有效地消除危机带来的负面影响；要善于利用正面材料，冲淡危机的负面影响。例如，通过新闻界传达场馆对危机后果的关切、采取的措施等。

4. 危机利用策略

这是变"危机"为"转机"的重要一环，更能显示管理者的危机处理艺术，处理得当，就会收到坏事变好事的效果。越是在危机时刻，越能昭示出一个优秀企业的整体素质和综合实力。只要采取诚实、坦率、负责的态度，就有可能将危机化为生机。处理得当，就会收到坏事变好事的效果。

（四）危机处理计划及实施要点

如果危机预控阶段的准备工作充分，危机类型在预测范围之内，危机处理计划可以主要根据危机预案制订，如在预测范围之外，则需要根据该危机的具体情况与类型制订处理计划。

通常情况下，当危机发生后按预案运行均可收到比较好的效果。在实际运作中，有几个重要环节一定要把握住。

1. 积极调查，争取主动

会展危机发生后，会展危机管理人员要正视危机，积极主动采取措施，查清事实，不断监测情况的发展和变化，并根据变化迅速调整危机处理计划，调动人力、财力、设备等资源，尽可能在最短的时间内控制局势的发展，而不应回避或被动地应付危机，更不应在危机发生后，先急于追究责任，或者向公众辩解自身行为，以免造成人心涣散和公众反感。

2. 迅速反应，果断行动

危机处理的目的在于，尽最大可能努力控制事态的恶化和蔓延，把危机造成的有形和无形的损失减少到最低限度，并在最短时间内重塑或挽回企业的良好形象和声誉。因而会展危机一旦发生，危机管理小组就应迅速反应，立即启用危机处理计划，调动小组及其他相关人员投入到紧张的危机处理与善后工作中去。在危机处理工作中，赢得时间就等于赢得了场馆企业的生命，赢得了场馆企业的形象与公众的信任。

当然也不能照本宣科，由于危机的产生具有突变性和紧迫性，任何防范措施都无法做到万无一失，因此应针对具体问题，随时修正和充实危机处理对策。

3. 协同合作，抓住重点

会展危机发生后，危机管理小组应提高危机透明度，向全体员工说明危机处理决策与措施，动员全体员工关注和参与危机处理。要求各方服从统一指挥、有序进行、分工负责、协同合作，任何无序的行为都只会造成更大的混乱。

全员动员不等于平均使用力量。在危机情境下，资源是紧缺的，时间是紧迫的，任何贻误都可能引发更大的危机损失。因此，危机处理时应该分清主次，首先找到危机产生的主要根源,对其采取有效措施进行隔离和消除,这样,危机处理才真正有效。

二、会展场馆危机公关

1. 危机公关的含义和作用

危机公关是危机公共关系的简称。危机公共关系是组织机构出现具有重大不利影响的危机事件时,组织领导人员和公关人员为缓解事态、消除危机而立即展开的公共关系工作。它是现代企业必备的应变意识与能力。它准备处理的是发生危机事件时的传播问题,其目的是通过公关的手段使危机的负面影响降到最低限度,并进而使组织摆脱危机,重新树立良好的信誉和形象。会展场馆管理者可以充分借鉴这一策略来应对困境,迎接挑战,突破重围,走出危机。

公关的本质在于控制社会舆论,使社会舆论朝着有利于企业形象的方向制造宣传效应,抑或帮助企业化解突如其来的信誉、市场等危机,稳定市场。公关在传播中的功能体现在以下两个方面:第一,提供反馈信息,预测公众舆论;第二,制订计划,影响和引导社会舆论。

会展危机不但具有突发性,而且更具有扩散性,更受到媒体和公众的关注。当会展品牌遇到突如其来的信誉等危机时,危机公关在化解市场危机、恢复品牌形象、稳定会展市场等方面,具有广告等其他传播形式不可比拟的能力,这在实践中已经得到了验证。

会展危机公关的对象是组展商、参展商、观众(或会议、活动的参加者)、赞助商、政府机构、媒体等。其中,与媒体的危机公关影响最大,也最需要谨慎处理,也是会展场馆危机公关重点关注的对象。

2. 场馆危机公关的原则及应用

公共关系学理论强调,信息沟通是危机管理的核心。英国危机管理专家里杰斯特曾提出著名的危机沟通"3T"原则:第一,以我为主提供情况(tell your own take);第二,提供全部情况(tell it all);第三,尽快提供情况(tell it fast)。

"以我为主"就是要以本场馆为第一信息发布来源,争取正确的舆论导向。危机发生后,一般而言,利益相关者和媒体都会急于知道危机发生的原因、过程和可能的结果,把危机事件当成自己报道的热点,而公众了解危机的主要渠道往往就是新闻媒体。因此,会展场馆应在危机第一时间及时主动地向媒体提供有关危机的最新和准确的消息,流言就会不攻自破。这样才能掌握信息沟通的主动权,争取正确的舆论导向。

"提供全部情况"就是要真实地报道危机真相。诚信是危机公关的绝对前提。以诚相待才能使企业取信于客户和广大民众,转危为安。通常情况下,任何危机的发生都会使公众产生种种猜测、怀疑,甚至恐慌,而场馆越是隐瞒真相越会引起更大的怀疑,只有做到真诚坦率,才能显示出将公众的利益放在首位的负责任的场馆形象。

3. 要强化媒体管理,正确发挥大众传媒的作用

对于任何一个组织来说,媒体都是一柄双刃剑。一方面,媒体可以帮助场馆传递信息,提高场馆或会展品牌的形象,为会展场馆提供社会支持,甚至为场馆提供外脑以帮助决策;另一方面,媒体也可能妨碍场馆的正常运转,散布对组织不利的信息,从而使场馆陷

入危机之中。因而场馆要主动与媒体联系,为媒体提供有价值的新闻,使媒体对组织的情况和价值观有较为准确与全面的认识,进而建立场馆与媒体之间的信任关系。

同时,会展场馆在危机中要控制媒体活动范围,因为媒体无限制地对危机管理者和危机当事者进行采访,会使管理者分心、当事者得不到充分的休息和恢复;另外,若对媒体的活动范围不加以限制,媒体就有可能获得大量场馆不愿向外传递的信息,这些信息的公开会导致危机的扩大和危机的难以控制,使危机管理工作更加被动。

目前常用的方法是指定一个场馆危机公关的新闻发言人,专门负责与外部沟通,特别是与媒体的沟通。新闻发言人口齿要伶俐、头脑要敏捷、信息要充分、语言要果断,要多用数据和事实说话,少说空话,不说假话。可以用召开信息发布会的形式向社会公布危机事件的状况和处理情况。

需要指出的是,危机处理中的公关成功,不但和场馆在危机处理时采用正确的策略与技巧有关,也和场馆与媒体之间的相互信任和理解程度有关。因此,场馆公关人员平时就应加强和媒体的沟通与交流,以助于彼此间增进了解,并建立良好的合作关系。

4. 做好场馆危机传播方案

(1) 时刻准备在危机发生时,将公众的利益放在首位,及时告知公众发生的情况及企业采取的相应措施。

(2) 掌握报道的主动权,以组织为第一消息来源,在确切了解危机的真正原因后才对外发布消息,及时召开新闻发布会,尽可能地减轻公众电话询问的压力。例如,向外界宣布发生了什么危机,公司正采取什么措施来弥补损失。最好设立专门的新闻中心,以应付不同时区打来的电话。

(3) 建立广泛的信息来源,与记者和当地的舆论媒介保持良好的关系,要善于利用媒体来控制危机的传播。如果有的报道与事实出入较多的话,应予以坚决的回击。

(4) 确定媒介需要传播的其他外部重要公众,并确保组织在处理危机时,有一系列的对社会负责的行为,以增强社会对组织的信任度。

(5) 在危机传播中,要避免使用行话,应该用简洁明了的语言来说明场馆对所发生的事件的关注。

三、会展场馆危机的事后管理

经过一系列危机处理步骤后,危机事态被完全控制、危机事件被解决,但这并不意味着危机管理任务的结束,只是危机管理进入了事后管理阶段。在此阶段,危机管理的目标和任务如下。

1. 对危机进行评估

危机管理小组或场馆管理层应在危机结束后成立调查和评估小组,立即对与危机相关的因素进行评估。例如,发生危机的会展项目或企业组织是在哪些环节出现问题、损失情况如何,以及危机预防措施是否有效、人员有否到位、危机管理小组决策和策略是否正确。对场馆工作进行全面评价,如营销策略和措施是否有效,信息管理网络运行是否顺畅,现场管理是否严格规范,等等。

2. 加速恢复工作的进行

危机过后,会展场馆需要一定的时间来消化危机带来的各种损失。例如,公司收益减少、危机处理或赔偿支出、企业人才浮动、品牌形象恶化等。可采取的措施有:加强与客户的联系,特别要防止大客户的流失;继续与媒体沟通,向公众传达积极的信息;总结经验教训,找出场馆管理或危机管理的薄弱环节,健全规章制度;安排相关在职教育培训,从危机中接受教训,分享经验,并反馈落实到危机事前管理阶段,以增强对于危机的免疫能力;等等。

3. 从危机中发现机遇

对危机事后管理阶段,在总结经验教训的基础上,还要善于从危机中发现新的生长点,从而真正把"危"转化为"机"。

第四节 会展场馆安全管理

会展场馆是举行会议、进行展览的场所,也是群众性娱乐活动的场所。会展场馆安全是会展工作的保障,是会展活动顺利进行的根本保证。它不仅直接关系到会展企业的正常经营,影响到会展客人的满意程度、企业的经济效益,还关系到企业甚至国家的声誉。由于会展场馆活动具有人数众多、人员构成复杂、活动内容丰富等特点,其安全工作特别重要。

一、会展场馆安全管理的内涵

安全的内涵有以下四层含义:①客人、员工两个方面的生命、财产及企业财产的安全;②客人的商业秘密以及隐私的安全;③企业内部的服务和经营活动秩序、公共场所秩序保持良好的安全状态;④不存在对客人、员工两个方面的生命、财产及企业财产造成侵害的各种潜在因素。

因此会展场馆安全管理的内涵可以被定义为:为保障客人、员工两个方面的生命、财产安全而进行的一系列计划、组织、指挥、协调、控制等管理活动。例如,广交会就非常重视安全保卫工作,专门成立了大会保卫办公室,负责交易会展览场所和重要活动安全保卫工作的组织领导,包括:制定广交会各种保卫方案和措施,协调各级公安部门行动,为广交会创造安全良好的社会环境;负责对到会采购商、国内与会人员的住所及主要活动场所的安全保卫工作实行统一的组织指挥;维护展馆的防火安全;维护广交会大院及其附近道路交通秩序,保障交通畅顺;负责发放内宾证件和车证;等等。人员组成上包括:商务部人事司、广东省公安厅、广州市公安局、广州市国家安全局、武警广东省总队、外贸中心保卫处等。

很多会议都不同程度地涉及保密问题。会议机密等级主要根据会议内容的重要程度以及会议内容的泄露对办会单位利益的损害程度进行划分,一般可划分为绝密、机密和秘密三级。作为会议的举办地点,会展场馆有责任、有义务配合主办者做好会议的保密工作,重点要做好以下几个方面的工作:制定保密纪律,技术保密,文件保密,会场和新闻报道的保密。

近些年发生的大部分会展危机事件几乎都是安全事件,而且这个比例还在逐年上升。如今,在展览业成熟的国家,安全问题越来越受到重视。我国会展业如何进行行之有效的安全管理,保护参展商和观众的利益是本节要讨论的重点。

二、会展场馆安全管理的内容

会展场馆安全管理涉及的内容非常广泛,它涉及防火安全、用电安全、搭建安全等。它的目标是消除危机产生的潜在因素,或者是降低不可避免的危机产生的负面影响。日常安全管理有以下几个方面。

(一)制定安全的规章制度

每个会展场馆都有自己的展示规章制度,来保护会展管理方和观展者,免受会展举办过程中的内在风险的危害。展示规章制度一般会在参展商手册和展位销售合同中注明。通常,应在整个会展策划过程的前期订立销售合同并制定展示规章制度,同时要确保在出售第一批展位之前,它们已经制定完善,并且必须强制执行。国际会展管理协会(IAEE)已为会展制定了展示标准,这有助于会展管理者为自己的会展制定展示规章制度。

应用于会展场馆的安全和意外事故预防准则会因会展的不同而有所不同,这主要取决于会展的种类、展出的地点和性质。一般安全规定的内容有防火安全条例、用电安全条例、展台搭建和展品运输安全条例、装饰材料使用安全条例、展品安全条例、公共区域安全防范规定。通常这些规章制定的原则是以展馆自身的特殊情况和参照依据相结合;标准展位与特装展位区别对待,并且必须标明违章处理规定的方式与方法。

1. 消防安全规定

展会开幕前后展区内人员密集、展品众多,展会的消防安全十分重要。办展机构一般都要求各参展商用的搭建材料符合消防要求,是耐火材料;明火、液压罐、便携式加热设备、液化石油气等,或者被严令禁止,或者要经过消防局或者合格的设施代表的检测、批准;展位之间的通道必须保持一定的宽度,一般展会中禁止吸烟;特装展位的搭建必须考虑消防安全的需要,在展会开幕和布展之前,展会的消防安全计划以及特装展位的搭装计划还必须送交有关政府部门审批;场馆方的消防通道和消防设备要清晰标出、随时可见,不能封堵这类消防设施;另外,观展者在场时,不准将消防通道锁住;在有的地方,还有具体的安全标准。

2. 建筑物搭建和运输规定

在大多数会展规章制度中,搭建标准是必不可少的考量标准,尤其对于特装展位。展会的展位承建既是一项专业性很强的工作,也是一项关系到展会形象和声誉的重要工作。如今,除了一些大的参展商会自己设计和搭建展位外,许多展会的组织者和办展机构都不再承担展会展位的承建工作,而是把这项工作交给专门从事展会展位搭建的展位承建商,由他们来负责展会展位的具体承建,自己则致力于搞好展会的招展、招商和组织管理工作。一般来说,选择展会承建商应从以下几个方面来对其进行考察:技术是否全面,经验是否丰富,是否熟悉展览场地和设施,是否能提供展台维护保养服务;等等。

要参照国际会展管理协会的《展示规章指导方针》制定展台搭建标准。一般来讲,那些两层的、有阶梯的或者有额外高度等特征的展台,必须有搭建计划,而且这个计划必须得到注册专业工程师和所在展馆的工程技术人员的认可。

参展方必须遵守上述标准,以及由当地的条例和此次会展的具体情况所决定的相关规章制度。通常,应当在标准的最后加上一项说明——此标准的解释权归会展管理方。

3. 贵重物品安全管理规定

有贵重物品参展时,必须采取一些预防措施。首先,在展台、展柜设计时即要融入安保意识,如存放珠宝的陈列箱需装有安全防盗、防弹玻璃,并配以特制的保险锁。通常保险公司会提出一些具体的建议和要求。其次,对每一件展品都要做好标记并进行登记。通常警方能就如何做好标记提出一些建议,如雕刻记号或利用紫外线才能显示的记号等。至于利用警报器保护展品,可以选择控制机关的链锁或电线直接连接到展台内部。此外,专业的安全产品公司会推荐一些有效的装置。若是展品具有极高风险或是贵重物品,则需要雇用保安人员值夜守卫,但要提前与展览组织者商定,并与展厅保安部门取得联系。在展位搭建和拆除过程中,贵重展品可以放在安全性较强的储存室和保险柜中,根据物品的重要程度还可以选用防盗相机或白天雇用保安人员以保障物品安全。

展品的安全管理工作可以被划分为四个关键阶段:展品迁入、开展时间、闭展时间以及展品迁出。展品迁入和展品迁出这两个阶段是最关键的。因为在此期间,许多临时的、身份不明的人都能进入展厅,有些人不管是计算器还是工作桌,什么都想窃为己有,保安人员必须对可疑迹象和可疑分子提高警惕。在展品迁入阶段,会展场馆有必要在装卸处和卡车入口处设立严密的安全检查,任何材料和展品都要有展览管理处的通行证才能出入。在展览期间,看管展位的大部分责任就落在参展商而不是保安人员身上,在大型会展中尤其是这样。在特大型会展中,应尽量控制参观者的人数,提高专业参展商的比例,充分利用代表证的标识作用,科学利用电子监视器,等等。

4. 公共区域安全规定

出入口区域:展厅出入口不能有障碍物,并且要足够开阔,使其能作为紧急出入口。紧急出口在观展者参观期间一定不能关闭。不要将消防设施和应急设备隐藏或遮挡。灭火器、盛放灭火水龙带的橱柜、报警信号箱、消防用水管,不能以任何方式隐藏或遮挡。最初的展厅楼层规划应当清楚地说明上述所有设施的具体位置。

交通区域:展厅中的走廊和人行道至少要有8英尺(约合2.44米)宽,如果是公众会展,这个宽度要增大到10英尺(约合3.05米)。场馆安保官员和员工,应当监控所有人流拥挤而出口狭窄的区域。

此外,在合同中对于在会展中发生的偷窃、损坏、遗失和破坏等情况,会展公司是负有限责任,还是不负任何责任,都要清楚地加以说明;有了各种各样的安保措施,还应说明是否提供24小时安全服务和提供展后保管服务;为了避免被参展方误解以及随后的纠纷和可能发生的诉讼,合同中应以某种形式包括不承担责任条款,亦即注明作为会展管理方,保留修正和解释合同中的条款、条件和限制的权利,因为这有利于保障会展的成功和推进主办方的意图。

(二) 成立安全管理组织机构

首先,确定安全保卫成员构成,总责任人可以是场馆方人员、主办方人员或者是外部聘请的专家,关键是善于处理危机情形的人;小组成员不必太多,2~3人即可,当情况发生时可以把内部员工纳入安全管理的体系中来,这样可以节约成本,减少人员闲置带来的浪费。其次,确定总责任人和每个员工的责任。最后,对会展安全小组中的所有成员进行培训,使他们掌握如何在危机情形中作出反应,包括如何运用双向无线电通信设备等。保安人员应经过专业培训,并熟悉场馆设施。一般而言,保安人员的主要工作职责包括以下几个方面:协助制服滋事者、防范火灾、汇报事故、熟知如何处理炸弹威胁、熟知场馆的紧急疏散示意图、行使人群管理权力、监督装货等。保安部员工最好有执法工作的经历,并熟知地方和国家法律。在会展开幕之前,进行一次演习。保证在会展中工作的任何人(会展场馆方工作人员也包括在内)都提高警惕,都接受过危机管理的培训,并且都参与到演习中来。情况发生后,管理组织可以迅速扩展成图8-1所示的职能结构。

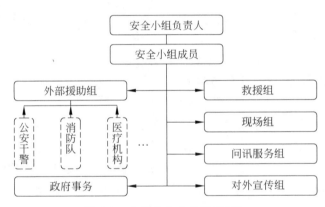

图8-1　会展安全小组职能结构

(三) 配备安全设施

1. 闭路电视保安监控系统

有条件的会展场馆应当安装闭路电视保安监控系统,在有关公共场所以及展厅、客房的每个楼层设置安全闭路监控摄像头,如有条件还可在电梯内安装鱼眼摄像头,以便在发现不良分子的时候随时跟踪。闭路监控电视的摄像头,可采用隐蔽型与外露型相结合的形式,隐蔽型的摄像头可以暗中监视会展场馆的各部位,外露型的摄像头可以起到威慑犯罪分子的作用。

2. 红外报警系统

如有可能,会展场馆应当在贵重物品寄存处、财务部、珠宝商场,以及其他有贵重物品的地方,安装红外报警系统。在下班无人的时候,只要有人在上述部位出现,安全部就会立即接到报警。

3. 楼层紧急报警系统

为保证展厅及会议室内发生突发事件时,安全部人员能以最快的速度赶到现场,会展场馆可以在楼层某个部位安装紧急报警系统。一旦发生紧急情况,楼层服务员可以立即通过紧急报警系统向安全部报警。

(四)加强内部教育和管理

从一些会展场馆发生的盗窃案件来看,很多作案者都是会展企业的员工(据美国一家安全机构就展览厅内的各类安全问题在全美范围内进行的一项民意调查,参展商认为展区内最主要的问题是内部人员偷窃)。他们在日常工作和服务过程中,有机会接触到会展企业的各种财物以及客人的财产。如果对他们的教育不够、管理不严,加上其自身修养不够,很容易发生偷盗,会展企业应当不断对员工进行教育培训,以建立一支高素质的队伍。

为保证客人和会展企业财产的安全,会展企业应当采取措施,加强内部管理,包括如下内容。

(1)员工上班必须统一着装、佩戴名牌,不得串岗;上下班须从员工通道出入,主动让门卫检查所携带的物品。

(2)加强客人入住登记工作,注意验明客人身份。

(3)安全部应加强对楼层及其他有关场所的巡逻,保证及时发现不正常状况。

本章小结

危机无所不在,会展场馆也不可能离开危机管理,本章探讨了会展场馆危机的特征、类型及影响,并提出了会展场馆危机管理的内容、原则和过程,会展场馆危机预防的方法,会展场馆危机的处理与恢复,尽可能在危机发生前能够有所察觉,有所控制,将危机的损失减少到最小限度。

复习思考题

1. 会展场馆危机的特征和类型有哪些?
2. 如何建立会展场馆危机预警系统?
3. 如何建立会展场馆危机预控系统?
4. 会展场馆危机处理的一般步骤是怎样的?
5. 会展场馆安全管理的内容有哪些?

引申案例

上海市展(博)览会场馆安全防范管理规定(试行)[①]

根据《上海市特种行业和公共场所治安管理条例》《上海市社会公共安全技术防范管理办法》和《上海市社会治安防范责任条例》有关规定,为进一步加强本市各展(博)览会场馆(以下简称"展馆")的安全防范工作,特制定本规定。

一、适用范围

本规定适用于以商业性活动方式在固定地点及预定时间内展示物品并交流产品、技术或者服务信息的各类展馆。

二、展馆的分类

(一)一类展馆

凡符合以下条件之一的展馆为一类展馆:①举办国际性大型展览的;②展出净面积为5 000平方米以上(含)的;③展览、展销金银珠宝饰品、钻石、字画、钟表等特殊物品和三级以上(含)文物(参照国务院、文化部的相关规定)。

(二)二类展馆

凡不符合一类展馆条件的展馆,均为二类展馆。

三、一类展馆的安全防范措施

(一)技防

1. 电视监控系统

(1) 展馆所有出入口、一展区主要通道、贵重展品贮存库、停车场(库)出入口以及卸货区等处,均应安装彩色监控摄像机。对空间较大的展区、出入口,应安装多台摄像机实行监控,不得存在盲区。展馆出入口应安装固定监控摄像机,监视画面应能看清出入人员面部特征和出入车辆牌号。室内展区应按1台/600平方米的比例配置监控摄像机。对特殊物品的展区,应按1台/60平方米比例配置监控摄像机,在展出特殊物品前,应全部安装到位,其监视范围应能覆盖所有特殊展品的摆放区域。

(2) 上述部位的监控摄像机一般宜采用定焦距、定方向的安装方式,安装位置应尽量避开来自出入口或窗口的直射阳光,避免图像出现逆光现象。摄像机监视范围内的平均环境照度应达到200 lx以上(含)。

(3) 所有摄像机视频信号应直接输入录像记录系统,不得有其他设备(字符发生器除外)参与工作,并采取实时录像方式(录像机设定为SP、LP或且P工作方式)进行录像。使用硬盘录像机的,其产品质量应符合《安全技术防范监控用硬盘录像机通用技术要求》(DB31/295—2003)。录像资料保存时间应不少于10日。

(4) 监视系统应具备视频信号的传输、切换、控制、显示、记录和重放等功能。所有监

[①] 上海市公安局、上海市对外经贸委员会关于加强本市展(博)览会场馆安全防范工作的通知.沪公布〔2004〕256号。

视画面应能准确显示日期、时间,并保证在监视器屏幕上有足够的有效画面。监视画面和录像资料回放应保持足够的清晰度。

2. 中心控制室

(1) 展馆应设置中心控制室(保安值班室)。中心控制室应配置报警控制主机、报警终端图形显示装置、电视监控终端设备和通信设备等。

(2) 中心控制室应具备对监控目标的监视、录像及图像实施切换、镜头光圈控制、焦距调整、云台转动等功能,并能实时显示发生警情的区域、日期、时间及报警类型等信息。

(3) 中心控制室的控制台、机柜和设备均应有良好的接地和防雷设施。采用联合接地时,接地电阻 1 Ω;单独接地时,接地电阻 4 Ω。

3. 入侵报警系统

(1) 展馆所有出入口、与外界相通的窗户、特殊物品农区、展品贮存库等处,均应安装入侵探测器,展品贮存库还应加装振动入侵探测器。入侵探测器应与中心控制室的报警控制主机联网,同时,根据与其对应区域的灯光特性,与监控摄像机联动并进行录像。

(2) 中心控制室应安装紧急报警按钮,紧急报警按钮应与属地公安"110"接出警服务中心联网。

(3) 报警控制主机应具有入侵报警、防拆报警、防破坏报警、故障检测及欠压指示功能,报警时应能发出声光提示,并能同步进行打印、统计、巡检、查询,以及记录报警发生的日期、时间、区域和报警类型等操作。

(4) 报警控制主机应配置备用电源,备用电源应能满足报警系统正常工作 24 小时的需要。

(二) 物防

1. 展馆

(1) 展馆入口处应设置通过式金属探测门和 X 射线安全检查设备。

(2) 展馆在展出特殊物品期间,应设立相对封闭的特殊物品展区,并设置单人出入通道。

(3) 展馆建筑及外围易攀登、藏匿人的部位,在不影响观瞻的前提下,应设置障碍物。

2. 展台、展柜

(1) 展台、展柜应由防弹复合玻璃感粘钛合金防暴薄膜玻璃以及相关金属框架组合而成,并安装防盗锁。展台、展柜内应配置放物柜,并安装锁具。

(2) 展出特殊展品、价值巨大的展品及一级以上文物,展台、展柜应设立 1 米参观线,并另加实体防护设施。

3. 展品贮存库、中心控制室、财务室

(1) 展品贮存库、中心控制室、财务室应分别安装防盗安全门。防盗安全门的质量应符合《防盗安全门通用技术条件》(GB 17565—1998)中 c 级防盗安全门的要求。窗户也应采取相应的防护措施。

(2) 馆中心控制室(保守值班室)应配备专用防护警械。

4. 室外展出

(1) 展出大型贵重物品、三级大型文物时,应采取一定的实体防护措施。

(2) 展出价值巨大物品、二级大型文物时,要建立高 0.8～1.2 米的栅栏或砖制围墙,栅栏、围墙与展品的距离应在 3～5 米范围内。

(3) 展出大型珍贵物品、一级以上大型文物时,要采取不低于大型文物规定的防范措施和其他措施。

(三) 人防

1. 法定代表人的主要责任

法定代表人是展馆安全防范工作的第一责任人,主要责任如下:

(1) 认真贯彻执行有关安全防范工作的法律、法规和规章。保卫机构,配置保卫人员。

(2) 负责制定安全防范工作制度,组织保卫人员开展安全防范工作措施。

(3) 负责落实展馆安全防范工作所需的经费和设备,解决其他工作的重大问题。

2. 保卫机构、保卫人员主要职责

(1) 制定安全防范工作制度,落实安全防范工作措施。开展法制和安全防范宣传教育活动,组织开展群防群治工作。

(2) 加强公共场所、重点部位、贵重物品等的安全防范管理,组织开展值勤、巡逻、检查等安全防范工作。

(3) 建立值班室(中心控制室)24 小时值班制度,并认真做好值班登记、交接工作。

(4) 及时向公安机关报告发生在本单位的刑事、治安案件和治安灾害事故情况,并协助公安机关开展相关调查、取证工作。

(5) 执行其他安全防范工作任务。

3. 展品的运输、交接

(1) 特殊展品的运输应由专门的保安押运公司承担。境外特殊展品出入境及运输过程,必须由海关监管进行。境内展品运输安全工作,由参展单位负责。各相关单位应严格按规定办理交接、登记手续。

(2) 展品出、入展馆,必须有主办单位出具的展品出、入展馆书面文书。展品在展馆贮存库内存放,应严格办理出、入库登记手续,并做好交接工作。

4. 展品的保险

对贵重展品,应由主办单位、承办单位或参观单位办理相应的保险手续。

5. 观众

对进入特殊物品展馆的观众,应在查验其有效身份证的同时,做好相应登记工作。

四、二类展馆的安全防范措施

应参照一类展馆的安全防范措施予以落实。当二类展馆展出应在一类展馆展出的物品时,应将一类展馆的安全防范措施落实到位。

五、其他规定

(一) 展馆安装使用的安全技术防范产品,其质量应符合国家、行业、地方标准及公安部门的要求。

(二) 展馆的安全防范设施建设应做到与场馆建设同设计、同施工、同验收、同交付使用。已建展馆的安全防范设施建设,应按照本规定进行改造和完善。

（三）展馆举办重要展览时，宜使用保安犬协助开展巡逻、清场等工作。

（四）本规定自下发之日起施行。

（上海市公安局、上海市对外经济贸易委员会，二〇〇四年七月五日）

问题：

会展场馆的安全管理可以通过法律法规的形式加以明确规范，上海的做法对你认识会展场馆的安全还有什么启发？

参 考 文 献

[1] 过聚荣.中国会展经济发展报告(2012)[R].北京:社会科学文献出版社,2012.
[2] 陈先进.上海会展业发展报告2018[R].上海:上海科技文献出版社,2018.
[3] 陈先进.上海会展业发展报告2017[R].上海:上海科技文献出版社,2017.
[4] 林大飞.会展场馆经营与管理[M].重庆:重庆大学出版社,2007.
[5] 曾华.会展场馆管理[M].北京:机械工业出版社,2008.
[6] 胡平.会展管理概论[M].2版.上海:华东师范大学出版社,2017.
[7] 孙永健.会展总体设计[M].上海:格致出版社,上海人民出版社.2011.
[8] http://www.wanfangdata.com.cn/.
[9] http://www.meetingschina.com/.
[10] http://www.xdmice.com/index.html.

教师服务

感谢您选用清华大学出版社的教材！为了更好地服务教学，我们为授课教师提供本书的教学辅助资源，以及本学科重点教材信息。请您扫码获取。

▶▶ 教辅获取

本书教辅资源，授课教师扫码获取

▶▶ 样书赠送

旅游管理类重点教材，教师扫码获取样书

 清华大学出版社

E-mail: tupfuwu@163.com
电话：010-83470332 / 83470142
地址：北京市海淀区双清路学研大厦 B 座 509

网址：https://www.tup.com.cn/
传真：8610-83470107
邮编：100084